聖武天皇陵
佐保川
一条通り
奈
棚田嘉十郎
東笹鉾町
中御門郷多聞橋詰め
村田珠光
女子師範附属小学校
竹林高行
鍋屋町
旧
慈眼寺
女高師附属小学校
女子高等師範学校
興北院
稱名寺
竹林衆徒屋敷
大朝支局
水谷川忠起男爵邸
崇徳寺
喜多野病院
稱名寺
菖蒲池町
尼ケ池
棚田嘉十郎
大豆山町
春松園
大毎支局
きくや本舗
宮武正道
西御門町
奈良外科病院
漢国神社
油阪
玄
陵
不動銀行
三
電話局

奈良きたまち
異才たちの肖像

村田珠光
侘び茶の始祖によみがえった寺僧

棚田嘉十郎
死して萬世の英名有り、宮跡保存に奔走

竹林高行
孤高の仏師、一刀彫りの名工

宮武正道
語学の天才、30余冊を著して夭逝

扉

「川中地蔵」、念聲寺の西北角

暗渠になったので、川中から路上に移された地蔵たち

絵　村田幸三

第一章

侘び茶の始祖・村田珠光　3p

第二章

第三章

孤高の仏師・竹林高行

第一章

珠光肖像　栗原信充画（江戸時代）国立国会図書館蔵

侘び茶の始祖・村田珠光

1423〜1502

千利休が茶祖に奉りあげた古都の茶人

筆者口上

拙子は茶道が性に合わず、食わず嫌いもあるが、試しにすら習ったことがない。ただ、下宿先での夜、眠気覚ましに学生らがおかみさんから抹茶を点ててもらう掘炬燵に加わったが、これは無礼講でよかった。長じて一度、中央に大きな囲炉裏を切った新築の冬の茶室に案内されて、一服いただいたことがある。そのときは、普通にコーヒーを喫むようで構いませんから、と言われて従ったが、なんと気まずい間々であったことか。ひとり作法を知らず、2度と茶室になんぞに入るものか!!と悔やんだものである。

村田珠光は、ときの権力の外にあった無名に等しい人物である。その人がいかにして死後100年もたってから「茶祖」と仰がれるようになったのか。茶の湯が、中世以来600年を経て今日、いよ〳〵盛んなのはなぜか。奈良にはどうして庶民の家にまで茶の湯が広まっているのか。なぜ今でも娘の結婚に際し、使われないのを承知で茶釜・茶道具一式を持たせるのだろう。茶道とは実体の掴めにくい心的エトスであると同時に、機械的な反復、つまり「所作」を覚えれば足りるばかりか、優雅に見えるという取っ掛かりがある。

茶の湯に門外漢の拙子が、茶祖・村田珠光を語るとは無謀な試みにみえる。しかし茶の哲学を語るにあらず、珠光なる茶人の生き方に惹かれるからである。

村田珠光は中世足利の治世、盲目の琵琶法師を父に、佐保川多聞橋詰めに生まれ、11歳のとき寺に預けられた。長じて違法であった賭け「利《き》き茶」にのめり込んで寺を追われ、放浪の後、茶の宗匠にのぼりつめた男。

東山・室町というわが国文化の揺籃《ようらん》時代に、奈良と京都に居住した侘び茶の実践者・村田珠光なる人物は、貴人茶や足利将軍家などの贅沢な武将の茶会とは正反対の、枯淡の境地にある喫茶のあり方を思索し、侘び茶を創り出した。

珠光は時代の支配層に抗《あらが》った異端児、反逆児ではなかったか。そのような切り口から珠光の生涯を紐解けば、また違った人物像が浮かぶのではないだろうか。後世の脚色された珠光伝はフィクションとしてそれなりに参考にしながら、私論を試みる。

少年期の村田珠光、茂吉

●佐保川べりの家

茶祖にすんなりと収まる人物が凡庸であろうはずがない。文献から、虚飾とおもわれる事績を除き、確かな記録から、敷衍して珠光の小伝を試みる。

まず、珠光の生い立ちから見ていこう。

村田珠光、幼名を茂吉という。奈良の中御門《なかみかど》に住む検校《けんぎょう》・村田杢市《もくいち》の長男として応永30年（1423）室町前期 足利四代将軍 義持（義満の子）の治世に生まれ、文亀2年（1502）5月15日に80歳で没した。この生没年は、「十五日 註 珠光庵主 五月」と真珠庵の日牌帳《にっぱいちょう》（過去帳）にみえる記録によって、5月15日が珠光の忌日であること、及び『山上宗二記《やまのうえのそうじき》』（1587）に「珠光は80歳にして死去した」とあるところから逆算されたものである。

註　珠光・殊光の表記については「コラム・しゅこう？・じゅこう？」15ページを参照

生地、中世の中御門というのは東大寺七郷の一つで、現在の中御門町ではなく、もっと広い区画を指していた。奈良時代には、京街道に沿って、東大寺の築地塀が連なり、北から転害門（景清門）、中御門（焼失、現在の呼称は焼け門）、国分門（焼失）と3門あったが、中御門郷は、佐保川に沿って多聞橋（現在の法蓮橋から数メートル下流にあった板橋）を西端に、そこからまっすぐ南へ吉城《よしき》川に合流するところまでの区域を指し、現在の中御門町とは広さも位置も異なる。検校・村田杢市の栖家《すみか》は多聞橋の西南詰めにあった。寺領であるこれら東大寺門前郷は本来、東大寺に属する僧侶、工人、農民らが住むところであったが、中世、珠光の生まれた頃には郷民の力が強くなり、私有地化が進み、雑多な人間が住むところに変わっていた。

茶の湯の古典『松屋会記』は、珠光の死後１４０年ほど後に書かれた松屋三代の茶会記録(1533–1650)である。この中に松屋久重が珠光の家について語る場面がある。久重が肥後領主・細川三斎の茶会、（寛永17年　1640　4月15日）に招待された時のこと、利休を師と尊敬する三斎が問う——

「珠光は奈良の人といわれしが、奈良でも左様に伝えられるや」

「御意にござりまする。屋敷も奈良に残りておりまする」

すると饒舌な三斎は、次のようにもいう——

東大寺七郷（灰色枠）一中御門郷一珠光屋敷
近辺の位置関係を示す

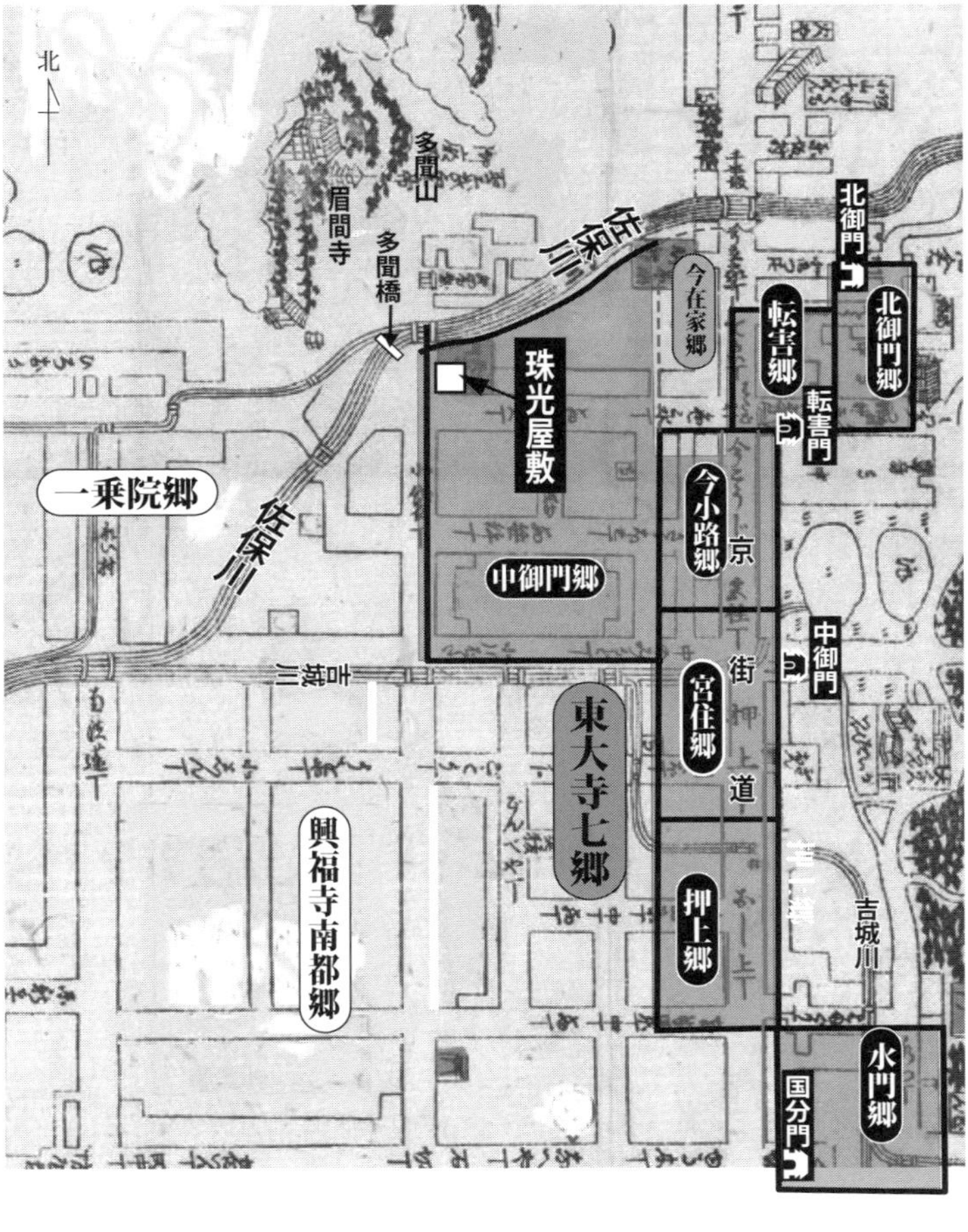

「茶の湯数寄《すき》の源はみな奈良である。なんとなれば珠光が出でしにより」

江戸期の書『長闇堂記《ちょうあんどうき》』は、奈良春日社の神人《じにん》・久保権大輔《ごんだゆう》（1571–1640）が、隠居の日々に記した茶の湯にまつわる見聞の回想録である。父母のこと、社家の次男に生まれた自身の境遇も実直に語り、〝他人のためではないゆえ、人に漏らしてはなりません〟と子息に戒める。それだけに肩のこらない自由な語り口で、現代語訳で楽しく読める。

この『長闇堂記《ちょうあんどうき》』の一節に——

「珠光は南都の人で、眉間寺《みけんじ》のあたりに屋敷があったといわれる。しかしその場所を定かに知る人はいません」

と述べている。明治維新で廃寺になるまで、東大寺戒壇院の別当・眉間寺は、西陽に映える七堂伽藍《しちどうがらん》が、まちの中から望めた。〝珠光屋敷は、あの眉間寺の麓にあった〟と茶の湯のふるさと奈良まちの人々に語り継がれてきたのである。『大和名所図会《ずえ》』にも「珠光屋敷は多聞橋詰めにあった」と書かれている。『奈良坊目拙解』（江戸中期）は、稱名寺の項に「珠光屋舗は註北袋町西側多聞橋限にあり、当寺住侶以前はここに住んだ。また還俗《げんぞく》の後、この地に移居した」と記し、北川端町の項に「珠光屋敷　当町の艮《うしとら》方多聞橋の南角にあった」と記されている。

註　北袋《きたふくろ》町西側多聞橋限とは中世の中御門郷多聞限と同所

●父・村田杢市の肩書き「検校」について

検校《けんぎょう》とは、平安、鎌倉時代における建設普請《ぶしん》の親方（監督）や、荘園を管理する官位であったが、室町以降の一時期には、盲目の音曲《おんぎょく》芸人や、鍼灸按摩《はりきゅうあんま》を生業にする座頭にあたえられる盲官の最高位でもあった。検校・村田杢市は盲目の謡曲師、東大寺八幡宮の田楽師《でんがくし》として、中御門郷に住居を充《あ》てがわれたものと考えられなくもないが、それにしては記録がない。永島福太郎氏は、村田杢市の名は記録になく、記録にある杢一と云う琵琶法師が同一人物であろうと述べられている。官位といっても経済的に保障される身分ではないので、家計は常に逼迫《ひっぱく》していただろう。

琵琶法師といえば、小泉八雲の『怪談』にある「耳なし芳一」が頭に浮かぶ。

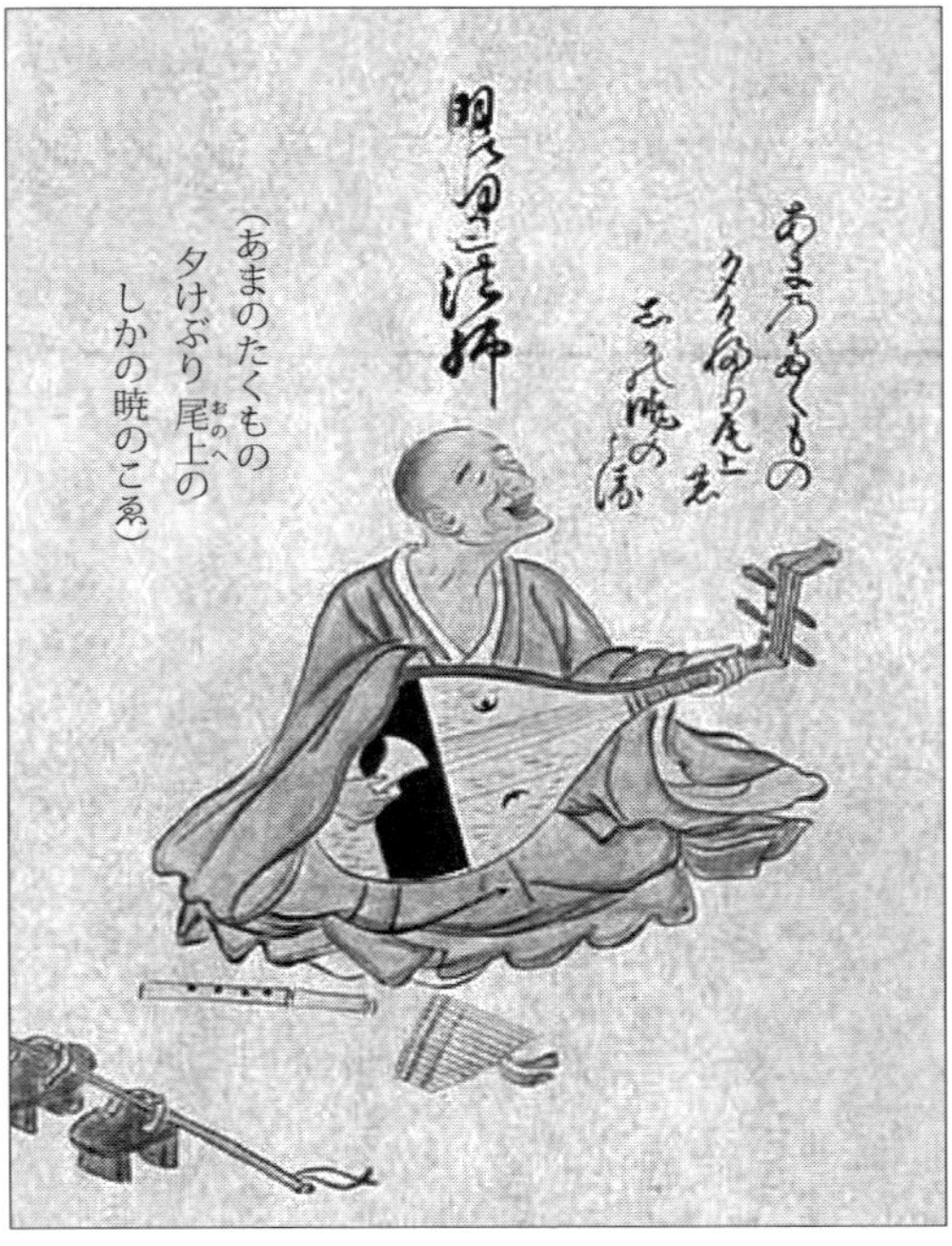
（あまのたくもの
夕けぶり 尾上《おのへ》の
しかの暁のこゑ）

平家物語を詠じる琵琶法師『七十一番職人歌合』より
下駄に杖をとおしている。

諸国を遍歴する遊芸の盲目琵琶法師は、小型の「平家琵琶」を手に、流し歩くのだが、検校杢市は妻帯して定住しているので、ややイメージが異なるようだ。固定客があり、敷物に座って「敦盛《あつもり》」など、『平家物語』を語り謡っていたのであろうか。

茂吉少年は11歳のとき、寺の下男に預けられた。口減らしである。父・杢市と茂吉の親子は情が厚いのか薄かったのか、父について珠光が語り、どう思っていたか一切伝わっておらず、母については名前すらわかっていない。兄弟姉妹がいたのか、祖父、祖母と同居していたのか、家族構成などかいもくわからず、想像すらできない空白だ。珠光が茶人として大成した後でも母、兄弟姉妹を語った史料がない。『奈良坊目拙解』には「珠光は還俗して子孫があり男子を宗珠と称した」とあり、同旨を述べた明治の人物誌があるが、どうだろう。その後いくつかの評伝に「跡目の宗珠を娘婿に……」と、書かれる要因になった。

珠光の家庭環境は良くなかったにしろ、寺に雑役の小僧として奉公に出されたのは、のちに破門されるとはいえ、珠光のその後をおもうと、まことに幸いであった。

●稱名寺の由来

預けられた寺は興福寺の領地大豆山《まめやま》にある「稱名寺《しょうみょうじ》」という浄土寺。場所は、興福寺境内の北西にあり、堂の北端は現在の奈良女子大構内に掛っていた。浄土宗の寺だが、法相宗《ほっそうしゅう》総本山たる興福寺の末寺と聞くと、妙な結びつきである。これには納得できる説明がいる。

浄土宗の法然上人が布教を始めた鎌倉初期、興福寺は法然弾劾《だんがい》の書「興福寺奏状」(1204)を朝廷に上奏、新しい鎌倉仏教をまちがった教えと排斥した。それより先、法相宗興福寺にいた解脱上人《げだつしょうにん》・貞慶《じょうけい》は南都仏教の復興を説き、浄土宗のみが別宗を立てる非を詰《なじ》り、〝釈尊を軽んじ、神明をも軽んじている〟と非難して止まなかった。これが後年、源空（法然）が土佐に島流しされる誘因といわれる。法然、親鸞、一遍らの教えに、南都の衆徒《しゅと》や大寺の堂《どう》衆《しゅ》（下級僧）が帰依《きえ》する勢いは止まらず、南都大寺の境外にいくつも新しい町寺とよばれる別院が甍《いらか》を並べるようになった。庶民仏教が貴族仏教を凌駕《りょうが》したのである。

そのような世相のなかで文永2年（1265）、興福寺に別院「興北院」という念仏道場ができた。場所は寺名が示すように興福寺境内の外、北西にある眉目山《まめやま》の丘陵地（いまの大豆山《まめやま》町から坊屋敷町にかけて）である。

建立したのは学侶の兄弟、専英と琳英、おそらく国人《こくじん》の子弟であろう。天台宗、京都「三鈷寺《さんこじ》」の澄忍上人（稱名寺開祖）を教師に、興北院で阿弥陀念仏を唱和したのである。この興北院が、室町の頃、ちょうど茂吉少年が寺奉公に出る前年に、「稱名寺」（昌明寺）と改称された。このとき、本堂を新築して釈迦仏と阿弥陀如来の二尊を安置、法相宗唯識《ゆいしき》論のほか、天台、真言、律、浄土、臨済、曹洞を信奉して宗派にこだわらず、六宗兼学の道場と言えなくもないが、実際は浄土寺である。興福寺が、町民の葬儀や世俗の行事を柔軟におこなう配下の末寺「稱名寺」を置くことは、東大寺が寺僧の墓地に「空海寺」を末寺にもっていたのと同意である。さらに大和の警察権をにぎっていた興福寺は、不浄事といわれた犯罪人の尋問、犬狩りの詰所などに、稱名寺を利用している。

江戸時代、椿井《つばい》町から稱名寺の隣に越してきた代官屋敷が、慶長18年（1613）奉行所に昇格する際、稱名寺境内の北部が、奉行所敷地として削られるため、現在稱名寺のある菖蒲池《しょうぶいけ》町に移築された。

なお大豆山町西側にある「崇徳寺《そうとくじ》」は、江戸時代に興福寺・花林院の跡地に、一部古建築を移転して建立された浄土寺である。宝永元年（1704）の奈良まち大火にも焼失をまぬがれた。境内に町名の由来になる眉目塚《まめづか》がある。この塚の由来は冗長になるので省く。

余談だが、次章の棚田嘉十郎が、明治43年から自刃する大正10年まで、この崇徳寺の築地塀に面して向かいの民家に住んでいた。

●法名「珠光」闘茶賭博にハマる

珠光は生涯多くの号を用いたが、どれも一過性で終わっている。ただ「珠光」の名だけは生涯離さなかったところを見ると、よほど気に入っていたのだろう。

茂吉は小坊主らしく口数は少ないが、生まれつき聡明である。僧房の片隅に寝起きして雑役と修行に専心、師・了海上人に認められて18歳の時、僧名「珠光」をさずかり「法林庵」に住むようになった。大豆山町稱名寺に接する粗末な荒屋《あばらや》だが、その庵主になったのである。

稱名寺では法会《ほうえ》に茶儀があり、茶を淹《い》れるのは小坊主の勤めであった。珠光は自然に茶の良し悪し、茶葉の味覚に対して鋭敏になっていった。この「法林庵」で、珠光は心ゆくまで茶を点て独り愉《たの》しむ喜びを得て、それなりに茶道具、茶碗、茶壷、茶筅《ちゃせん》、釜、などを手元にあるものから工夫することがおもしろく、精神的な侘《わ》び茶への方向は、この法林庵の法会で親しんだ茶儀から芽ばえたといえる。

だがしかし、珠光はバクチ好きだった。

このころの飲茶と茶づくりの風景を見わたすと、栄西禅師が茶の実を大陸 宋より持ち帰り（仁安3年 1168）、その種を贈られた京都栂尾《とがのお》・高山寺の明恵上人《みょうえしょうにん》が、栂尾で植え付けた

しゅこう？ じゅこう？

古書文献では「殊光、珠光」が混在し、読みはおおむね「しゅかう」である。今日、稱名寺でも〈珠光／しゅこう〉と濁らず語られる。永島福太郎氏(1912–2008)が「じゅこう」読みを始めてから優勢になり、かな変換ソフトでも「じゅこう」を用いるので、本文でも〈珠光／じゅこう〉を用いる。

茶（抹茶）が各地に広がった。茶の字を「チャ」「サ」と漢音で読み、和音がないのは、それが中国から渡来したもので、在来品種になかったからである。

また、栄西は『喫茶養生記』上下二巻を著した。宇治や鎌倉、大和山辺郡《やまべぐん》などで甜茶《てんちゃ》、煎《せん》茶も産するようになり、貴族や僧侶の間に普及した飲茶が、15世紀になると、武士、商人、さらに庶民にまで普及してゆく。普及のあらましを見ると、まず寺では読経の眠気覚しに利用したが、法会に茶儀が加わり、禅宗では茶を仏に供える際の決まった法式を定めて、厳格な茶儀が行われていた。書院造りの邸宅に住む京都の公卿や南都の大寺では、院家の貴族子弟たちが、娯楽的な書院茶会を催し、そこでは、唐物《からもの》道具や絵画を陳列して賞玩《しょうがん》する。にがい抹茶と美術鑑賞のあとは、酒膳が付いていた。連歌《れんが》会のあとの飲み食いと同じである。南北朝以降はこれを武家がまね、文化人を気取って金にあかせたいかがわしい茶会に興じ、それをまた地方のイナカ武士がまねた。

奈良に近い古市では、興福寺大乗院衆徒の古市氏が、毎年盂蘭盆《うらぼん》に一族郎党はじめ、郷民を招いて「淋茶《りんちゃ》」という茶会を開き、飲み食い、のど自慢、隠し芸も披露するという、遊興の茶会が行われていた。

寺社、豪商はもとより、町民にも湯釜に茶葉を入れた暖かい飲みものが日常化されていたのは奈良ぐらいであろう。

「奈良は茶のふるさと」と言われる由縁である。実際、聖武天皇が輸入茶で「行茶儀」（天平元年 729）を行ったことが『奥儀抄』に記載されている。また同じことが平安期に一条兼良（1402～1481）が記した『公事根源《くじこんげん》』に—

天平元年、聖武天皇が「百人の僧を内裡《だいり》に召し、大般若経を講ぜしめ、第二日目に行茶の儀と称して茶を給う」とある。

その後しばらく飲茶は衰退したが、西大寺の叡尊（1201-1290）が貧者に施茶（儲茶《ちょちゃ》）をはじめた。珠光が生まれる２００年以上も昔のことである。珠光の頃には西大寺大茶盛りが、今のような派手やかさはないが、春秋の恒例行事になっていた。

興正菩薩叡尊上人 坐像　国宝　西大寺所蔵

叡尊は興福寺学侶の子で箕田庄（大和郡山市白土町）の生まれ。各地で復興した寺院に必ず茶園を作らせ、庶民に茶を医療用に用いるよう奨励している。叡尊が再興した不退寺、海龍王寺、特に般若寺と室生寺で、良い煎茶が採れるようになったという。

珠光は、このような貴族や武家の書院における優雅な社交の茶、田舎武士の気どった茶、庶民の湯釜に茶葉を浮かせた無定形な飲茶、各層各界で無秩序に行われる茶呑みを、誰もがあまねく愉しめる、おいしい茶の喫《の》み方ができないものか。安価で味わいのある茶器・茶道具、茶室の佇《たたず》まいを夢に描き、静寂枯淡な喫茶の方法を模索した。

室町1440年頃の日本で、すこぶる貧しい出自のかけだし僧が、茶の飲み方を考え工夫するなど、同時代の人々には、考えられない。珠光はいまでいう「オタク」、それも相当な「オタク」である。

その頃、「闘茶」が京都、奈良の庶民層に流行していた。

古くから中国で行われていた利き茶＝闘茶が、日本ではまず平安京の公卿の間で始まった。「闘茶」とは、数種の茶葉を口に含んで、その産地を当てる遊びである。これが、賞金付きで奈良でも行われ、庶民はこっそり闘茶の賭けに興じたという。貧乏公家ではない大名たちの闘茶では、バサラ大名の佐々木道誉《どうよ》高氏《たかうじ》(1296-1373)が――

「在京の大名、衆を結びて茶の会を始め、異国本朝の唐物美術工芸品で飾り立て……」と芸人、遊女を侍《はべ》らせ、莫大な景品をかけていたことが『太平記』に記されている。将軍足利尊氏は、この闘茶バクチを「建武式目」(建武3年、1336発布)で禁止したのだが、賭け事は世の習い……ご法度《はっと》なんのその、京でも奈良でも、ウラで行われていたのである。

茶種に詳しい20歳前の浄土僧・珠光は、この「闘茶」にハマッた。

流浪の破門僧から京商人へ

●稱名寺を放逐される

今まで小銭すら持ったことのなかった珠光が、「闘茶」の賭けで金銭を、時にはまとまった大金が僧衣の袂《たもと》に転がり込んできた。儲けた金をみんなスってしまうこともあったが、ギャンブル依存症なのか、面白くてやめられない。しぜん、勤行《ごんぎょう》寺役がおろそかになる。法業を怠った廉《かど》で、先輩僧から叱責《しっせき》され、師・了海上人の諌《いさ》めにも、三日坊主で抜け出しては闘茶賭博に入りびたる。とうとう破門されてしまった。激昂した父、杢市が〝勘当だぁ〟と珠光の住む法林庵に声を震わせ怒鳴り込んできた。けれども、寺住まいの仏僧で終わるつもりは毛頭なかった珠光は、却って晴れば晴れと明るくさえある。珠光、20歳（1443）の門出であった。

「称名寺」を出奔《しゅっぽん》した珠光は還俗して、しかし僧衣僧体のまま漂泊、奈良の周辺を放浪していたようだ。記録がなく、この間 約5年の暮らしぶりはトンとわからない。空白の青年期であるが、想像はつく。勘当された身とあっては佐保川べり多聞橋詰めの実家に寄りつけず、頼れる知己《ちき》は少ない。親しくしていた称名寺の檀家衆は、珠光に目を背《そむ》けるようになった。行く先々で民家を周り、ご先祖にお経をあげて日銭を稼いだり、托鉢して糊口をしのいだ日もあっただろう。

もちろん、闘茶のバクチ興行に出入りした。賭ける金品がないときには、茶葉の知識を生かして「予想屋」になり、博徒に茶のウンチクを垂れて知見の代銭を請うたであろう。

室町時代、町人の商業活動が盛んになり始めたころであり、寺社、門跡《もんぜき》、院家の御用ばかりでなく、奈良郷民の生活力が増し、町人相手に商売できる環境が整いつつあった。南都の人口はこの頃2万人を超え、京都、堺と奈良は、経済的に一体となった当時の日本三大文化都市である。互いに文化交流も盛んで、田楽、猿楽の職能集団が定住した。珠光の父・検校杢市が、奈良北里（現在のきたまちとほぼ同じ地域）最大の祭り「転害会《てがいえ》」に、儀典は論外だが、民衆が街中で行う能・仕舞《しまい》の謡方《うたいかた》として、出演していたことは大いに考えられる。

町人相手の物品商売がはやりだしたとはいえ、珠光が賭け闘茶をやめて新しい職を見つけようにも、経験のない20歳を過ぎた流浪の僧を雇ってくれる商人も工人もいなかった。

●京都へ

いつしか珠光が、京街道を行き交う行商人の中に見られるようになった。京へ急ぐ行商人たちは酒、味噌、筆、墨、髹漆《きゅうしつ》（赤黒い漆）、梅、麻織物、釜、五徳など大和の名産品を肩に担いでいる。返路には京の産物、帯、織物や油など、全国から京都に集まる物品を奈良にもたらした。筆、墨などは、まだ近世江戸時代のような洗練された高級品ではなかったが、公卿、寺社の多い京都では需要が多く、油煙性の「奈良墨」は高級品として流通していた。「市と座」の専売的制度は、もはや自由な商人の活動を抑えることができなくなっていたのである。

もし、珠光が本気で商人になる気があれば、京都で確実に豪商になりえただろう。だが珠光は京へ商いに出ても、茶の湯への念《おも》いが断ちきれない。むしろ京へ出るたびに、茶事への念《おも》いは募りこそすれ、衰えることはなかった。

鴨川にかかる三条大橋は東海道五十三次の終点である。ここ下京の三条、四条には、全国各地から集まった大小の店舗が軒をならべ、乱世にあっても人々で賑《にぎ》わっていた。京の街筋で、天秤棒の先に風炉・釜を、他方に茶碗・台・茶筅を納めた茶箱を担《かつ》いで町々を歩き、一服一銭で売る「賣茶」（まいさorばいさ、22p挿絵）の姿を初めて見た。奈良の南大門や、春日社の門前に常設の担《にな》い茶屋があり、参詣客が茶飲みする姿を珠光は見て知っている。しかし京都に来て、天秤棒に茶釜一式を担いで町中で売り歩くほど、庶民に広く飲茶の習慣がある

中世の賣茶《ばいさ》　左図：煎茶売りと、右図：粉茶売り、
『七十一番職人歌合』二十四番より　江戸時代中期の写本

春日の担い茶屋　昔ながらの担い茶屋が出る江戸時代の風景
『奈良名所図会　巻一』より

ことに驚き、10年前稱名寺の法林庵で自分が思い巡らしていた所作《しょさ》の茶、心を潤す茶湯が社会に求められ、ひろがる感触を得た。

京の都に出たばかりの珠光が、どこに住んだか、何を生業にしたのか、確かな史料はない。次項に寡《すく》ない史料にもとづいて推論、創作を試みる。

●創作① 京都三条に物産店「村田屋」を開き、奈良茶を指南する

25～26歳の頃、三条西洞院の小さな借家に腰を据え、奈良の物産を扱う店を村田珠光の名で始めた。近くには、茶人に不可欠の「柳ノ水」という清泉井戸があり、いまも柳水町にその名を留めている。これまで行商してきた品々を土間に置き、表戸に「奈良屋」と、小さな看板を吊るした。扱う奈良の物産は、絹、綿、苧《からむし》（麻）など衣料品、素麺《そうめん》、火鉢、土鍋、墨・筆などの雑貨、まだ珍しかった奈良の土釜や茶筅などの茶道具である。一方、京の町をめぐり、唐物の安い掘り出し物や、普段使う備前や伊賀、信楽の気に入った和物茶碗、茶壺、釜などの道具を整え、床の間のない借家の板敷き部屋を仕切って、畳を四枚敷き、独り茶を点て工夫を重ねるのであった。この珠光最初の仕切り茶室を「南星庵」とする当時の文献はなく、後世の伝承から始まったので、鵜呑《うの》みにはできない。しかし珠光は、若いときに「南星」と号しており、三条裏通りのあばら家の障子窓から、南の夜空にたくさんの星が瞬《またた》いてい

たのだろうか、珠光の名にもよく調和する。やがて商いの顧客に――

「奈良屋の村田はんは、茶の湯に通じてるそうや」

と知れ渡り、「奈良茶の師範」と呼ばれて、近辺に知られる顔になった。奈良茶の指南と聞こえはよいが、庶民の少ない謝礼では生活の足しにもならない。が、それは問題ではない。京都は広い。奈良も含め、個人的に喫茶を楽しむ同好の士、先輩、古参の、石黒道提、志野宗信、粟田口善法、など茶人の知友ができ、珠光が彼らの師匠格となった。

目指す茶室のしつらえ、茶を点てる所作、「侘《わ》びて枯れた」茶の湯の風景が珠光の脳裏にうかぶ。

稽古も積んできた。さりとて「侘びて枯れた茶の心」をどう説き明かせばよいか、自身わかっているつもりでも、いざとなると言葉にならない。言葉で表せないもどかしさに、珠光の心は焦るばかりであった。

京都へ来てから五年が過ぎた。商人「村田屋」の生活で食べてゆける目処《めど》はついたが、茶の湯を極めたい思いは愈々つのり、商いの約束を忘れることもあった。

そのころ、足利義満の世継ぎが定まらず、安定した政情ではなかったが、関わりのない町衆は、お上のことなど何処《どこ》吹く風と、日々の営みに精を出している。

珠光がまだ小坊主の頃、足利義教（1394-1441）将軍が暗殺される「嘉吉《かきつ》の乱」があった。

京都にきてからは土一揆があり、近畿諸国は大雨洪水に見まわれた。京都では瀬田大橋が落ち、鴨川も氾濫したが、「奈良屋」の店はすんでのところで難をのがれた。京の町衆は乱世と、打ちつづく災害に耐えて陽気でさえある。奈良の物産品と茶道具の商いで「奈良屋」は繁盛し、店主は〝茶の湯の師匠で奈良の坊さん〟と評判がよい。

宝徳元年（1449）、珠光26歳のとき、15歳の足利義政が八代将軍に就《つ》いたころである。

●つくられた珠光の伝記

珠光が一休に参禅し、「印可のしるしに円悟克勤《えんごこくごん》の墨跡を授かった」という、『山上宗二記』の記載をもとに、桃山時代以降、数々の珠光伝が書き継がれた。なお、円悟克勤の墨跡、についてはは別項31ページで詳述する。

珠光30歳の頃、大徳寺一休宗純《いっきゅうそうじゅん》が住む如意庵を訪ね、同寺真珠庵に寄寓して参禅した、とする所伝は信じがたい。というのも、豊富な一休宗純の交友記録に、村田珠光の名が全く出てこないのは、実に不思議で、つまり両人に師弟関係がなかったことになる。

珠光の伝記でよく知られ、今も引用されるものに—

『日本英雄伝』第五巻「珠光」（菊池寛監修 1936）がある。この英雄伝の元になったのが—

『本朝茶祖珠光伝』（『茶事談《ちゃじ》』四、南秀女《なんしゅうめ》著 江戸時代宝暦10年）であり、

『源流茶話』三巻（江戸時代前期、元禄の茶人・藪内竹心著）である。

『日本英雄伝』には、今では否定されている事績が続々と登場する。二、三例をあげよう。

「病的な眠りグセがあったので法行を怠る者として破門宣告を受ける」

この眠りグセから近年、珠光は日中いきなり脱力感におそわれて眠ってしまう「ナルコプレシー」の持病があったとする説が出た。

喫茶についてはー
「30歳のとき、修行の立てなおしをしようと、京都紫野の大徳寺に一休和尚を訪ね、参禅する。が、どうも座禅しているうちに居眠りして困る。医師に茶の飲用を勧められ、毎日茶を服用してみたが、なるほど沈衰の心気を興奮させ、爽快ならしめる奇効がある」

という風に書かれ、ここから珠光の茶の湯研鑽《けんさん》が始まったとする。

そのほか、『山上宗二記』を踏襲、アレンジしたような物語がいくつもある。

将軍義政が珠光に茶道を以《も》って仕えさせたこと、珠光のために、六条堀川に草庵を建て、『珠光庵主』と大書して扁額《へんがく》にさせたこと等、現今の研究では否定された事績が書かれている。

能阿弥が義政に珠光を推輓《すいばん》したとする『山上宗二記』は、さすがに時系列に無理があるので、『日本英雄伝』では、「義政が大徳寺に遊びにきたとき、たまたま珠光に会った」と、苦しい小細工をするあたり、微笑ましい。

この小伝に、絶妙におもしろいエピソードがあるので、作り話と断ってここにほぼ全文を掲載する――

茶禅一味の三昧『日本英雄伝』第五巻「珠光」より

一休和尚も、珠光の茶道は認めていた。いやその必要において、茶味を透して禅味を飽満する三昧《さんまい》境地を嬉しく思っていたのである。が、なお果たして珠光が禅の悟りに徹底しているかどうかを点検してみようと、ある時、何げない風で珠光に一碗の香ばしい茶を与え、さて珠光が茶碗に口をつけようとする瞬間、突如〝グワッ〟と、それこそ「迅雷耳を掩うにいとまなし」と云ったような大喝一声を浴びせ、と同時に電光石火、ハッシと鉄の如意棒を以って茶碗を粉砕した。だが、珠光は顔面神経にピクッとも異変を示さず、泰然自若、八風吹けども動ぜざる山の如くに端座の相を崩さなかった。そしてしづかに起立三拝すると、そのまま暇《いとま》を告げて辞し帰ろうとした。と、一休和尚ここで本格的な問答を試みて――

「茶を喫し去る時如何」というと、

「柳は緑、花は紅の真面目」

珠光は遅滞なく答えたのである。一休和尚は口辺に満足の笑みをたたえ、特に秘蔵の宋の有名な『碧巌録《へきがんろく》』の著者である円悟禅師の真筆の一筆を与えて、悟道印可の證明とした。茶味

禅味、同一三昧の極地を知るべきである。（終わり）

「柳は緑……」などと、戦前の巷に流行した禅語で禅問答のオチをつけ、なんとも笑わせる。このエピソードでは禅問答に合格したので円悟克勤の真筆が与えられた、ということになっている。

●珠光、実録の片々

珠光が一休を心の師としていたことは、大徳寺において、一休十回忌を偲ぶ真珠庵の落慶法要が営まれ（延徳3年1491）、「五十文 珠光」と奉加帳に書き記したことで明らか。2年後、一休の十三回忌（1493）には壱貫文（『十三回忌出銭帳』）と、前回の20倍も奮発している。このとき珠光は71歳、社会に認知され、生活にゆとりのある晩年がうかがえる。

とはいえ、一休のような著名人の忌日法会は、各界の有名人士がつどい語らう絶好の機会であり、奉加の多寡もバカにできない。珠光が一休と面識がなかったとしても、名士らとの「顔つなぎ」に出参したとも考えられる。

別の史料、大徳寺第五一世・特芳禅傑（1506没）の『西源録』に珠光士を悼むと題して、

出軍ノ志独リ昂然　吾門ニ依頼ス豈小縁

三尺ノ寒霜光焔々　臨行抛ッ轄驢ノ辺リ

とある。珠光の晩年に大徳寺と何らかの繋がりが確かにあった。近世の珠光所伝を、史実として評伝に適用するのは避けたいが、珠光と一休の二人が、早い機会に出会ったと仮定して、その様子は……と想像するのは楽しい。前記『日本英雄伝』、茶禅一味三昧の筆者が珠光の逸話を創作したように、拙子にも両人出会いの場のイメージがある。

次項は、創作①の続編、両人が相まみえる場面。

●創作② 珠光と一休

京都三条に住んで5年が過ぎ、29歳になった珠光は、商人として茶道具を扱い、焼き物の目利きもできるようになった。が、そもそも茶を嗜《たしな》むとは何か、茶会は何のためか、誰のためか、悩みがとけない日々、大徳寺の禅僧・一休宗純(1394-1481)という風変わりな蓬頭の僧侶が、洛北紫野の塔頭《たっちゅう》「如意庵」に寄寓しているとうわさに聞いた。前日、確かに一休和尚が「如意庵」に戻っていると、商人仲間から聴きただして、和尚の元に参叩《さんとう》。参禅の許しを請うた。

珠光は畏まって小ぎれいな僧衣をまとい、一休の前に正座している。20歳まで奈良稱名寺で浄土宗の僧籍にあったこと、いまは還俗しているが、法体《ほったい》で三条に住み、商いの傍ら茶の湯に勤《いそ》しんでいることなど、緊張して喋《はな》すのであった。

しかるに一休宗純は聞いているのかいないのか、珠光の来歴話が終わるや——

「では好きなときに参られ、禅行してゆくがよかろう」

と応じて、それっきりである。どっしりと座ったまま定印《じょういん》を結び、禅師は瞑想のうちにある。眠っていたのかもしれない。臨済宗の教えや禅の気構えなど、何も云わなかった。何も教えてくれなかった。

禅と茶は一体、かつて禅と茶を日本に植えた栄西は「禅茶一如」、「禅茶一味」と説いた。禅の精神はまた茶の精神であり、云うまでもなく一休宗純は茶をよくする。珠光が紫野大徳寺に通い来る日々、一休は珠光を居室に呼んで、主客代わるがわるに茶を点てた。そんなとき、豪放磊落《らいらく》な一休の口から禅の哲学、鋭くあからさまな言葉が、ひょいと口をついて出る。ある日、擦りきれた墨染をまとう無精髭の一休が、己の風体を指して——

「袈裟《けさ》をありがたく見るは、卑しい他力本願、

おぬしも坊よ、襤褸《ぼろ》袈裟なれば、衆生《しゅじょう》の本性が見ゆるわい」

珠光は返す言葉もなく、相手の本性を見透す一休の言葉に汗顔しつつ、畏敬と感激に包まれた。一休宗純と夜更けまで語り合う日、帰りが遅くなると、真珠庵に泊まることもあった。

ひょいと行くへ知れずになる一休と、謹厳な珠光は師弟らしくなかったといえ、また珠光は、いつも身だしなみを整え、師の辛辣な言葉に従うことはなかったが、このあまりにも人

間的で風狂な和尚、人の世を達観した一休宗純を、唯一の茶禅の師として、生涯胸に蔵《しま》っておくのであった。

●円悟克勤《えんごこくごん》の墨跡、印可状について

一休宗純が与えたこの印可状とは、もと、中国宋代の円悟克勤《えんごこくごん》が弟子の虎丘紹隆《くきゅうじょうりゅう》に、禅修行の印可の証として法話を墨書した、いわば卒業証書である。

まず初めに、一休と珠光が師弟関係にあった説を、現在の研究者は否定している。筆者も創作はするが、否定に同意である。註円悟克勤の墨跡についても、国宝として存在する墨跡を、利休の頃に捏造された偽物と考えている。『山上宗二記』に—

「円悟禅師の墨跡　堺、いせや道和所持。右一軸は昔、珠光一休和尚より申し請けられ、墨跡の懸け始めなり」

とあり、ここから珠光伝説が広がって行った。

註　正字は圜悟であるが、本誌では主に「円」を用いる

一休かるたの［わ］は—

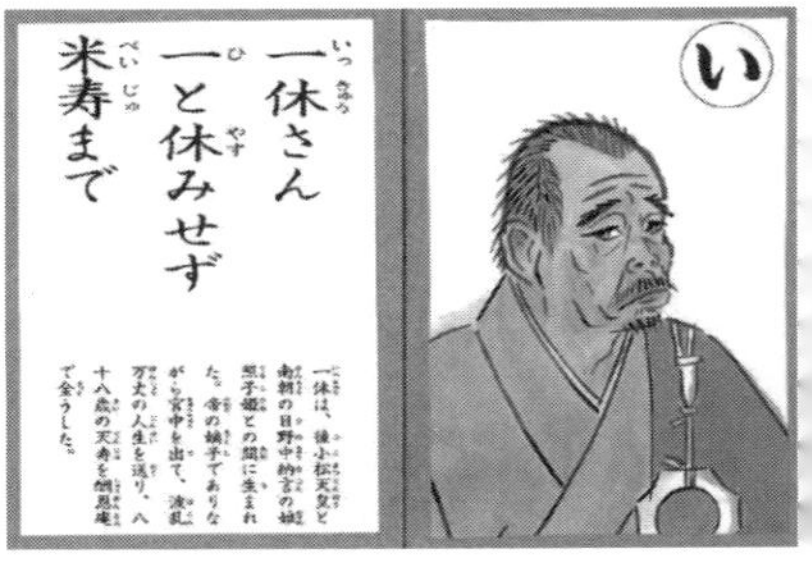

一休かるたの(い)と(わ)

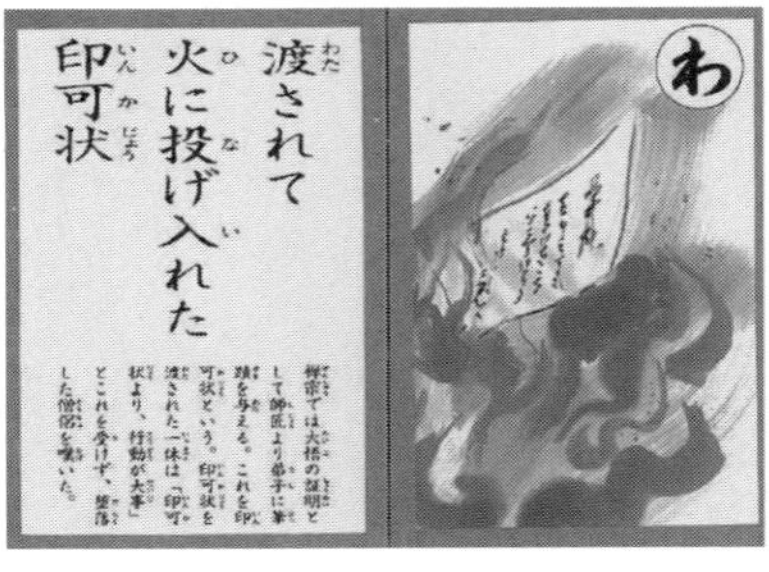

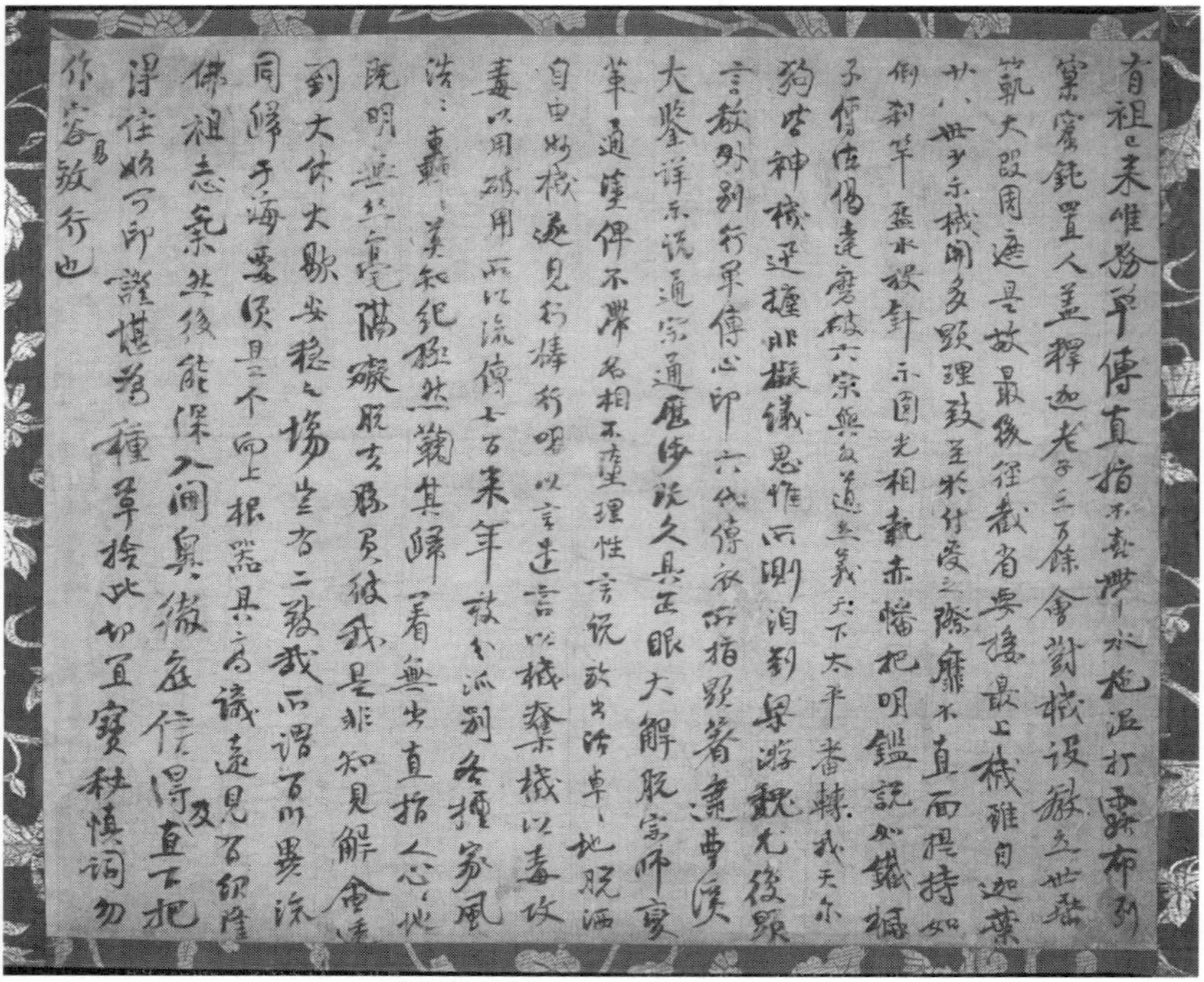

↑円悟克勤が弟子の虎丘紹隆《くきゅうじょうりゅう》に与えた印可状（流れ円悟）国宝
北宋時代 1124 年　東京国立博物館 所蔵 Image : TNM Image Archives

↓重要文化財　圜悟克勤 墨跡 法語　　畠山記念館 所蔵

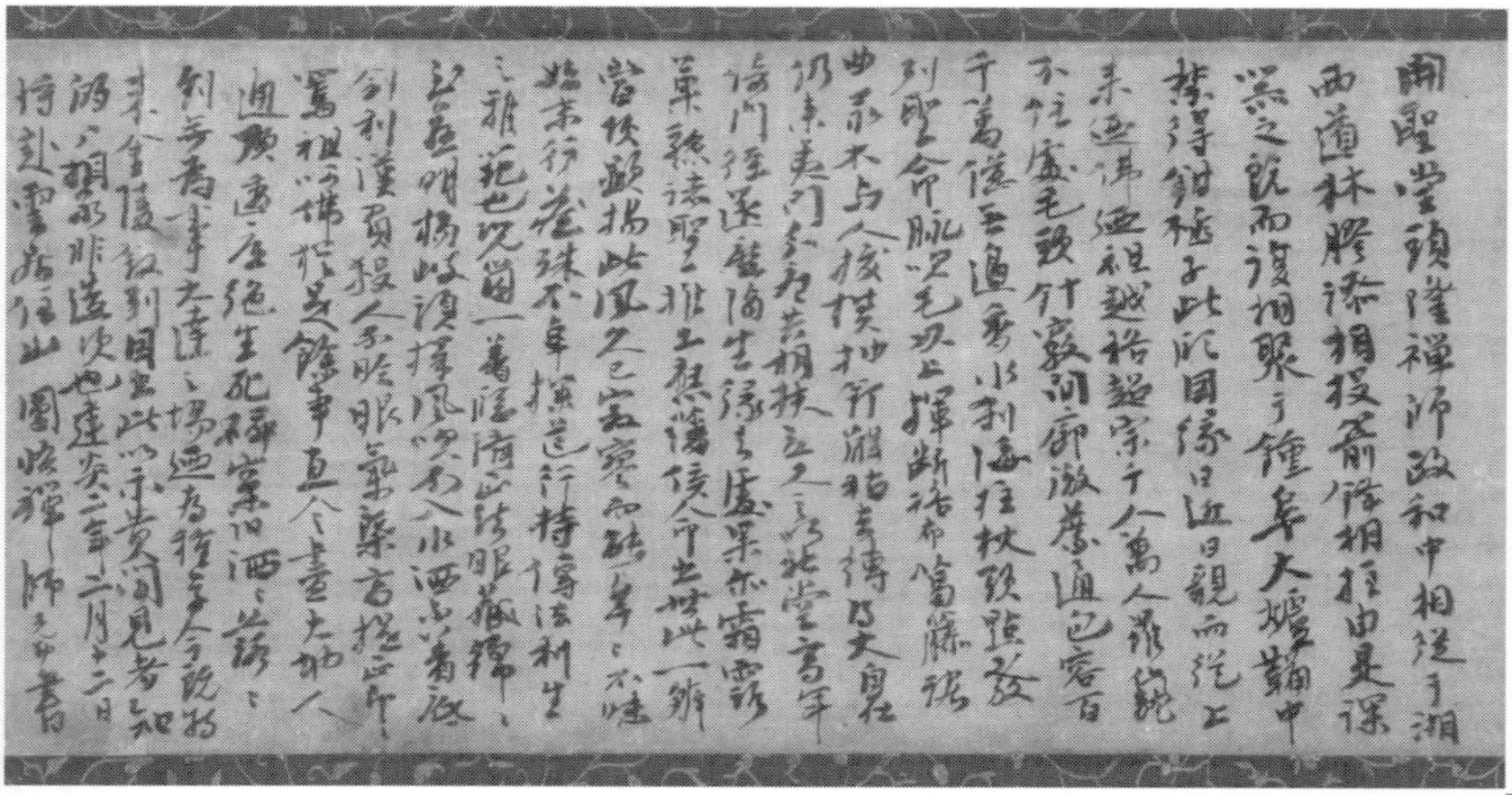

「渡されて　火に投げ入れた　印可状」と読みあげる。

一休は、彼が心酔した師匠・華叟宗曇《かそうそうどん》禅師から、円悟克勤が墨書した印可状を受けた。だが、一休は紙の印可状より行動が大事と焼き捨てた……つもりだった。ところが17年後に、まだ押し入れにあったのを見つけて、焼却した逸話が「一休かるた」の出典である。

「一休百休」と言われるくらいに門弟、自称門弟が多い和尚に、自署のある印可状（修行終了の免許状）が一枚も発見されていない。印可状としてでなく、餞別《せんべつ》にあげた、という説もあるが、この手の話は聞き流しておこう。

一休と珠光が師弟のあいだなら、その後、逢おうと思えばいくらでもその機会はあった。だが、後にも先にも二人が会話を交わした文献記録がない。珠光が、風狂の一休を避け、一休は、取り澄ました珠光を無視したのだろうか。

破門された浄土僧・珠光は、円悟墨跡を授かったにしては、禅宗に改宗したわけでもない。在野の僧「珠光坊」として生きることは、世渡りの知恵と言えば過ぎるだろうか、法体の文化人はこの時代決して少なくない。たとえば、幼少のとき元興寺にもらわれ、成人して京都に走った連歌の里村紹巴《さとむらじょうは》もそうだった。珠光跡目の宗珠はじめ、堺の商人茶人はみな、在野の禅僧として僧体で活動していたのである。

一休の死後建立された真珠庵の過去帖に「珠光庵主」の名がたびたび見えるという。最晩年の珠光が、大徳寺の一庵に座し、尊師に何と語りかけたのか、わかるような気がする。
ひとまず印可状の所有者の変遷を整理しておこう。

【中国宋】円悟克勤━虎丘紹隆《くきゅうじょうりゅう》━【日本】華叟宗曇《かそうそうどん》━一休宗純━村田珠光━村田宗珠

その後、この墨跡はさまざまな人物の手をへて、いまや東京国立博物館が所蔵する「流れ円悟」と称される国宝である。それは、この印可状が桐箱に入って日本の海岸に流れ着いたという伝説から「流れ円悟」と呼ばれるようになった。宗珠が珠光から相続した円悟の墨書を、後に手にした人物を追ってみよう。なお『山上宗二記』にある「円悟墨書の次第」では3点あるが、実証されていないので省く。

珠光は円悟の墨跡を、跡目を継いだ養子の宗珠に、すべての茶道具とともに譲りわたした。ところが、円悟の墨跡が宗珠のもとから行方不明になり、その後、大徳寺大仙院の古岳宗亘《そうこう》(1465-1548)が一時所有していることが判明。古岳は、大徳寺を茶の湯の本山とし、堺に南宋庵(南宋寺)を創立した禅師である。千利休は古岳宗亘について禅の修行をしていたときに(1558)、円悟墨跡を譲られ、大徳寺門前に茶室「不審庵」(現 表千家)を建て、床に掛けていたという。

その後江戸前期に、堺の豪商で茶人の谷宗卓《そうたく》に移り、これを所望した伊達政宗に、古田織部がハサミで切り分けた、という古美術へのテロもどきがあった。次に東京渋谷の「祥雲寺」（臨済宗大徳寺派）が所有したが、松江藩主・松平治郷《はるさと》（不昧《ふまい》）が金子《きんす》千両、扶持米30俵を祥雲寺に献納し、買収した。

現在、東京国立博物館所蔵の切断された「流れ円悟」の前半部（32ジペー上）が、日本に存在する最古の墨跡とされ、後半部は行方不明のままである。さらに東京白金台の畠山記念館に、重文一幅がある（32ジペー下）。つまり、中国に少なくなった円悟克勤の墨書が、日本に二幅あるわけだ。

中国のネットサイト、〈日本茶道開山之祖－村田珠光〉は日本の簡略な珠光史話から引き写した紹介文だが、現在中国には存在しない円悟克勤禅師の印可状を、栄西が日本に持ち帰ったことは書かれていない。およそ次のように記されている―

「中国南宋の末頃、日本茶道の鼻祖《びそ》たる高僧栄西（Rongxi）が二度中国に到来して参禅する。円悟（Yuan Wu）禅師の『碧巌録』及び茶禅一味の墨書を携えて日本へ帰る。1191年、栄西は『喫茶養生記』を写著し、臨済宗と日本茶道の祖師になった。15世紀中頃、高僧村田珠光は、有名な一休和尚のもとに禅を学ぶが、参禅中に常に眠気を催した。医生が〝茶を喫べば去る〟と助言、結果はてきめんであった。栄西が持ち帰った『碧巌録』（写し）はさらに多く書写され、室町臨済宗の教科書として用いられた」

商人から茶人へ

●奈良土一揆、元興寺や大乗院が焼ける

宝徳3年（1451）には奈良でも土一揆が起こり、元興寺の堂宇がいくつも燃え落ち、大乗院が焼失した。このときばかりは、さすがに珠光も急ぎ奈良に駈けもどり、元興寺悉皆《しっかい》の焼け跡を黙々と逍遥《しょうよう》するのであった。いま「奈良まち」と呼ばれる町並みは、この火災の焦土にできた民家の並びである。

まちはずれにある多聞橋詰めの珠光実家のあたりは、被害を受けていないので見なくてもよい。稱名寺のある大豆山は、近くの米屋の倉が毀《こわ》され略奪されたくらいで、ひとまず安堵した。

稱名寺の前に立ち、8年前に法行を怠けて破門されたが、非は自分にある。小僧の時から

目をかけてもらった導師・第十世了海上人は、どうしておられるだろう。思い切って称名寺の山門に入る。庫裏にいた僧が、珠光と知って胡散《うさん》臭そうに取り次いでくれた。すると、満面に笑みを浮かべ、まろぶように了海上人が現れ──

「心配していたぞ、いまどうしておるか、家に訪《おと》のうてきたか、ちかごろ見かけぬが、親ごどのは達者かな」

と矢継ぎ早に訊《たず》ねるのであった。珠光が京都に行ったこと以外、何も聞いていないようだ。了海上人に押されて、久しぶりに実家に立ち寄ると、まだ齢《よわい》50そこそこというのに、めっきり老いた父が、手ばなしで歓んでいる。〝勘当だぁ〟と称名寺にどなり込んできたあの父が、見えない目を瞬いて迎えてくれた。珠光28歳、商人業がうまく回り出したところである。珠光のうわさを聞いているのか──

「いっぱしの商人《あきうど》になりおって」

と、嬉しそうだ。

生活は、いっそう貧しいらしい。珠光は帰りぎわに金子《きんす》を包み、上がり框《かまち》に置いて出た。三条の「奈良屋」に戻ると、さっそく近所の商人仲間が見舞いに来て──

「奈良は丸焼けとかいううわさじゃったが、実家はどないで、無事でおわしたか」

と口々に気づかってくれる。親身なことばに、我が家に帰った実感がわき上がり、沁々《しみじみ》と、此処《ここ》がわしの棲家《すみか》、一番だわい、との思いを勦《つよ》くした。

商売の方は、一躍お大尽《たいじん》とはいかなかったが、手がたく順調である。奈良には釜師・久怡《きゅうい》や風炉師の天下一宗四郎など、名工の作品が、京都の将軍家や公家たちに知られていた。珠光は、京都で懇意になった武士から主上の武家へ、下級公卿からは上級公卿屋敷に口利きしてもらい、茶器のほか、酒、味噌、醤油、墨、筆、和紙など、古都奈良の名産物は、京ものに飽きた洛北の貴人、権門に好まれ、仕入れに苦労するほどの注文を仰せつかった。と同時に、茶人・村田珠光として、唐物茶器の目利きや、茶の湯の相談に呼ばれることも増えている。

これまで工夫した侘び数寄をもっと極めねば……と、思い耽《ふけ》るのであった。

●『君台観左右帳記』（くんだいかんそうちょうき）

将軍足利義満（1358-1408）の同朋衆に能阿弥（1397-1471）がいた。珠光より25歳年長で、義政の連歌師匠であり、水墨画を能《よ》くする。義政が蒐集《しゅうしゅう》した絵画・茶器・花器・文具など（東山御物）は能阿弥が鑑定して集めた唐物と絵画が主である。これら美術品コレクションを、評価鑑定し、押し板や違い棚の飾り構成について、同朋の能阿弥がまとめた図本が、『君台観左右帳記』という書院茶の教典である。原書は失われたが、写本が数種つくられた。

↑『君台観左右帳記』上巻表紙　東京国立国会図書館WEBサイトより

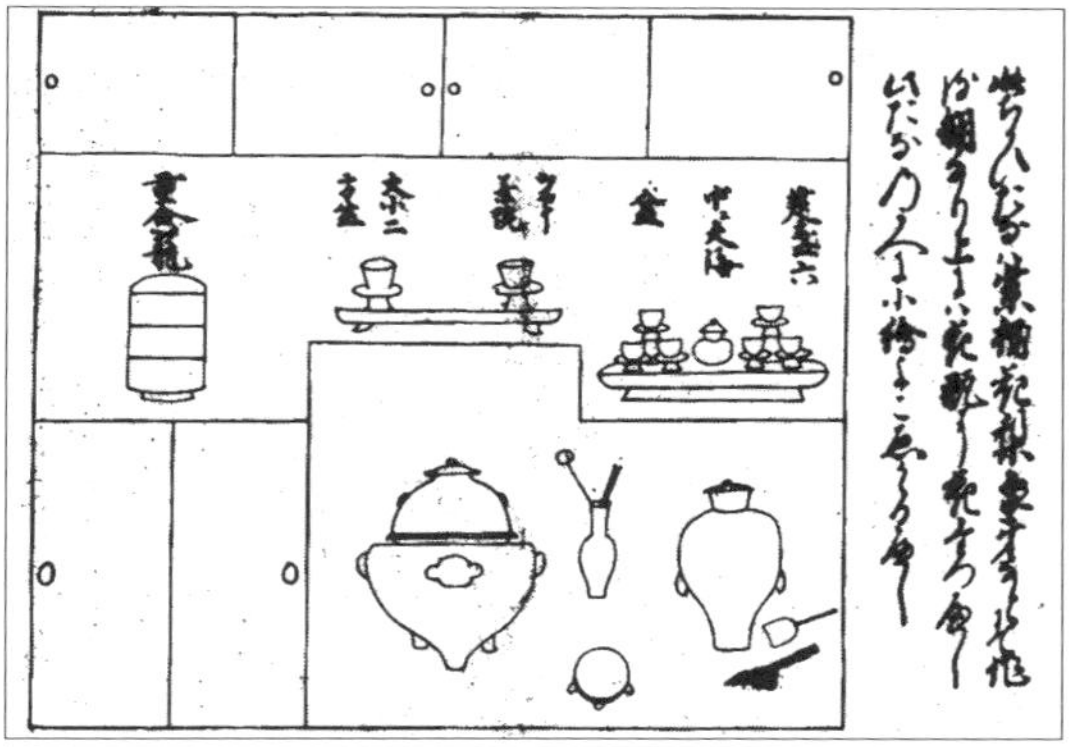

茶の湯棚飾り

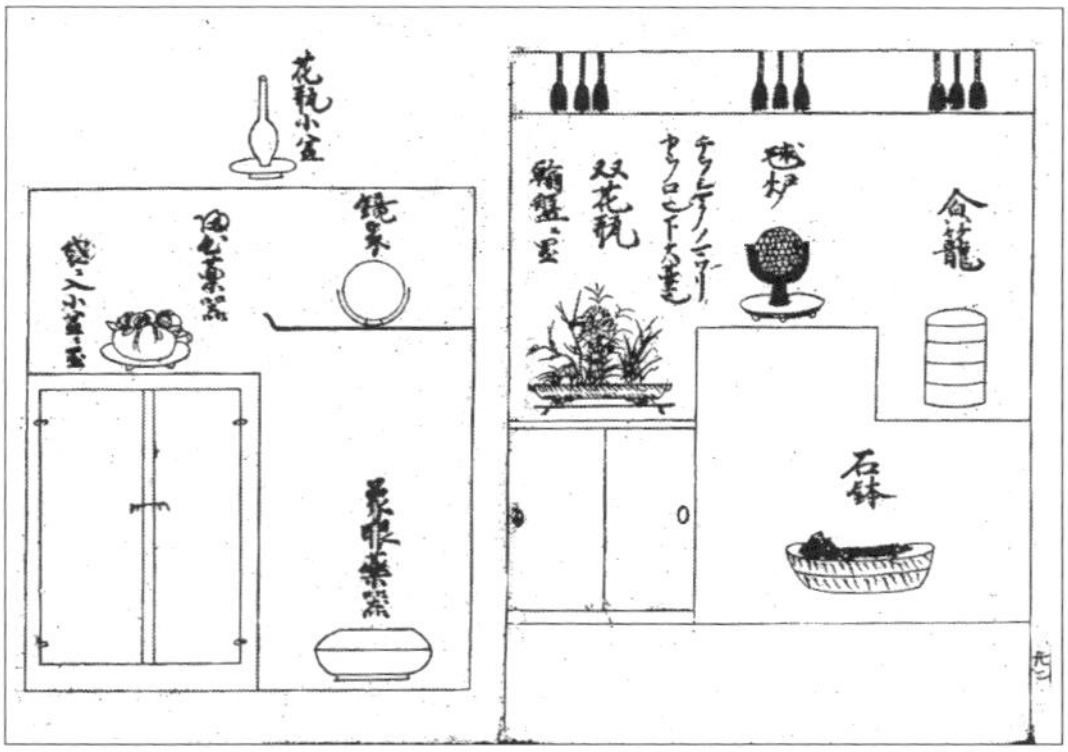

違い棚飾り

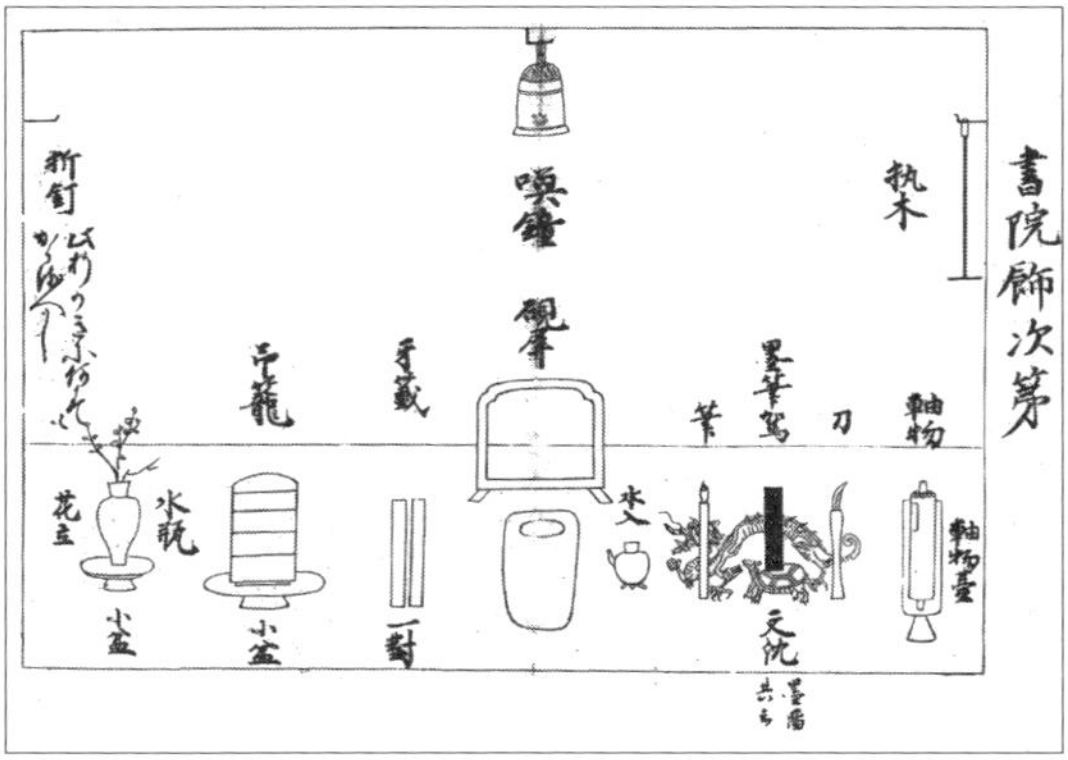

書院床飾り

『山上宗二記』（45㌻参照）に—

「珠光の一紙目録とは、能阿弥へ目聞（利き）の大事、稽古のときの問い日記なり。宗珠へ相伝なり」

とある。「稽古の時の問い日記」かどうかは別にして、珠光は能阿弥のもとで書院茶の実際を学んだことは史実としてよい。京都青蓮院《しょうれんいん》尊鎮法親王《そんちんほうしんのう》の書いた『親王日記』に「珠光が能阿弥から相伝した秘書一巻を、宗珠が写して贈ってくれた」との記載がある由。

（堀内他次郎『茶道史序考』復刻版、講談社）

能阿弥に目利きを教わり、書院台子の飾り付け、中国の絵や墨書の表具、茶会の所作などを学び取った。また能阿弥の方からも、侘び茶の茶人と聞こえた珠光に興味があっただろう。能阿弥の著『君台観左右帳記』を借りて写し取ったか、写しを贈られたとおもわれる。

では、珠光が能阿弥の知己を得たのはいつ頃か。珠光40歳から、応仁の乱で奈良多聞橋詰めの生家に疎開する47歳までのあいだしかない。能阿弥は応仁の乱が始まるや、大和桜井の長谷寺に流寓し、同寺で没しているからである（『大乗院寺社雑事記』）。

珠光が目利きの能力を生かして、ひとかどの茶人と知られ、茶の湯指南と茶道具の商いが軌道に乗ったのは、40歳半ばを過ぎてからであった。

●六条堀川西に「珠光庵」を建てる

京都は広い。個人的に茶事《ちゃじ》を愉しむ同好の士、先進や古参と言える人、志野宗信、粟田口善法などの知友がたくさんできた。公卿の茶会に末席ながら陪席を許され、そこで唐物茶器の産地、由来を知り、目利きを教わる事ができた。

「高うのうて、ええ茶道具買うんやったら『奈良屋』でんな。茶碗やったら、唐物でも地元の釜焼きでも、ええもん揃えてはりますわ」

と、京衆にもなかなかの評判である。

珠光41歳（1463）、暮らしに余裕ができたので、「村田屋」を廃業し、手狭な三条の借家から、六条堀川醒ケ井《さめがい》（左女牛井）通り西に、数寄屋を建てて移り住んだ。周囲は、築地を巡らした貴人や武家の京屋敷が並ぶ閑静なところである。三部屋と水遣りを付設した四畳半の茶室を「珠光庵」と名付け、路地庭をつたって入れるようにした。

珠光は、堀川に来てから茶の湯に専念する。富商に招かれて茶の指南に出向き、「珠光庵」に弟子からの謝礼のほか、茶道具の仲買いと、目利きとして鑑定・相談に応じて得る収入で独り身の家計に余裕ができた。珠光の道具見立てが次第に世に認められ、茶匠としての知名度と地位を固めてゆく。

その昔、六条堀川の辺りは、平家を都から追い出した木曽義仲が居住し、義家、為義、義朝、義経など、歴代源氏武将の「堀川の館《やかた》」があったどころである。館の中に清泉井戸があった。源氏が去った後、近くの住人がこの井戸を利用、珠光も利休も用いた名水である。現在、井戸は消えたが、「左女牛井之跡」と刻まれた石碑が建っている。

珠光が頭に描いた風景、四畳半の侘び茶がここ珠光庵において実践された。いかにも茶の宗匠にふさわしい数寄屋だ。ちなみに、将軍義政から扁額「珠光庵主」を贈られたとか、義政が珠光のために六条堀川に草庵を建てた、というのは、珠光没後のつくり話であろう。現在、大阪の藤田美術館が所蔵する「珠光庵主」の書がこの草庵の扁額と伝えられるが、謎めいている。

石碑「左女牛井之跡《さめがい》」
京都市下京区堀川通五条下る西側

では、四畳半の珠光庵がどのような姿であったか、残念ながら、実際に図面で示せる手がかりはない。後年、奈良に疎開したときに、実家に建てた八畳座敷から踏み込む四畳半の茶室「香楽庵」と、さして違わないと思うが、四畳半の独立した茅葺きの茶室、水遣りを、門から路地伝いの奥に設《しつら》えたのは確かとおもう。『南方録』[註1]には—

「四畳半座敷は珠光の作事也。真座敷とて鳥子紙《とりのこがみ》の白張付《しらはり》、松板のふちなし天井、小板ふき宝形造、一間床也。秘蔵の墨跡をかけ、台子《だいす》を飾り給ふ。其後炉を切て註2及台子《きゅうだいす》を置合されし也。大方書院の飾物を置かれ候へ共、物数なども略ありし也」

とある。偽書とはいえ、「珠光庵」を想像する目安になるかと思う。炉を切ったのはもっと後のことで、ただ湯を沸かす鼎《かなえ》（3本足の鉄釜）ひとつで、茶を煎じ、またコゴメを和《あ》えて独《ひと》り食事をした。遠近より訪ねくる茶人、同好の士と抹茶を味わい、和歌を詠んで清雅な、それでいて心ゆたかに充実したときを過ごした。そうして漸次《ぜんじ》、京都、堺の茶人から慕われ、この道の第一人者に推されるようになったのである。

とはいえ、珠光は僧体の町民として市井に一生を過ごしたのであって、千利休、古田織部や小堀遠州のように、大名の同朋茶頭《さどう》や幕府に迎えられたのではなかった。それゆえ、当時の文書に珠光の名前がほとんど見られず、その生涯はよくわかっていない。

註1〔南方録〕利休談話の聞書、現在では元禄時代に創作された偽書とされる。
註2〔及台子〕天板付き2本柱の台子

●侘び数寄の改革

こじんまりと落ち着いた茶室には、それなりに、茶道具の工夫と改造が求められる。珠光が変革した茶器、茶室の概略を次に抜き書きする。

▽従来の書院茶、担い茶においても、茶碗は小さい底から朝顔型に開いた形である。これを天目台に載せてやりとりした（22ジペー上右図）。いかにも高級そうに見えるが、態《わざ》とらしくイヤミがある。珠光は天目台をやめて、畳の上に碗をジカに置いた。すると座りが悪くヒックリ返る。そこで底が広くてふっくらした、座りのよい茶碗を用いるようにした。
▽湯を沸かしたり茶碗を洗いに行ったり、あわただしい水遣り（流し）での作業は、客を待たせ退屈させる。珠光は時間を短くし、客の注意を引き止めるため、茶室に水差しを置いて客の前で湯をわかす方が良い、とした。
▽これまでの隠れ作業を、亭主が客の目の前で行う。それには炉を切るか、夏なら風炉釜を置けば良い。合わせて五徳、茶杓《ちゃしゃく》、茶入れ、炭、火箸なども工夫した。
▽珠光に豪商や大名のような財力はない。茶席の後の食事に、二の膳、三の膳まで出す余裕はなく、また不要と考えた。代わって、一口菓子で抹茶の味を際立たせる方法をあみだし、菓子器に新趣向をもたらす。
▽象牙や銀製の唐物茶杓は茶味を殺《そ》ぐ。かわりに木や竹の茶杓をを用い、漆台子を木地のまま、あるいは柱に竹枠を用い、天板を置いた台子を考案した。
茶の湯の席で、所作美しくお茶を点てる。調和のとれた無駄のない茶席のふるまいは、優

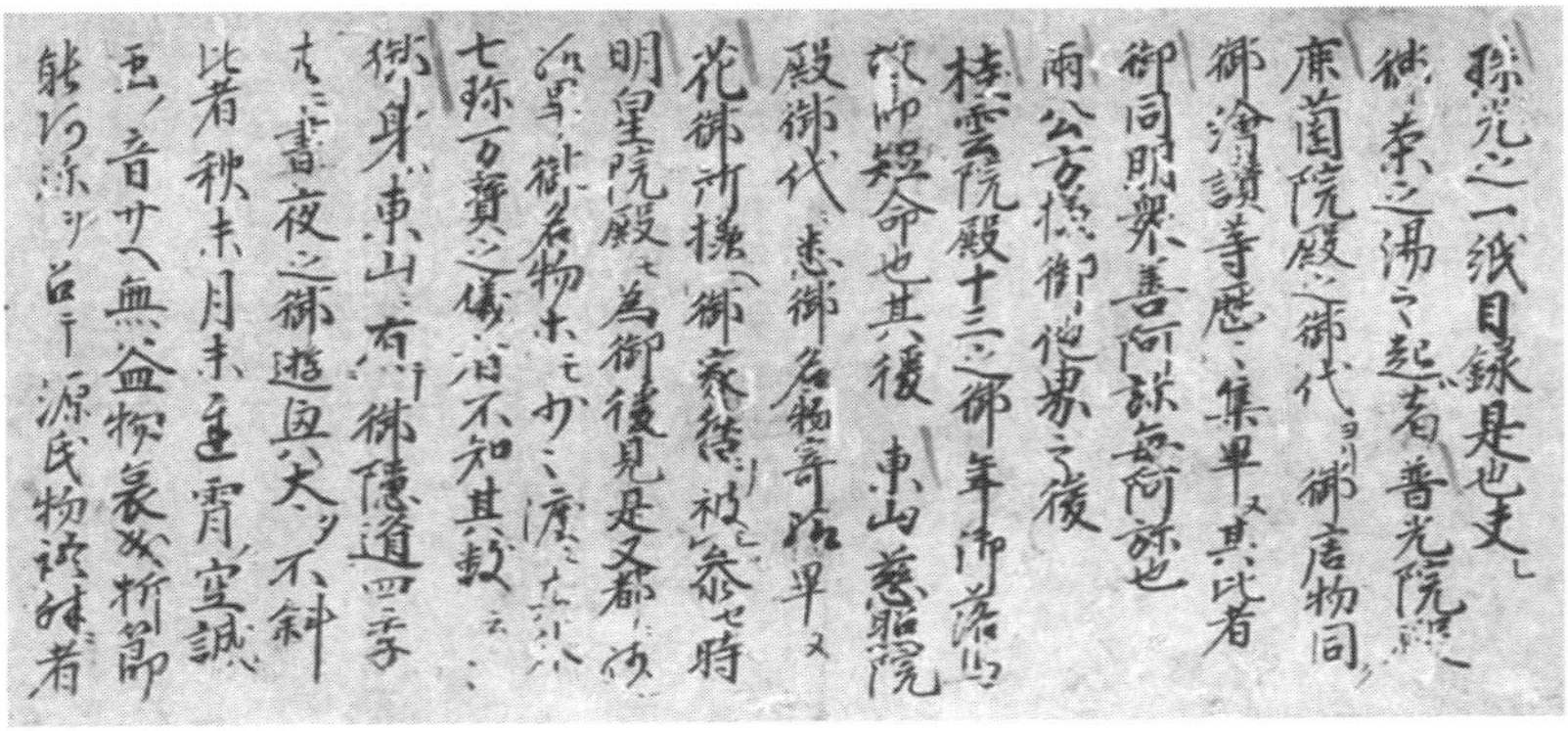

↑『山上宗二記』巻頭

雅そのもの、心が鎮静するさまはまさに芸術品である。ただ、凡庸な者でも、外見の立ち居振る舞いをまねるだけなら易しく、頭も心も要《い》らない。それでいてさても奥ゆかしく、高尚に見えるから、ついその気になる親子が多い。今もお茶会がはやる一因は、このあたりにあるのだろう。

●珠光名物と山上宗二（1544-1590）

『山上宗二記』（1588）には、珠光名物が29点記されている。豪商でもない珠光が、そのような道具持ちではありえないのでは？

この疑いは、平成13年（2001）に矢野環氏らによって発見された天文年間の名物記『清玩名物記』（1555）によっていくぶん晴れた。『清玩名物記』の成立は『山上宗二記』より早く、この名物記に珠光旧蔵とされているのは、青磁の「珠光茶碗」一つだけ、これっきりなのである。すなわち、宗二記が記す珠光の名物、大名物、書画墨跡の数々、《投頭巾肩衝《なげずきんかたつき》・茶入れ》、《珠光文琳・茶壺》、《珠光香炉》、《円悟墨蹟》徐熙《じょき》筆の《鷺繪《さぎのえ》》他、珠光茶碗以外は、すべて捏造デッチアゲではないかと、信憑《しんぴょう》性を疑う説が多く出た。その珠光茶碗は本能寺の変で焼失したはずだが？『珠光茶碗の虚実』という小山雅人氏の優れた論文もある。

珠光青磁茶碗と名付けられた実物は一つのはずだが、東京青山の私立「根津美術館」に、三つの珠光青磁茶碗が存在する他、野村美術館など、全国で十点以上も存在するらしい。けれども、およその時代が一致し、生産地が解っても、誰がいつ捏造してその経緯は？となれば、證明不可能だ。すべて本物とするほかない。稱名寺が所蔵する「珠光青磁」はもちろん、全国の博物館が所有する珠光名物茶器は、ビクともせず安泰なのである、

山上宗二が秀吉に斬首されたことは〔千宗易（利休）92ジペー〕の項で後述する。彼の悲劇を産んだ性格と人物像を、江戸時代に春日神人《じにん》の久保大輔が著した『長闇堂記』によれば——

「かの山上宗二、薩摩屋とも云いし。堺にての上手にて、物をも知り、人に押さるるなき人也。いかにしても面癖悪く、口惡《わろ》き者にて、人の憎みし者也。小田原御陣のとき、秀吉公にさへ御耳にあたる事申して、その罪に耳鼻そがせ給ひし……」

と、口の悪い嫌われ者、天下統一を前にした関白秀吉にさえ、ズケズケ耳の痛いことを云う直言居士だったと記している。物知りで、利休の一番弟子とされるが、人に推されて上に立つタイプではなかったようだ。「この書は珠光秘伝の書である」と自著に記したわけは、秀

吉に茶人の偉さを思い知らせるため、過去の先達《せんだつ》茶匠を美化し、宣揚した面がある。

●珠光の知己と直接の弟子たち

【応仁の乱以前に 珠光の知己、弟子になった京町衆】

▽志野宗信　将軍家の近臣 志野流香道の祖。珠光がお香を学び、宗信に侘び茶を教える。

▽篠道耳《しのどうじ》　泉州堺に住む宗信の同族、京都に居住。

▽牡丹花肖柏《ぼたんげしょうはく》　中院通淳《なかのいんみちあき》の子。笛、和歌、連歌、書画をよくする。珠光の茶に熱中したが、応仁の乱を逃れて摂津池田に隠棲。夢庵と名のる。

▽伏見屋銭泡《ぜんぽう》　商人、珠光のもとで全財産を使い果たし旅に出た特異な人。

▽隠遁僧　一路庵禅海　応仁の乱を避けて堺へ疎開。断食死したと伝わる。

【応仁の乱後に珠光の知己、弟子になった町衆】

▽京　粟田口善法　燗鍋《かんなべ》（手取り釜）一つにて一世の間、飯も茶湯もするなり　身上楽しむ胸のきれいなる者とて、珠光裒美候（『山上宗二記』）。出家入道した侘び数寄者。

▽下京 註 十四屋宗伍　珠光の没後、しばらく宗珠の弟子。創意工夫に優れ、「冷

え枯れの美」を知る数寄者。近江大津の人。小道具多数所持するも善き道具無し。弟宗陳と共に武野紹鷗《じょうおう》に茶を伝えた。　註　読みはじゅうしや、としや、もずや とも

▽京　大富善好　珠光香炉を所有、陰陽師《おんみょうじ》。

▽堺　鳥居引拙《いんせつ》　名物その数多し。珠光の没後南都に住む。

▽京　藤田宗理　目利き　武野紹鷗《じょうおう》の師。

▽堺　誉田屋《ほんだや》宗宅　商人。

▽堺　竹蔵屋紹滴　花の上手　商人。

▽堺　天王寺屋（津田源次郎）宗柏　紹鷗に侘び茶を伝える。

【奈良の弟子たち】

▽石黒道提　奈良宇陀千福寺の僧官（代官）から、畠山政長に武士として仕える。路地庭に初めて飛び石を置いた（『長闇堂記』）。京都千本に隠棲、千本道提と呼ばれる。

▽松本珠報　号は周宝、永昌坊正栄。畠山政長に仕えた武士。応仁の乱後、奈良に隠遁中、珠光の愛弟子になる。のち珠光庵を去り、京都で茶の湯三昧に生きる。松本肩衝《かたつき》ほか名物多数を所持。

▽和州　古市播州　珠光一の弟子（『山上宗二記』）と称される武将。名物を多く所持。

▽興福寺西福院と尊教院　しばしば珠光茶会を催す。

▽宗珠　興福寺尊教院の雑仕から珠光の継承養子に迎えられる。大徳寺に参禅。

▽東大寺別院四聖坊《ししょうぼう》　晩年に門人の依頼で四聖坊に茶室「隠岐録・八窓庵」を設計。

▽鷹山宗砌《たかやまそうぜい》　連歌師、晩年珠光と交わり、依頼されて茶筅を考案。高山茶筅の祖。

【奈良 市井の弟子たち】

▽通称 與五郎（與三）　具足師・岩井与左衛門と同一人物か。

▽子守道六《こもりどうろく》　小川町で農作業のかたわら、珠光風の茶室を構える。

↑ 応仁の乱　洛外合戦の場面　　『真如堂縁起絵巻』 京都 真正極楽寺 所蔵

↑ 応仁の乱　足軽乱入の場面（略奪する雑兵）
『真如堂縁起絵巻』 京都 真正極楽寺 所蔵

応仁の乱を避け、奈良に疎開

●京都を破壊した応仁の乱

珠光45歳の応仁元年5月（1467年「人の世むなし《1467》応仁の乱」と年号を暗記）、足利義政の後継者を選ぶお家騒動を発端に、細川勝元側と、対する山名宗全側の20万を超える兵が諸国から京都に集結、市中は戦場と化した。戦いは11年におよび、足軽の狼藉《ろうぜき》、流れ込んだ盗賊による略奪、暴行が吹きあれ、文明3年（1471）に終息したものの、京の大半が焼け野原となる。六条堀川のあたりもほぼ全焼、幕府は疲弊し、歴史は群雄割拠する戦国時代へと加速する。

●創作③ 実家に「香楽庵」を建てる

稱名寺に疎開し、そのとき獨盧庵《どくろあん》（独炉庵）を建てたとの説が奈良では一般的だが、筆者は実家に疎開して茶室を設け、そこで弟子をとった、との伝承から創作してみる。

多聞橋詰めの実家に入ると、盲目の父はめっきり老け、謡《うたい》の稽古すらできなくなっていた。珠光が家に帰ってきたので安心したのか、応仁の乱が終息する前に他界したようだ。父母の享年、墓地ともに不明である。

珠光は戦乱が長びく状況に、多聞橋詰めの実家を改装、屋根板を新しく替え、土塀と門をつけ、奥に新しく座敷をつくった。かつて母が畑にしていた裏地を、柴垣で囲い、佐保川沿いにある庭を、座敷の縁に続くようにした。縁に座ると、鮎が上る佐保川のせせらぎがよく聞こえ、こんもりと木々が茂る御陵の上に、眉間寺の多宝塔がいつも夕陽に輝いていた。

座敷の西に四畳半の茶室を増築した。仕様は一間の床、中央半畳に炉を切り、亭主 珠光が座る右手奥に台子を、茶室には、座敷側南かどの一枚襖《ふすま》から入る。西側全面を障子と雨戸にして、

中世の奈良の町　上野邦一『なら・まち・みらい』より　㈶世界建築博覧会協会 1992

軒を深く取り、落ち縁を設けた。門から飛び石伝いに、この落ち縁から客を招じることもあり、珠光の侘び茶は、しゃちこ張った所作を求めるものではなかった。

この頃の町衆は、門構えのある家なら屋敷と呼ぶ。いつしか人は、多聞橋詰めの音曲師・杢市のあばら屋を改修した家を「珠光屋敷」と呼ぶようになった。疎開中、人づてに一休宗純が京都田辺の薪村（現 一休寺）に疎開していると聞く。奈良に近いところである。忙中、逢いたいとは思わないが、懐かしい風狂の師を思い起こして微笑むのであった。一休は間もなく大坂へ向かったという。

ある日、若い堺商人が普請中の香楽庵に――

「珠光どのは、おわしますや」

と訪ねてきた。天王寺屋（津田源次郎）宗柏とその従弟、鳥居眞三郎（引拙）と名乗り、茶の指南を受けたいという。貿易港・堺の商人は、京都、奈良に行商し、特約店や支店をもつ商人が少なくない。歳は珠光より二回りほど若い23歳、京都店を預かる従弟は20歳前という。天王寺屋は日明貿易でうるおった堺の会合衆《えごうしゅう》の実力者である。自治都市・堺の行政は、有力商人から選ばれる「会合衆」が合議するかたちであった。

天王寺屋は、会合衆の中でも筆頭の地位にある豪商である。招かれて訪ねた堺の町は、奈良、京都の落ち着いた街並みに比べて、祭りのような賑やかさだ。大通りの両側に、土蔵のある大店《おおだな》がどこまでも軒を連ね、行き交う人々でごった返していた。
港には黒い南蛮船や、朱い明《みん》国の船が停泊し、珠光は堺に来て初めて海を見た。岸を打つ白波、寄せては返す青い海原と、まっ白な雲に感嘆し、さらに街の喧騒《けんそう》だ。どうも落ちつかない。裕福な商人弟子たちは、明から持ち込んだ青磁や、茶室に使えそうな家具、山水画や墨書を競って買い集めていた。珠光が堺に滞在中と聞いた商人たちは――

〝御師匠《おっしょ》はん、この茶壺なんぞ、どないですやろ、色と云い形と云い、結構な焼物やないか思うとるんでおざりますが……〟〝目利きのコツちゅうような秘伝をばですな、これをひとつご教示くださるまいか〟

などと無体なことを云う。茶の湯を功利の目で見る商人《あきうど》には、漸次指南をみあわせた。
よき堺の弟子たちとは、奈良、京都で、また珠光が招かれて、堺に旅し、茶会を催すこともあった。堺と京のどちらにも便利な浪速の住吉に、珠光の居宅があったとの説もあるが、確証はない。

●興福寺 西福院に招かれる

興福寺の僧綱《そうごう》（上級僧）一人が珠光を訪ねて多聞橋詰めの珠光屋敷にやってきた。拙者のような茶人に…はて何だろう。話を聞くと、興福寺衆徒の師弟から学僧になり、いまは註西福院の院主をしているという件《くだん》の院主が云う——

「お訪ねしたのは他でもござらん。われらが[註]西福院にて、茶会をおひらき願へまいかと、罷《まか》りこしたやうなわけでおざりまして……」

と頭を下げた。興福寺の末寺である稱名寺を放逐され、乞食坊主のように流浪していた珠光二十歳《はたち》過ぎの頃をおもうと、こうも変わるものか。院主の方から訪ねてくるとは——

「悦《よろ》こんでまいりませう」

即座に答えて、3日後に[註]西福院で、と話が決まった。

さて、3日後の昼過ぎ、興福寺の西福院を訪ねると、茶席に使う広い座敷に通された。大ぶりな炉がきってあり、河内釜が据えられている。珠光は、気に入った道具を選びながら、何故それを選んだか、その理由《わけ》を語り、居ならぶ5-6名の僧に、茶事の作法、心構えを語りつつ、順次お点前をしてみせた。床の墨書、簡素な挿し花は法相宗の寺院らしく、珠光は感心して賞賛しきりである。他の書画も数点見せてもらい、由来を聴く。さすが大寺院、格下の塔頭といえど、どれも眼福の名品である。

一巡終わると懐石の膳が出た。

この日は珠光を迎えて、特に念入りに準備したそうで、珠光が戸惑い顔に、「次なる茶会は日々の一汁三菜にてよろしかろう」と水を向けると、院主がすかさず「それは願ってもないことで……」と率直に応じる。

京に住む茶人のこと、武士の書院茶のこと、珠光の目指す侘び茶について、和気藹々《あいあい》に話がはずむ。後に珠光が設計して改造した註西福院の小座敷を、いつとはなしに「珠光の間」と呼ぶようになった。体があいたときを捉えて、珠光は奈良と京都を往来し、晩年は奈良に帰住する。興福寺の西福院と、後に珠光の指南を受けた註尊教院とは、院主が変わっても招かれ、引き続き茶会を主催した。ある日、西福院へ茶の湯指南に行くと、弟子に加えて欲しいという若い僧が、茶席に加わっている。昨年、叔父のいる興福寺発心院に出家、倫勧坊《りんかんぼう》と呼ばれる15歳、古市胤仙《いんせん》の次男という。胤仙は連歌にすぐれた風流人だ。少年が熱心に茶を学ぶ様子に、まだ早いと懸念しつつも弟子入りを許した。すると早速、3日にあけず香楽庵にやって来る。われを忘れて熱中する性格は、茶事に適さないが、大人になれば落ち着くだろうと思っていると、ひと月と続かずに、倫勧坊は姿を見せなくなっていた。

註〔西福院〕現高畑町、猿沢モータープールの辺りにあった興福寺の塔頭、江戸中期に焼失。
〔尊教院〕現東向南町、親愛幼稚園の辺りにあったが、江戸中期に焼失。

●応仁の乱、小康期に入る

応仁の乱が始まって、6年経った文明5年（1473）に、山名宗全、細川勝元の両雄が他界し、戦さが一段落したところで、義政は将軍職を38歳の若さで嫡男義尚に譲り、自身は俄然、隠居生活を趣味三昧に謳歌《おうか》する。

村田珠光は乱が小休止したこの機に京都に戻り、六条堀川西の「珠光庵」に急いだ。京都中の酒屋と米商の土蔵や、空き家になった公家の館は、比類なきまでに略奪放火されたが、珠光庵のかたく閉ざした門内は手つかずの廃屋のように、しんと静まりかえっている。勝手口は錠が外され開いていたが、中に入ると、落ち葉が積もり、荒らされた跡もなく、納戸《なんど》の茶器は動かした様子もなかった。このあたり、所々に略奪され、焼き払われた屋敷棟がみられたが、珠光庵は侘びた庵であることが幸いしたか、ポツンと焼け遺っていたのである。

珠光は、降ったり止んだりの雨のような合戦の合間をぬって、堀川西の珠光庵に足繁く戻り、京を離れない茶湯の友や得意先との絆《きずな》を深めた。

●創作④ 古市澄胤《ふるいちちょういん》の招待

実家の「香楽庵」にいるとき、思わぬところから使いの者が書状を携え訪ねてきた。用向きは、古市氏の御館で—

「宗匠をお招きして内々の茶会を開きたいと存じ、お越しくだされたく候」

とある。興福寺筆頭衆徒、戦国武将・古市澄胤《ちょういん》の招待である。茶会の日時と、「当日は籠により送迎致し候」と書かれていた。

〝あの倫勧坊がのう、さても懐かしい十数年ぶりか〟。しかし澄胤は還俗、いまは郡山の筒井氏と大和の国取りを争って戦さの最中ではなかったか。そのことを尋ねると—

「戦さなかにてあるとも、われらが殿は、連日、戦さの場に馬を駆るばかりでもあらねば、骨休めに行楽にも参られまする」

と澄ましている。

珠光の耳にも、澄胤の芳《よ》からぬ噂はしぜん耳に入っている。町へ出ると通りがかりの誰かれが、珠光をお茶の宗匠と知るや—

「古市の淋汗茶ちゅうの、知っとられまっか。それはもうエライ盛大でしてなあ」

と、立ち止まって喋り出す者がいて煩わしい。

珠光は、淋汗茶を「遊興以外の何物でもない。唾棄《だき》すべき仕業」と断じていた。澄胤は、兄・胤栄の恒例行事であった淋汗茶を、郷民に参加させず一族内輪の茶会に変えた。芸能を好み、金春《こんぱる》、観世《かんぜ》の庇護者であることも聞き知っている。

ふむ、あの小僧が、古市一族の惣領になったか、会っておきたい気もするが、あの男の茶会など真っ平御免だ。遣いの者に—

「拙者、大勢の茶会は性に合わぬゆえ、お招きに與《あずか》れかねまする。澄胤殿にはよしなにお伝え申し候え」

と丁重に断った。古市郷は現在の奈良市古市町、岩井川を挟んで北の紀寺《きでら》と南の古市《ふるいち》に分かれる。澄胤主従は、中心部の丘城《おかじろ》ではなく、北に少し離れた二の丸の館に住んでいた。

古市澄胤と『心の文《ふみ》』

●珠光一の弟子？

古市（播州播磨）澄胤《ちょういん》（1452–1508）は古市郷の土豪、興福寺大乗院の防人《さきもり》・衆徒として、いまや事実上、南都民衆の警察権をにぎる支配者であった。足利義昭に味方して、二万石の播磨守に任ぜられた武士であり、珠光一番の弟子と『山上宗二記』にいう。大層立派な人物に聞こえるが、世間の評価は悪い、相当なワルである。当時、南都奈良のまちで横行した強盗、ゆすり、人殺しの下手人《げしゅにん》は、すべて親分・澄胤の子分と囁《ささや》かれたほどだった。

粗野で博打《ばくち》好き。一度に現行価格で数百万円の賭けをはったり、名馬や名刀を買いあさる成り上がり田舎武将の典型的な人物。人心掌握に長《た》け、平気でウソをつき、興福寺の荘園管理の任でありながら、荘園をくすね、領民から厳しい税を取りたて、労役を強要した。

応仁の乱はまたたくまに大和にも広がり、国人同士が、筒井＋箸尾《はしお》勢と、片や越智＋古市勢の二派に分かれて、大義名分があいまいな私闘を続けていた。文明9年(1477)、筒井氏に与《くみ》する中坊、箸尾などの国人を駆逐、越智家榮《おちいえひで》と古市澄胤が権力を握ると、大和に於いても、応仁の乱はこの年に終わった。

澄胤の後ろ盾は興福寺別当を4度勤めた[註]大乗院門跡経覚《きょうがく》である。澄胤は「山城国一揆」が起こると背後で暗躍する。将軍義尚に近づき、山城《やましろ》の相楽《そうらく》・綴喜《つづき》両郡の代官となって、京街道の治安に、相当エゲツない手を使っている。澄胤の古市氏全盛の時代には、大和の半分を支配した。慢心するのは当然か。このようなワルを『山上宗二記』は―

「和州古市播州　数奇名人、珠光の一の弟子、名物多数所持の人也」

とほめそやし、『長闇堂記』は―

「珠光の弟子で、よろずの名人と伝わる。尺八の上手であり、謡は曲舞《くせまい》を三番までしかご存じなきも、京より南で随一の謡の名手と伝えられる」

とワルから多芸の文化人へ、なにやら風向きが変わってきた。

連歌をたしなみ、毎月連歌会を主催した。また猪苗代兼載《いなわしろけんさい》から兼載の師匠が著した連歌の伝書『心敬僧都庭訓《しんけいそうずていきん》』を贈られている。心敬については彼の言葉、「連歌の仕様は、枯れかしけ寒かれという」(『山上宗二記』)が知られる。奈良まちの自慢、連歌師の頂点にたつ里村紹巴《じょうは》は、後に澄胤から〝一筆を〟と頼まれ、この本の奥書に―

「古市播州とて茶湯者　謡之上手名人にて候」

と書き遺している。

古市城、二の丸屋敷(居館)に金春禅鳳《こんぱるぜんぽう》、世阿弥を招いて能を観賞。金春家、観世家の庇護者、パトロンであった。金春禅鳳の談話を集めた『禅鳳雑談』のなかに―

「古市殿播州の謡調子、一調子上がるや」

とある。良い調子になると褒めているのか、一音階上がるとけなしているのか、拙子には能がない。とはいえ、パトロンの悪口は書かないだろう。また、珠光が侘びについて、『徒然草』を引用し―

註〔大乗院門跡　経覚《きょうがく》(1395-1473)〕土豪　古市氏を衆徒惣領に引き上げた後ろ盾。引退後も古市の館《やかた》に30年居住する。20歳から日記『経覚私要鈔《きょうがくしようしょう》』(安位寺殿御自記)を死の前年まで書き続け、寺務と寺領支配の状況などのほか、古市で催された盆踊り、猿楽、能などの芸能を書き綴った。
しかし珠光の名は書かれていない由。

「月も雲間のなきはいやにて候」

と、語った事績は、この『禅鳳雑談』が出所である。

八方破れな男、頑強で敏捷《びんしょう》な澄胤は、公家をまねて蹴鞠《けまり》をやるわ、買いあつめた名馬を、小笠原流弓馬術で乗りまわした。春日神社の流鏑馬《やぶさめ》は、今もこの流派であり、８００年の歴史をもつ。だが、古市の土豪から新興武将にのし上がった澄胤は、春日神社おん祭の流鏑馬に出場できる資格である大和武士の家系ではなかった。地団駄踏んで悔しがっても、興福寺と春日社家と大和武士全員に楯突くわけにゆかない。

澄胤は悪知恵がよくまわるばかりか、天衣無縫、驚くばかり器用多芸の男だった。仏像仏画を蒐集《しゅうしゅう》し、文化に貪欲で、芸術愛好家というより、エネルギッシュな芸術実践者、〝芸術家になれなかった武将〟と言えばよいか。もしも澄胤の生きた世が、平和な時代であったなら、傑出した文化人になり得ただろう。

古市の茶は「淋汗茶」である。澄胤が惣領になってから郷民にサービスする淋汗茶をやめたのだが、兄・胤栄が催した盛大な淋汗の遊興風呂について少し書いておく。

大乗院門跡経覚の日記、『経覚私要鈔《きょうがくしようしょう》』文明元年（1469）５月、応仁の乱が奈良にも波及して間もなくの日付に――

「風呂の外に柴垣を構えて砂を敷き、少し離れたところに茶室を建てる。湯殿には天井まで花を飾り、まわりには棚を置き、そこに屏風や茶瓶・香炉のほか、茶・酒・素麺・瓜・桃などが入った大籠を置く」

とあり、この年、兄の胤栄（澄胤19歳）が催した淋汗茶会は、特に盛大であった。茶器には宇治茶と椎茶《しいちゃ》（煎った椎の実）が盛られていた。当時は「空風呂」で湯船には浸からない掛け湯である。主賓の経覚が一番風呂を与えられ、上がると酒一献《いっこん》が用意されている。次に古市家主人・胤栄、弟の澄胤、家族、家臣150名が続き、胤栄夫人ら家族と家来の妻子、女中衆が入浴、翌日には古市郷民が風呂を許可された。湯屋には軸絵をかけ、挿し花の飾りつけがあり、書院座敷がある。設えとしては高尚な趣である。

しかし、雑多な人間のあつまりだ、やがて酒宴、隠し芸、余興が飛びだし、飲めや歌えのどんちゃん騒ぎになるのが定番であった。いかがわしかろうと、これが庶民茶の現実である。

澄胤は25歳のとき、古市氏筆頭の地位を、兄・胤栄から禅譲された。

大和における応仁の乱の緒戦で筒井氏に大敗した兄は、この戦国の騒乱を乗り切る手腕は、自分よりも弟にあると、古市党の家督を弟に譲ったのである。家長となってからの澄胤は、遊興の淋汗茶を廃止、名物茶器を買い集め、風流を模した。かつては珠光のもとで、侘び茶にのめり込んだ発心院（大乗院の子院）の少年僧・倫勧坊が、いまや国盗り武将、修羅場の男である。戦と酒とバクチにすっかり人が変わってしまっている。郷民を搾取した澄胤は、郷民にサービスするのを止め、彼の芸術嗜好から侘び数寄に手を出した、との説もあるが一理ある。能も謡も、歌も詠んだが、どれも道楽の域を越えていたという。

発心院にいた頃から始めた茶の湯の宗匠珠光に、茶器の鑑定と購入を頼んだであろう。目利きと茶器の売買は、珠光の糧であり、相談に応じたことは否めない。実際、澄胤こそは、珠光の金蔓だった。その意味では、「珠光の一の弟子」に相違ない。

●澄胤に宛てた『心の文』

『心の文《ふみ》』とは、珠光が手紙に託して澄胤にしたためた茶事の心得である。江戸時代に表装されたが、原本がいつ書かれたのか、判明していない。澄胤が南都七郷に勢力を振るっていた頃、まだ筒井氏との決戦に臨む前の文明6、7年頃か。文末に―

「その道の格言に、〝心の師とはなれ　心を師とせされ〟と古人もいわれし也」

とあるところから、通称『心の文』と呼ばれる。この格言は、禅宗の経典『涅槃経』や『崇《す》鏡録《ぎょうろく》』にある句「願作二心師一　不レ師二於心一」に典拠する。

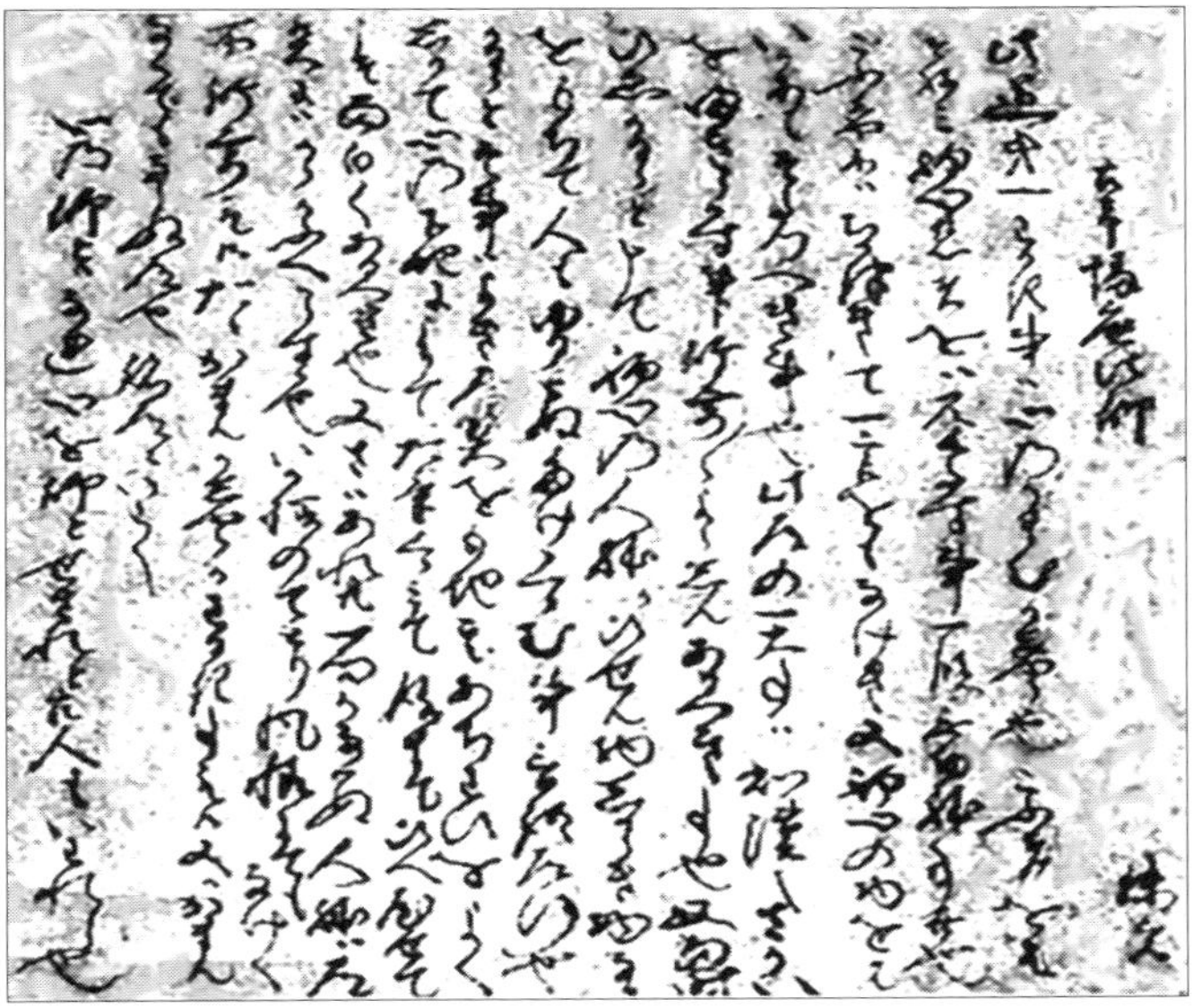

珠光筆『心の文』『茶道文化論集』永島福太郎より

古市播磨法師　　珠光

此道、第一わろき事は、心のかまんかしやう也。こふ者をはそねみ、初心の者をは見くたす事、一段無勿躰事共也。こふしやにはちかつきて一言をもなけき、又初心の物をはいかにもそたつへき事也。此道の一大事は、和漢之さかいをまきらかす事、肝要〳〵、ようしんあるへき事也。又、当時ひゑかるゝと申して、初心の人躰か、ひせん物しからき物なとをもちて、人もゆるさぬたけくらむ事、言語道断也。かるゝと云事はよき道具をもち、其あちわひをよくしりて、心の下地によりてたけくらみて、後まて、ひへやせてこそ面白くあるへき也。又さはあれ共、一向かなはぬ人躰は、道具にはからかふへからす候也、いか様のてとり風情にても、なけく所肝要にて候。たゝかまんかしやうかわるき事にて候、又は、かまんなくてもならぬ道也、銘道にいわく、

心の師とはなれ、心を師とせされ、と古人もいわれし也。

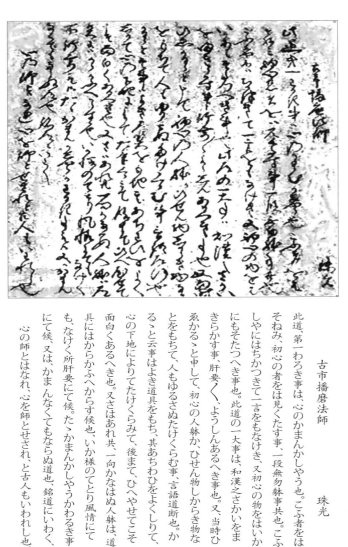

●『心の文』現代語私訳

この道において一番良くないのは、慢心し自分に拘《こだわ》ることである。先師をそねみ、初心者を見くだすなど、もってのほか、先師に対しては近づいて教えを願い、また初心の者を育てるようにすべきである。この道一番の大事は何かといえば、和物だ、唐物だと区別する境を取り払うことにつきる。よくよく肝に銘じて用心しなければならない。近頃はまた「冷え枯れる」などと気取った初心者が、備前物・信楽物を手に優劣を競うなどの事態は許されないこと、言語道断だ。「枯れる」というのは、良い道具をもち、その滋味を知る深い心の下地があってはじめて品定めができるというもの、後々まで「冷え痩せた」心をもちつづけてこそ興趣があるというものだ。そうはいっても、一向にこの道がわからない人はいる。そのような人は茶道具に関わらない方が無難だろう。たとえ人から上手なお点前《てまえ》と見られても、謙遜が肝要である。

勝手に慢心するのがよくない。しかしまた忍耐なくしては成り立ち難い道でもある。

この道の至言に、「わが心の師となれ　心を師とするなかれ」と古人も云ったではないか。

「謙虚に人の話に耳を傾け」、とは正論だが言うにやさしく行うは難し。下の句「心を師とせされ」では、世事諸般を師として学べ、との格言である。

自分の考えを真理と勘違いする危険に警鐘する。たとえば、今日でも自己の夢想を真理と信じるテロリスト、慢心と妄想を根拠に、部下を仕分ける上役など、自分が正しいと自我をはる迷惑な輩は、どこにでもいる。珠光の茶道は人の道、勘違いするなと、澄胤にさとす。

澄胤が珠光から贈られたとする名物唐物茶入れ「珠光小茄子」は、珠光から購入したので、贈られたというのは疑わしい。珠光の上得意である澄胤に所望《しょもう》されて売却したのだろう。しかるに金蔓に向かって、これほど厳しく戒める手紙があるだろうか。手紙の文面から受ける拙子の感想を率直に述べる。

●『心の文』は絶縁状

「一番良くないのは、慢心し自分に拘《こだわ》ることである」

と初《しょ》っぱなから澄胤にガツンと一発くらわせ、唐物茶器を買い集める澄胤に、唐物と和物の区別をするな、肝に銘じよ！　と、突き放す。鑑定眼のない家来どもが、備前・信楽などの和物道具で、「冷え枯れる」などと口走り、いっぱしの茶人を気どるなど、とんでもない。道具へのこだわりを捨てろ、と古市一族郎党を叱りとばす。

枯淡の境地にいたって「冷え痩せた」状態を持続すること、これこそが素晴らしいと説得するのであるが、果たして通じるだろうか。

「お前さん、茶席のときだけ気どって何になる」と言外にある。最後に再び——

「澄胤よ、自慢・執着する貴殿の心が、わび茶のさまたげなんだよ」

と念押しを忘れない。初めから終わりまで、古市澄胤を罵倒して戒める手紙である。

「誇りを持たねば成り立ち難い道」、原文「かまん（我慢）なくてもならぬ道也」とは、誇り高く生きねばならない珠光自身の覚悟、門人澄胤を突き放す覚悟でもある。後の利休は、この矜持《きょうじ》を保つ覚悟のゆえに、命を落としたのではなかったか。

珠光と成人した澄胤が、どの程度に茶のまじわりを持ったのか、そこがわかれば拙子の感想もちがってくるが、そもそも経覚の日記に、珠光が古市の館に来たことすら記されていない。二人が会合した通説に根拠はなく、山上宗二の記述はさておき、信頼できる記録はないのである。珠光の侘び茶と、財にまかせて名物茶器をあさる澄胤のこれみよがしな茶は、相入れる余地がないのではないか。

収入源の澄胤といえども是非もない。諫言《かんげん》止みがたく書き送った手紙『心の文』が、相伝書どころか絶縁状になったと考える。正統的には、茶道の奥義を述べたありがたい指南書であり、筆者のように、心の文を「絶縁状」とする説を知らない。しかし、澄胤がこういう手紙を受け取ったとしたら、苦々しく嬉しくはないだろう。その証拠に宗匠珠光に宛てた返書が存在しない。その後の交流もなんら記録がない。

「古市播磨澄胤は珠光の第一の弟子である」

とする山上宗二の記述は、南都七郷第一の実力者である澄胤を、珠光の一番弟子に仕向けることにあった。将軍義政、そのほか実力者との交友や、著名人を師弟にあげて、珠光をまつりあげ、珠光―紹鷗―利休のラインを、侘び茶の正統系譜に定着させる。澄胤はそのために都合の良い人物と思われた。

さて、その後の澄胤は、宿敵筒井氏を降したものの、永正5年（1508）7月、河内に転戦して畠山尚順《ひさのぶ》を攻めて敗れ、非業の死をとげる。長子の古市公胤が跡を嗣ぐが、最終的には、

『心の文』行方不明

珠光が澄胤に書き送った『心の文』は、江戸時代の初期、小堀遠州が奈良の松屋久重の求めにより、表具を改め、大徳寺第百八十一世「江雪宗立《こうせつそうりゅう》」和尚に奥書を依頼、自ら箱書をしたためて、奈良の松屋久重に与えたという。その後、江戸時代の中期には松屋久重から大坂の豪商、鴻池道億《こうのいけどうおく》に譲られ、近代になって数寄者の「平瀬露香」が手にしたが、その後、再び行方不明になる。しかし、見つかった複写をもとに1936年、創元社から発刊された『茶道全集』第5巻に「心の師の一紙」として最初に紹介された。この複写も刊行時以降、存在がわからなくなっている。

天文12年（1543）筒井順昭に敗れ、鉢伏山城に火をつけて、笠置山中の東山内（現 福住）に退去した。その後、再起ならず一族は没落する。

●古市澄胤と茶の遺産

澄胤の弟子筋に、珠光伝来の「松屋三名物」を秘蔵した松屋久行がいる。徐熙《じょき》筆の鷺繪《さぎのえ》、松本肩衝《かたつき》、存星盆《ぞんせいぼん》と共に、珠光から弟子の古市澄胤に伝わり、澄胤から弟子の松屋久行に譲られたとされる。

珠光の死後50年ほど経った頃、松屋久政は、『心の文』を掲げて珠光の継承者と任じ、且つ稱名寺の恵瓊《えけい》坊と語らって、稱名寺を珠光法跡として顕彰した（『松屋会記』）。すなわち、このとき、多聞橋詰めの獨盧庵を稱名寺に移建したのではなかったか。では、珠光が疎開したとき、稱名寺に寓居して獨盧庵を建てた、との通説はどうか。疎開時、唯一の記録は「大口袴を奈良の珠光に届ける」という『山科家礼記《やましなけらいき》』にある一節のみである。一考を要す。

江戸時代には古市家に養子入りした古市了和が、弓馬術・礼儀作法の名家である小笠原総領家（小倉藩主）に茶頭として仕えた。澄胤の後裔が、珠光の侘び茶の作法を身につけ、小笠原流礼法と合体融合し、現在の「小笠原家茶道古流」となって継承されてきた。つまり「小笠原家茶道古流」の流祖は古市澄胤と定められる。

晩年の珠光

●応仁・文明の乱終わる

応仁の乱は文明8年（1476）、義政と義尚が東西両軍の和睦を図り、翌年（1477）の暮れ、珠光55歳の時、ようやく11年に及んだ応仁の乱は終息した。終息した年号を加えて「応仁・文明の乱」という。

義政は、応仁の乱を途中で投げ出して引退、幕府の財政が破綻しているのもそっちのけで、余生を趣味三昧に耽《ふけ》る。公私を抜きにすれば、羨ましく幸せな殿様だ。義政は、東山文化の中心であり、建築、造園、文学、書画、鑑定に造詣が深く、奢侈な趣味に耽溺《たんでき》することができた殿様である。義政が東山山荘に建てた東求堂《とうぐどう》（慈照寺、銀閣寺と共に現存する）の北東角に、「同仁斎」という四畳半で、囲炉裏をきった跡がある。この茶室を珠光が差配したとか、義政に助言したとする通説に根拠はない。

●松本珠報《しゅほう》

松本珠報という茶人がいる。本名松本周宝、室町幕府の重臣・山名氏の家老を勤め、後に畠山政長に仕えた。応仁の乱では旧主の西軍・山名氏と、現主の東軍・畠山政長が敵対して戦うハメになった。周宝には、どちらも主君である。応仁の乱が終わる一年前、周宝は奈良へ隠退し、永昌坊正栄と称した。奈良に疎開していた珠光に心の平和を求め、弟子入りする。この時、珠光54歳、周宝39歳である。珠光はこの沈着、主家の相克に刀を捨てた隠棲者を、「いい弟子ができた、私のすべてを授けよう」と意気込み、茶号を「珠報」と名付けた。

文明9年になると、京の町から諸軍の兵が去り、珠光は弟子の珠報を伴って堀川の珠光庵へ戻る。珠報も内弟子として庵に住まわせた。

円熟した侘び茶の茶匠・珠光は忙しい。京に戻るや、知る人知らぬ人が、次々に珠光庵を訪ねてくる。茶の指南にでかけ、茶頭として茶席に呼ばれることもますます繁く、茶席での準備、手順をのみ込んだ珠報が、テキパキと助けてくれた。熟年の珠光と壮年の珠報の茶匠コンビは、茶人、数寄者《すきしゃ》(風流者)から最大級の賛辞をおくられ、市井の人々にまで評判が響いた。堀川のひっそりした珠光の草庵に人の出入りが頻りである。奈良の弟子も来る。奈良へ疎開していたとき、入門した堺の天王寺屋（津田源次郎）宗柏が、このころ珠光庵にときおり顔をみせる。商用で京都に滞在中は、日をおかずに訪れ、世間話に興じるのであった。

5年ぶりに鳥居引拙も来た。

すでに珠光の代理師範に、安心して任せていた愛弟子の珠報が、ある日、お暇をいただきたいと願い出た。珠光がうすうす感じていたことだ。この、刀は捨てても武士の魂を捨てなかった松本珠報は、戦さを嫌って隠遁し、戦いの無情に倦み疲れ、刀を投げ出したが、それだけではない。自由な生き方は、食べるために意を曲げて働くことを「よし」としない松本珠報である。


何ものにも縛られない自由…

茶の指南はしたくない、師匠とも別れて自由に生きたい…

珠光には彼の心が甚《いた》いほどよくわかる。理由を訊すまでもなく、珠光もまた自由に生きるため、稱名寺を破門され、出寺したのではなかったか。彼が周宝の名で、多聞橋詰めの香楽庵を訪ねて弟子になってから、はや3年を越えている。よく辛抱してくれた。見苦しく引き止めるのは止《よ》そう。

珠光庵を出た珠報は、そのまま京都で頭をまるめ、東洞院四条に閑居、昔の隠棲名・永昌坊正栄の名で、茶の湯三昧の余生を過ごしたといわれる。あばら家に棲みながら、悠然ユーモアのあるお坊さんだったという。極貧の隠者にしては、松本を冠した名物道具、「松本茶碗（青瓷《せいじ》）」、茶入れ「松本茄子」と「松本肩衝《かたつき》」を所蔵していたのは奇異に聞こえるが、師の珠光から餞別に頂戴したり、堺商人から譲られたものであろう。

●『山科家礼記《らいき》』と永島福太郎

珠光は奈良に疎開中にできた弟子に指南する用向き、稱名寺から茶の湯の相談もあり、奈良にもよく行き来していた。奈良にいたとき、京都山科家から注文の大口袴《はかま》が届いたことがある。

山科家は内蔵頭《くらのかみ》および御厨子所別当《みずしどころべっとう》を世襲し、皇室に衣紋《えもん》・装束、乾物などを納める公家である。家業の取引品目を執事が記録した膨大な文書『山科家礼記《らいき》』、応仁2年（1468）5月29日の条に「奈良珠光坊へ大口遣之」と記されていた。これは珠光に関する信頼できる最も早い記録で珠光61歳のとき、大口袴を注文するほどに成功した晩年を明白に示す一行である。この十数冊にのぼる、いたって味けない古文書から、珠光に関する一行、数文字を見つけ出す。歴史学者とは、げに畏《おそ》ろしい。古文書読みの永島福太郎先生が、山科家礼記から珠光関連の文言を4ヶ所発見された。

他にも永島氏が『珠光一紙目録』という、名古屋の数寄者が所蔵する史料を全文解読のうえ、紹介しておられる。氏自身も疑われている古書だが、「此一冊珠光庵主所持秘本也　宗珠」と珠光養子の為書きが付されているという。茶室のありかた、飾り付け、作法などを具体的に記した㊙書だが、内容が新しく、この時代の茶事と整合しないと考えられている。

堺商人・誉田屋《ほんだや》宗宅、竹蔵屋紹滴が新しく門弟になる。彼らは理解が早く、茶室の所作も堂に入ったものだ。実際、経済的にありがたい弟子たちである。珠光は茶器、茶道具に名物を多く所有するようになる。『山上宗二記』に——

「珠光の云われしは、藁屋に名馬繋ぎたるがよしと也」

とある。事実とすれば、おそらく60歳前後の、ちょうどこの頃であろうか。名馬すなわち名物茶器を所有してこそ云える言葉である。

先にも書いたが、文明17年（1485）、京都では将軍義政が僧籍に入って、茶の湯三昧に耽溺する。大名、公家衆に義政風を模した茶の湯がもてはやされ、呼応して、町人たちが自分たちに茶の湯を求めて、珠光の門弟に加わった。そうして多くの門弟に敬愛され、晩年の平安な年月を重ねていた。

●養子　村田四郎－宗珠

珠光が奈良にくだると、必ず興福寺の塔頭・西福院と尊教院で茶会を開く慣わしである。

尊教院では、退出するとき草履を揃え、門の端で黙ってお辞儀している若い雑仕・四郎を目に留めていた。下男として働く四郎の境遇、幼少にして奉公に預けられ、今も下級僧として誠実に雑役をこなす四郎の姿に、珠光自身の稱名寺時代を重ねずには、おられなかった。

長享元年（1487）、四郎（17―18歳）を伴い大徳寺真珠庵に相談、四郎が妙心寺で大休宗休禅師に従いて参禅し、茶の湯をきわめることになった。四郎は3年余り修行したであろうか、20歳過ぎに禅の茶匠「宗珠」となる。臨済宗禅寺認定の茶匠を示す「宗」の一字と珠光の一字をとって「宗珠」と号した。

珠光が還暦の年に、将軍義尚が近江の陣中に没し、翌年の延徳2年（1490）2月、足利義政が55歳で亡くなった。珠光が義政に召された説に確証はなく、拙子は、互いに面識はなかったとする立場だが、義政と同時代を生きた珠光である。感慨深いものがあっただろう。

翌年、一休宗純を偲ぶ真珠庵の落慶法要が営まれ、珠光も参列した。

珠光は69歳の秋に引退を決意。奈良多聞橋詰めの珠光屋敷にたちもどった。香楽庵を修理し、草庵に新しく炉を切り「獨盧庵」と改名する。

さりとて、ジッと閑居していたわけではない。馴染みの興福寺西福院と尊教院へ茶頭としてしばしば出向く。尊教院へは、小座敷の茶室、珠光の間を差図《さしず》（設計）した。また新たに弟子入りを願い出る子守道六など、町衆をおろそかにできない。

自分の跡目はいらないと思っていたが、老いてゆく身の助けも欲しい。四郎改め「宗珠」が参禅修行を終え、奈良に帰るや彼を跡目養子に迎え、珠光屋敷に住まわせた。宗珠に異存はない。珠光の茶の全てを伝授し、誠実な四郎宗珠を信頼し、充実した晩年の10数年を過ごすことができた。一休十三回忌には、数え72歳の珠光が、宗珠を伴って京に赴き、大徳寺酬恩庵に参列しているが、この時の多額の奉加は、跡目の宗珠をよろしく…との趣意だろうか。

●隠岐録（八窓庵）

晩年の珠光は、後世に知られる茶室草庵を二つ設計している。

一つは、東大寺の塔頭・四聖坊《しょうぼう》に建てた茶室「隠岐録《おきろく》」である。通称「八窓庵」と呼ばれたが、現存する大乗院の「八窓庵」ではなく、紛らわしいので注意されたい。四聖坊とは、事務・会計を担当する坊舎、いわば東大寺の財務省に相当する。ここが室町～安土桃山にかけて、美術品・名物の道具類を買い集め、質量とも奈良随一、松屋が所蔵する名物をはるかに凌《しの》ぐほどだった。四聖坊は東大寺諸坊の一つとして格は子院より低いが、境内は戒壇院より大きく、場所はいまの鼓阪《つざか》小学校北東側にあった。江戸時代、正倉院への勅使は、まずこの四聖坊八窓庵で茶の接待を受ける慣わしであったという。

珠光が遷化《せんげ》したまさに文亀2年（1502）5月、「隠岐録」の落慶法要が営まれた。このとき、珠光は京都堀川の珠光庵に臥《ふ》しており、完成を見ることはなかった。

「隠岐録」は、維新後に四聖坊が解体される際、正倉院境内に移されたが、明治16年（1883）、維持費用に万策つきて競売に付されることになった。あわや、銭湯の焚き付けに売られるところを、元勲・井上馨が35円で買い受け、東京鳥居坂の井上侯爵邸に移築。紆余曲折の末、麻布内田山の井上本邸（現六本木高校の辺り）に移され、明治、大正、昭和の三代にわたって、政財界の大物が集まる茶室として知られていた。惜しくも戦災で焼滅。

なお、「隠岐録」の名称は、隠岐石（島根県産黒曜石）を細かく砕いて混ぜた土壁をもちいたことによる。チカチカと反射するらしい。

なお、次の茶室は「大和三茶室」と呼ばれる。

①興福寺大乗院の「八窓庵」　現所在地　奈良国立博物館 中庭

②興福寺慈眼院の「六窓庵」　現所在地　東京国立博物館 庭園

③東大寺四聖坊の「隠岐録」　東京・井上邸へ移建後、戦災で消失

↗東大寺四聖坊の「隠岐録」八窓庵（焼失）
『茶室庭園画帖』、国立国会図書館 WEBサイトより

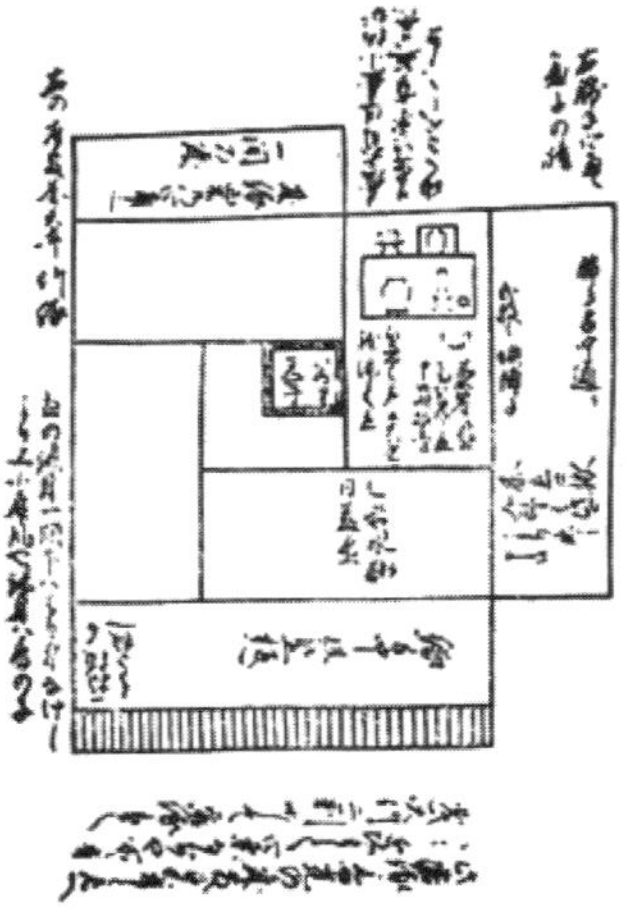

→【『茶湯次第《ちゃゆのあらまし》』に描かれた四畳半座敷】
一間床で、床框《とこがまち》は栗の四角、一尺七寸炉、勝手との間に襖2枚、壁は張付壁で長押《なげし》が打たれ、天井は竹蒲天井、入口に縁が付き、縁は半間幅で堅板張《たていたばり》、縁先に二ッ割りした竹を打ち並べた落縁《おちえん》がつく。

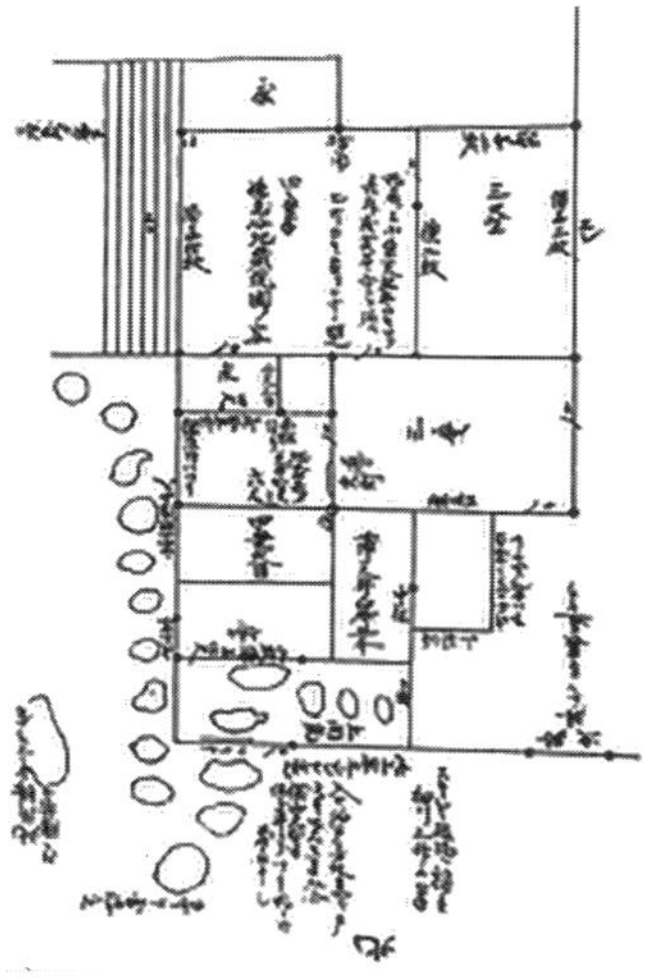

↑【東大寺四聖坊数寄屋図】三角一間床で、桧角の床柱。勝手付間中に柱を立てて壁とし、勝手口は一間二本襖を建てる。入口に縁が付き、縁に面して四枚障子がある。
（↑→図　HP茶道 INDEX 珠光四畳半 より）

●珠光、初夏の京に死す

珠光の両親はとうに他界し、寄る辺なき身を茶の道に邁進することで、自らを救い、敬と礼、禅を学び、侘び茶の心を体現した。隠居を決意した11年前、多聞橋詰めの獨盧庵（香楽庵を改築）に移り住んだ。しかし生涯の大半を過ごした京の町、侘び茶を究めた京の町、気のおけない友や弟子たちが懐かしい。堀川の住み慣れた界隈……そうだ、茶の道を育んでくれた京のまちで最期を迎えよう。京には跡目を嗣いでくれる宗珠もいる。思い残すことはなかった。

文亀2年（1502）5月15日、京都六条堀川西の珠光庵で晏然《あんぜん》と遷化。数え81歳であった。

大徳寺真珠庵の方丈東庭「七五三の庭」（室町時代）
真珠庵で最も古い枯山水、村田珠光の作庭と伝わる
画像提供 真珠庵

旧年の皐月《さつき》はもう初夏である。

大徳寺真珠庵では、枝を伸ばした菩提樹の若葉が青々と茂り、涼しげな影を落としていた。

遺体は真珠庵に葬られ、同文亀2年7月18日、少年期に修行した奈良稱名寺に分葬される。

稱名寺には位牌と、獨盧庵の庭に珠光碑、その横に小さな九重塔が置かれている。

珠光亡き後の茶人たち

●珠光の跡目、村田宗珠

書き順が前後するが、宗珠について、整理しておきたい。宗珠は、応仁の乱の中頃に生まれ、60代なかばに亡くなっている（生没不詳 1470-1535?）。興福寺尊教院に5−6歳の頃から下男として奉公、四郎と呼ばれていた。珠光の勧めで、18歳の頃、尊教院を出て京都妙心寺の住持・大休宗休のもとで参禅、禅の茶匠・宗珠の号を授けられる。20歳の頃、隠棲した村田珠光の養子に迎えられ、多聞橋詰めの珠光屋敷に住む。還俗したわけではないが、村田姓を名乗り、32歳のとき、養父 珠光の茶道具類すべてを相続した。『山上宗二記』には、円悟墨跡、松花茶壺、投頭巾肩衝《なげずきんかたつき》、『君台観左右帳記《くんだいかんそうちょうき》』などが挙げられている。

連歌《れんが》師・柴屋軒宗長《そうちょう》の『宗長日記』(1526) には—

「京都下京四条に住み、六畳や四畳半の茶室『午松庵』を営む。下京茶湯者とよばれた」

「家の前に大松がある」

『二水記』鷲尾隆康の日記に—

「山居の佇まいに感心、市中の隠と呼ばれるのも尤もである」

との記録がある。宗珠、実際の活動はどうであったか、大永・享禄 (1521-32) の頃、青蓮院門跡 尊鎮法親王や曼殊院門跡 尊運法親王など貴人の茶事に参仕したことが知られる。

●村田宗珠の俗物性

公卿の中でも高位の貴人に積極的に取り入り、近づき、知遇を得ようと、宗珠は躍起になっている。うまく寵遇を受けるようになった青蓮院門跡に、能阿弥から養父珠光に伝わったとされる『君台観左右帳記』と『珠光秘伝書』を書き写し、その写本を献上した (尊鎮法親王の日記に記載あり)。伏見宮、東洞院殿、満松軒主、万里小路、幕府の政所《まんどころ》 蜷川親俊ら、公家衆にへつらい、ご機嫌とりに夢中なのである。禅の師匠である大休宗休に、自画像「明窓宗珠庵主像」の賛を願った。巧妙に取り入ったのか、宗休和上はベタ誉めの漢詩で応えている。

四海九州唯翁　伝茶経外得新功
前丁後蔡春宵夢　吹醒桃花扇底風

「四海九州（世界）で唯一の翁」と持ち上げられ、得意になる宗珠。宗珠は公家社会に取り入り、そこで書院台子の茶の湯を催していたのである。

侘び茶の精神、冷え枯れる侘び茶の美学を、珠光に教えられたが、宗珠は本当のところ、茶を愉しむ雅味風流な人ではなかった。数寄屋造りの午松庵で、さていかなる茶席を開いたか、おそらく大姿の真台子を用いた華美な茶法であっただろう。それでいて、「山居の佇まい」とか「市中の隠」と風流を気どる。初めは珠光の名声と、相続した珠光名物に魅せられて、教えを請うた下京の十四屋宗伍（珠光の弟子でもある）や武野紹鷗は、宗珠の鼻持ちならぬ実体を見抜くや、去って行った。

（この項は渡辺誠一氏の『侘び茶の系譜』人文科学論集、第三四輯 1987 より啓発を受けました）

宗珠は、幼少から寺預けになり、下男のまま生きるうちに、人に媚びてうまく世渡りする習性が身についてしまったのだろうか。己を欺き他を欺き、珠光の跡目になりおおせたが、養父亡き後にタガが外れたように、初めて本性があらわれる。四郎・宗珠の不純な従順を、珠光は露ほども気づいていなかっただろう。

次代の主役は、嘱望ある、紹鷗—利休へと改革・伝承され、宗珠とその跡目長子たち、宗印、宗治は茶の湯の系譜から脱落した。

●「奈良屋」村田三郎右衛門とは

下京四条に奈良屋の屋号をもつ、村田三郎右衛門という商人がいた。この事績の唯一の出典が、永禄8年（1565）頃の『鏤《ろう》氷集《ひょうしゅう》』（相国寺の住持・仁如集尭《にんじょしゅうぎょう》の詩文集）だが、時代が下がっているので信憑性にかける。宗珠の甥とされる書もあるらしいが、出典を知らない。

応仁の乱が終わると、疎開していた京都商人が戻ったほか、奈良、堺から商人たちが大挙して京都へきて商売を始めた。幕府の力が弱まり、町人が活気づいたのである。下京三条、四条に大勢の奈良商人が店を開いていた。一方、若い珠光は京都三条に「村田屋」の看板をあげ、奈良の名産品を扱う商人として活計《たっき》を立てた。六条堀川西へ移るまでの16年間、村田屋は、茶の湯を楽しむ有閑層に知られた存在であった。その後も、看板こそあげないが、珠光が商いを続けていたことは推測できる。もとより目利きとして、茶器の選択と、売買に携わり、茶道具では、郡山の土釜、茶筌、吉野紙を使った懐紙なども、当時すでに奈良の名産品として知られていた。

宗珠としても、養父の商いを受け継いで、生活の糧とするのが得策である。宗珠の本名は四郎だから、村田三郎右衛門は宗珠の兄だろうか。珠光はこの甥に商いを継がせて、顧客の覚書や、商いの品々など、弟の家計を援けるように頼んで譲渡した、と私的に考えている。

宗珠の「午松庵」と、甥の「村田屋」は同じ下京四条にあり、ひょっとすると同じ家並《やなら》びかもしれない。しかし他にも様々な記述がある。宗珠は、奈良屋村田三郎右衛門の屋敷内に「午松庵」を建て居住したとする記述や、相国寺の禅僧 仁如集尭が永禄7年(1564)8月—

「宗珠の午松庵を継いだ村田三郎右衛門の茶会に招かれた」

と、出典を明らかにした記述がある。

●文献史料の信憑性

既に、これまでも逐次述べてきたことではあるが、まとめておく。

村田珠光(1423-1502)は侘び茶の祖、茶の湯の開祖とされる。だが、その生涯は断片的にしかわかっていない。81歳という天命を全うしていながら、珠光の存命時に散見される文献はあまりにも少なく、合わせても数行に過ぎない。興福寺・『大乗院日記目録』(1450)、『三条西実隆公記』(1474-1536)など当時の主要な記録に、村田珠光の名が抜け落ちている。興福寺の西福院の院主が珠光に師事し、尊教院とともにしばしば珠光を招いて、珠光茶会を催し、子院に設けられた茶室を「珠光の間」と呼びならわしていたという事片を、率直な記述で知られる『大乗院日記目録』さえも、一言も記していない。珠光が一乗院とつながりがあったとはいえ、編者である門跡尋尊が、珠光の名さえ書かなかった…ということは、珠光が目立たない存在、取るに足らない人であったのか、あるいは書院茶を愉しむ公卿僧たちにとっては、目ざわり、無用の存在に過ぎなかったのだろうか。

冒頭から〝珠光の一紙目録これなり〟と、珠光の秘伝書から始まる『山上宗二記』は、信頼すべき史料とはいえ、利休の弟子であった山上宗二が、千利休の活躍した利休68歳の頃、すなわち珠光の没後、約80数年後に書いた記録である。宗二は秀吉の逆鱗《げきりん》にふれて逃亡中に、師の利休から聞いた珠光のあれこれを、驚異的な記憶力と自身の経験ををもとに書きつづったとされる。しかし内容の大部分は、珠光の名を借りて、宗二が生きた日々の茶の湯を語る潤色された伝書、とみる方が妥当であろう。

江戸初期に松屋久重が記した『松屋名物記』にある珠光の言葉は、さらに伝聞の記録である。茶人の必読書とはいえ、どちらも同時代の史料でないのが難点であり、これらの記録を鵜のみにしたような伝記に、虚飾が多いのは避けられない。

では、村田珠光を茶祖に奉りあげたのは誰か。それは珠光が没した後の茶人、跡目の養子・村田宗珠であり、武野紹鷗であり、決定的に珠光を茶祖として茶の湯の世界に広め、定説にしたのは、千利休であった。

●中興の祖、武野紹鷗

武野紹鷗《じょうおう》(1502-1555)は珠光の没年、文亀2年(1502)に奈良県吉野郡で生まれた。本名は仲材《なかき》、通称新五郎。武田信玄の遠縁にあたる家柄という。応仁の乱で祖父が戦死、父と流浪の果て、明や琉球との貿易で潤う堺の町に落ちついた。堺で父は、武具調整の皮革問屋をはじめる。武将らに革製具足を納め、若くして巨万の富を築いた。興福寺の有力衆徒・中坊《なかのぼう》氏の娘を娶《めと》り、生まれた子が紹鷗である。紹鷗は室町末期、戦乱まだ止まない世にあって、京に遊学、三条西実隆に歌を学び、門下の優等生となっている。連歌師でもあり、能書で知られた。在京中に珠光を継いだ養子の宗珠に茶の手ほどきを受け、藤田宗理、十四屋宗伍からも茶を学ぶ。茶の湯には精神修養が欠かせない…と大徳寺大仙院に参禅、禅僧になったのではないが、頭をまるめ、法号を紹鷗と称した。禅の師 大林宗套《だいりんそうとう》から「茶禅一味」の心を教わる。

紹鷗居士 栗原信充 画
国立国会図書館所蔵

京都に大黒庵を建て、歌と書と禅に加えて、茶の湯を極めた。

60を超える名物道具を所有した大コレクターである。

彼はしかし、珠光の侘びて枯れた数寄の形式を毀《こわ》し、ゆとりのある町人階層に合わせて、コストをかけた人工的な侘び茶に変えていった。それが戦国期の不安と、華美にながれる世相にうけ、豪商たちが商談に利用する場となり、大小の茶会が広く行われるようになったのである。門人の宗易（利休）に目をかけ育てた。茶の湯の改革を期しつつ54歳で病没した。珠光の「四畳半の茶の湯」を完成させたのは、紹鷗と評価され、茶道史の上で「中興の祖」と仰がれる。

●一向一揆と興福寺六方衆

余談だが、禅に帰依する以前の武野紹鷗は、町衆らしく浄土系の信徒であった。一向宗山科本願寺の戦い（1531）に従軍している。明けて天文元年、奈良でも大坂の一向一揆に呼応して、商人ら本願寺門徒の一向一揆（徳政一揆）が起こった。首謀者は中市（率川神社の北西、下三条の西側）の商人ら、橘屋、雁金屋、蔵屋といわれる。しかし、興福寺註六方衆の弾圧に敗れ、中市郷・今辻子《いまずし》郷は焼け落ちた。

註　六方衆　興福寺各院の堂衆、下級僧の武装した自警団。

信長、秀吉の茶頭として「天下三宗匠」と呼ばれる、大和出身の今井宗久、堺に生まれた津田宗及と千宗易（利休）がいる。

●今井宗久、武器弾薬で財を成した豪商

今井宗久（1520-1593）は奈良橿原今井町の生まれ。今井町は、堺と同じように信長から、自治を許された商人の町であり、茶道が盛んな土地柄である。いまに残る江戸時代の街並みは「重要伝統的建造物群保存地区」として、有数の観光地になっている。

祖父は、近江に小城を構える国人・今井信経、父は今井宗慶の三男・氏高、どうも負け戦の側に立つ運命であった。そのためか、宗久は武士を廃業、青年期に今井彦右衛門の名で堺に入り、武野紹鷗から茶の湯を学ぶ。この縁で婿養子に入り、紹鷗が蒐《あつ》めた、おびただしい名物道具、茶器を受け継いだ。同時に家業である皮革製品の商いも任され、戦国大名から火薬鉄砲の注文に応じて、マカオあたりから輸入、暗躍した貿易商である。軍需品貿易で得た使いきれない富の一部で、金融業も始めた。富は富を呼ぶ。宗久は、祖父と父が犬死にした戦さに倦《う》んで、刀を算盤に持ち替えた抜け目のない商人である。

今井宗久　栗原信充 画
国立国会図書館所蔵

織田信長が「矢銭二万貫」、つまり軍資金の寄付を税として（現価で少なくとも5億円）堺に強要したとき、堺の会合衆は三好長慶、松永弾正久秀を擁して信長と一戦交えるべし、という意見だった。戦を厭う宗久は、このとき憤る会合衆を津田宗及と共になだめ抑え、信長の要求をいれて和睦に成功した。そのことで信長にたいへん感謝、重用されたのである。が、秀吉には冷遇された。秀吉は藤吉郎の頃から武器弾薬の調達に、宗久に頭を下げてきた古い付きあいである。

権力者は茶人を利用し、茶人は利益を求めて権力者を利用した。信長の茶頭に召された根性したたかな宗久は、常に時の権力者に近づき、政治的には無節操きわまりない人物ではあるけれども、関白秀吉に対しては、自分より格下との意識が抜けなかった。信長の家来だった秀吉を、成りあがり者とさげすむ心が、つい顔に出てしまう。権力の頂点に上った秀吉は、意のままにならない宗久が鬱陶《うっとう》しく、遠ざけるようになった。

●津田宗及《そうぎゅう》、三都を翔ける茶の湯の巨頭

次は津田宗及（1520?-1591）について。祖父は珠光の弟子 天王寺屋（津田源次郎）宗柏、その子宗達の長男という茶湯界のサラブレッドである。宗柏の長子が宗及、三兄弟もみな茶人で一族を天王寺屋と称し、茶の湯の宗匠として生きた。宗及が書き記した『津田宗及茶湯日

記』（松山米太郎評註 昭和十二年）を見ると、その自序に―

「一族を天王寺屋と称し、門葉並び栄えて孰《いず》れも堺の富商、宗及の門下60余人……武技・蹴鞠《けまり》・香道などの諸芸に通じ、刀剣の鑑識と挿花の伎倆とは、共にその最も得意とするところであった」

とある。周知のように織豊時代の博多や堺は、会合衆《えごうしゅう》と呼ばれる有力豪商の談合によって、町の民政を執り仕切った。先述した今井宗久と津田宗及は、同時代の堺商人であり、会合衆の中でも一、二をあらそうリーダーである。

前述した信長が軍資金「矢銭二万貫」を強要したとき、津田宗及は堺会合衆の領袖として、三好、松永勢を用心棒に雇い入れ、堺の豪商を盾として信長に抗衡すべし、とする多数意見に賛成した。だが思い直して今井宗久、千宗易と三人で会合衆を抑え、和睦にこぎつけたのである。時勢を読み、多数派の意見に従順なシャッポではなかった。前項でも書いたように、この和睦にホッとした信長の信頼を得て、その茶頭として召し抱えられる。信長が正倉院で切り取った香木・蘭奢待《らんじゃたい》を宗久、宗及の二人に分け与えたことで、厚遇のほどが知れる。宗及が主催した茶会の数は、永禄8年から20年間のうちに1，065回、

『津田宗及茶湯日記 上』
東京国立国会図書館 WEBサイトより

招かれた茶会は790回、文化都市たる堺・京都・奈良の三都を駆け回った。まさにビジネス文化人、茶の心がどうのというより、茶会のドンである。ドンは堺の利休、奈良の松永久秀を指南した。

●千宗易（利休）、秀吉に切腹を命じられた茶聖

「天下三宗匠」の3人めは、子供でもその名を知る千利休（1522-1591）について。

幼名を田中與四郎《よしろう》という。田中家は堺の海浜倉庫業と金貸しを兼ねる納屋衆である。屋号を魚屋（ととや）と称し、魚問屋であった。小さい頃から茶に親しみ、18歳のとき武野紹鷗に師事する。師匠と協力して、茶の湯の工夫に取りくんだ。禅については、堺の南禅寺で修行、先輩茶人にならって、京都紫野の大徳寺とも親交を結び、法号を「宗易」と称した。織田信長が、前記「矢銭二万貫」供出を強要した件では、会合衆を説得、供出を承諾

利休宗易居士肖像 頭部 惟友 画
早稲田大学図書館 所蔵

させ、堺の自治を守りとおした。重複するが、供出金を手にした天下人・織田信長は、宗久、宗及、宗易の「天下三宗匠」を茶頭（非常勤）に召し抱えて報いたのである。

　千宗易は、織田信長、豊臣秀吉の両天下人に茶人として仕えたが、利休に改名したのは、天正13年（1585）、秀吉が関白の地位を得た返礼に、御所で禁中茶会を開いたときのこと。宗易を招くにあたり、「宗易」という在野僧の法号ではまずい。そこで正親町《おおぎまち》天皇から居士号「利休」を賜り、参内《さんだい》できるように計らった。この時に千利休と改名、したがって千利休、利休居士と呼ばれるのは晩年の6年余りに過ぎない。つまらなく聞こえるが、茶歴50年を「田中宗易」の名で知られ、この名で通っていた。

　秀吉から3千石の禄高を受ける筆頭茶頭、千利休は豪胆な人、所蔵した具足から、身長1.8メートルの大男とされる。が、小さな茶室、切りつめた茶道具を愛する細やかな神経を併せ持つ大男だった。

　また頑固一徹ではないが、譲れない一線には〝否〟と言える矜持《きょうじ》をもつ。そのため秀吉と何ごとにつけ齟齬《そご》が生じ、遠ざけられるようになっても、利休は平然として動じなかった。癇癪《かんしゃく》持ちの秀吉は、意のままにならない利休に、ついに切腹を命じる。もちろん秀吉の逆鱗にいたる原因は一つや二つではないが、利休に対する秀吉の不満と不安が重なった末にブチ切れた。

その伝わる原因を個条書きにすると―

一、親しくしていた大徳寺の古渓が山門を建てるとき、利休の木彫像を山門の上に納めたところ、たちまち市中の評判となり、聞き知った秀吉は、「畏《かしこ》くも、天子をはじめ参らせて、我も公卿も出入りしたる門上に、己の姿を刻んで置きしとは、不届き千万」と激怒した。これが表向きの理由。

二、最大の原因は、利休の娘・お吟を所望して断られたのが癪《しやく》で、苛立っていた。

三、これより先、些細なことで利休の愛弟子《まなでし》・山上宗二が追放され、諸国流浪の逃亡後、小田原で許されてお目通りしたと思ったら、ものの言い方が生意気だ、と秀吉のカンに触れ、その日のうちに、むごたらしく斬首された。宗二47歳、愛弟子を殺された利休の態度は明らかに硬化した。

四、秀吉は、最も信頼していた弟の秀長が病死。初めて授かった嫡男・鶴松が危篤状態になるなど、重なる不幸に動転した秀吉は、反利休派のそしりを真に受け、利休を切腹に追いやった。

愛弟子《まなでし》・宗二の遺骸《なきがら》は一条橋のたもとで、さらし首にされるも、剛毅な利休は一切弁明していない。自ら退路を絶って、切腹に赴いたかにみえる。

この一件で利休の方から関白を見限ったか、秀吉の天下統一を祝う「北野大茶の湯」（1587）

を総合演出して後は、その頃、秀吉の居た長浜城へ進んで出仕することがなくなった。

利休は、秀吉流の浮華豪奢《ふかごうしゃ》な茶会を、心のうちでは侮蔑していただろう。自身は侘び茶へと、より強く傾斜していった。死を前にした10年間ぐらいの間に、珠光よりもなお徹底した侘び茶を追求し、大成し、完成したと言える。その際に、忘れられていた村田珠光、百年前に侘び茶を始めた村田珠光の名を、弟子たちに教えた。珠光の業績を讃え、自身の侘び茶のよって来たるところを解き明かし、珠光に始まる侘び茶の歴史を創設した。利休が創作した茶道具、茶室での主客の作法を定め、そうすることで、利休茶会を権威づけ、無言のうちに「茶祖・珠光正統の後継者」たる千利休を誇示したのである。

そうでなかったら、すでに紹鷗の陰に隠れて忘れられた珠光の名が、再び登場することはなかっただろう。珠光が「茶祖」に、利休が「茶聖」に評価されることはなかった。その意味で、過去の珠光と今を生きる利休は、持ちつ持たれつ、双方が益する関係だったといえる。

現在の茶の湯の流派は、千利休から派生したといわれる。利休の先妻オイネは、三好長慶の妹。先妻の死後に再婚し、当時のことだから庶子も連れ子もいる。6男6女の子息に加えて、有能な弟子を多く抱え、後継者の憂いはなかった。代々、今に続く表千家、裏千家、武者小路千家はもちろん、遠州流、石州流、藪内流、宗旦流など、厳密にいえば流派それぞれ異なった流祖を持つが、利休との深い縁から共通の「茶聖」と尊称している。

●利休逐電説について

２０１５年に出版された『利休切腹 豊臣政権と茶の湯』（洋泉社）という本がある。著者は文教大学の中村修也教授（日本茶道史）。「千利休は切腹、または追放を秀吉から命ぜられ、九州に逃げのびた…」という説を史料にもとづき主張した学者である。

実際、切腹させられた従来の通説は、すべて利休没後に書かれた書、なかでも承応２年(1653)、徳川家綱の時代に、千家が紀州徳川家の名により差し出した『千利休由緒書』に、現場に立ち会った者の口述をふくめ、天正19年（1591）２月28日切腹したと記され、これが正説とされてきた。

しかし、この由緒書は、利休の死から60年後に書かれたものであり、一次史料でないため信憑性に欠ける面は否めない。当然、茶の千家としては、初代の先祖・利休が逐電したとするより、切腹したことにする方が、いうまでもなく利休の偉大さと千家の名誉に繋がる。

同時代の証言として、『多聞院日記目録』には、自刃させられた伝聞と、高野山に追放されたという矛盾する記載があり、また『北野社家日記』には〝茶器を高値に売る売僧《まいす》として成敗された〟、つまり打ち首になったとの記述は、氏によると他の茶人と混同したのだろうとされる。中村氏は当時の日記、勧修寺《かじゅうじ》晴豊、西洞院時慶《ときよし》、伊達成実などの日記にある〝曲事《くせごと》ありて逐電〟、〝追放されてのち行くへ知れず〟との記載、さらに利休が肥前名護屋城から〝きのふ利休の茶にて御膳〟と認《したた》めた手紙を、母の侍女に出しているところから、利休は切腹せず、一時九州に滞在していた、九州では弟子の細川三斎・小倉藩主に身を寄せていた、との説を展開された。

織田信長の肖像
イエズス会セミナリオの油彩教師が描いたとされるコンテ画。
山形県天童市 三宝寺 蔵

信長と名物茶道具

天正10年（1582）6月2日、本能寺の変、明智光秀が信長を仆《たお》す。信長は、博多の茶人 島居宗叱（朝鮮貿易の豪商）の願いにこたえて、〝では盛大に茶会をやりましょう〟と茶道具の名物、大名物を、安土城から特荷に仕立てて本能寺にやってきた。茶会のためだから、警備の武士はわずかである。光秀は、茶会の翌日に奇襲。信長は茶の湯に殺されたようなものだ。

茶の湯には、たかが茶といえない魔性の魅力があるらしい。真偽はともかく、例えば信長の武将・滝川一益《かずます》が、武田征伐に功をあげた恩賞に、領地よりも、茶入れ「珠光小茄子」を所望した。だが信長はこの名物を手放さず、代わりに上野一国と信濃の佐久郡を与えたのだが、やはり一益は嘆いた。そのため「珠光小茄子」は信長と共に本能寺で焼けてしまうのである。

平蜘蛛釜と松永弾正

信貴山城に立てこもった松永弾正久秀を、信長の嫡男・信忠が総大将になって城を包囲したとき、名茶器、這いつくばった蜘蛛《くも》の形をした「平蜘蛛茶釜」を城から差し出せば助命して進ぜる、という信長の使者に――

「平蜘蛛の釜とわしの白髪首の二つ、
やわか信長に見せざるものかわ」

と答えて、弾正は平蜘蛛釜に爆薬を仕掛け、天守閣に火をつけて平蜘蛛釜もろとも爆死した。本邦初の自爆死、遺体を残さない死に方である。

『山上宗二記』には「平雲 松永代に失い候なり」と記される。ところが、不思議にも実物が美術館に現存する。

松永久秀が爆破した「平蜘蛛釜」を、焼け落ちた信貴山城から信長が掘り出したと伝わる。

浜名湖館山寺《かんざんじ》美術博物館 所蔵

茶人の系譜

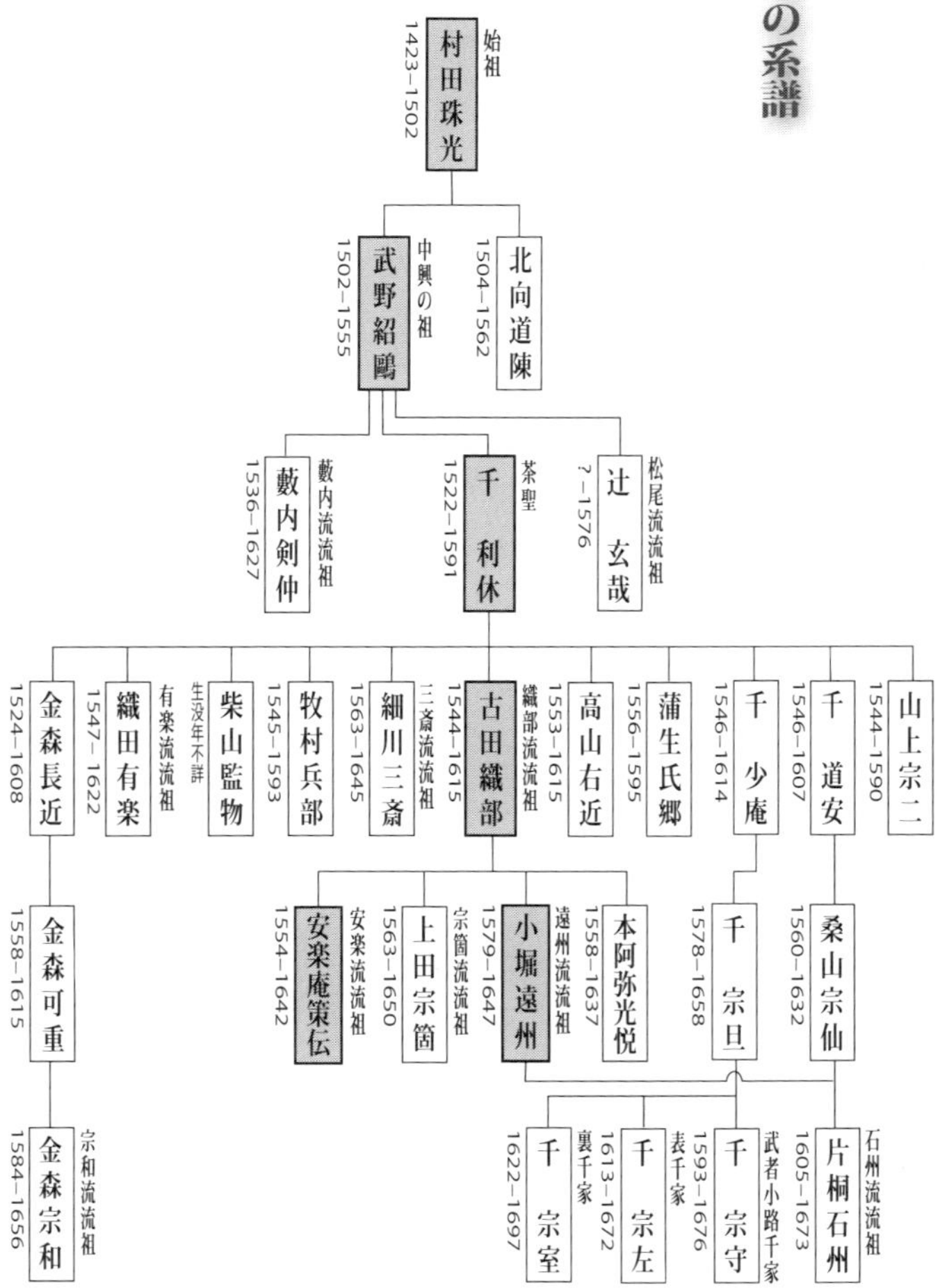

Edited by Adachi

岡倉天心、異色の茶道論"THE BOOK OF TEA"

岡倉覚三・天心が明治39年に英文で著した小冊"THE BOOK OF TEA"が50年前から廃棄処分にできず手元にある。はじめにThe Cup of Humanityとあり、いきなり奥深い。一面、数寄屋をただの小屋または茅屋であり、本来の字義はAbode of Vacancy. 空《す》き屋、Abode of Unsymmetrical. 不均整・不完全な棲《すみ》屋、Abode of Fancy. 好き屋であった、とカラッとしている。禅はもちろん、道教、儒教、華道、絵画から武道まで縦横に用いて日本精神の発揚を鼓舞し、しかして尚《なお》「侘び」も「寂び」も出てこない。Teaism was Taoism in disguise.(茶道は変装した道教也)などと、語呂を合わせて定義する異色の茶道書である。

また、紀元前に書かれた陸羽の『茶経』を読み解き、詳細に茶の歴史を述べる。中国・宋に及んだ茶の伝統が、蒙古《もうこ》に滅ぼされ、明は内紛に悩み、北狄満州人の支配に至ったため、中国における茶の伝統は途絶えた。一方、蒙古襲来(1281)を撃退した日本は、茶の伝統を国内に伝播し発展し続けたのである、と独特の茶史を教わった。

鈴木大拙の"ZEN"もそうだが、我が国文化の右も左も分からない外国人に、理解できるよう書かれているので、逆にわかりやすい。宗匠の第一として、利休の心髄を語り、足利義政が庇護者であった書院茶に触れ紹鷗の名をあげているが、村田珠光が出てこない。珠光伝は虚構の人物と、考えたのだろうか？

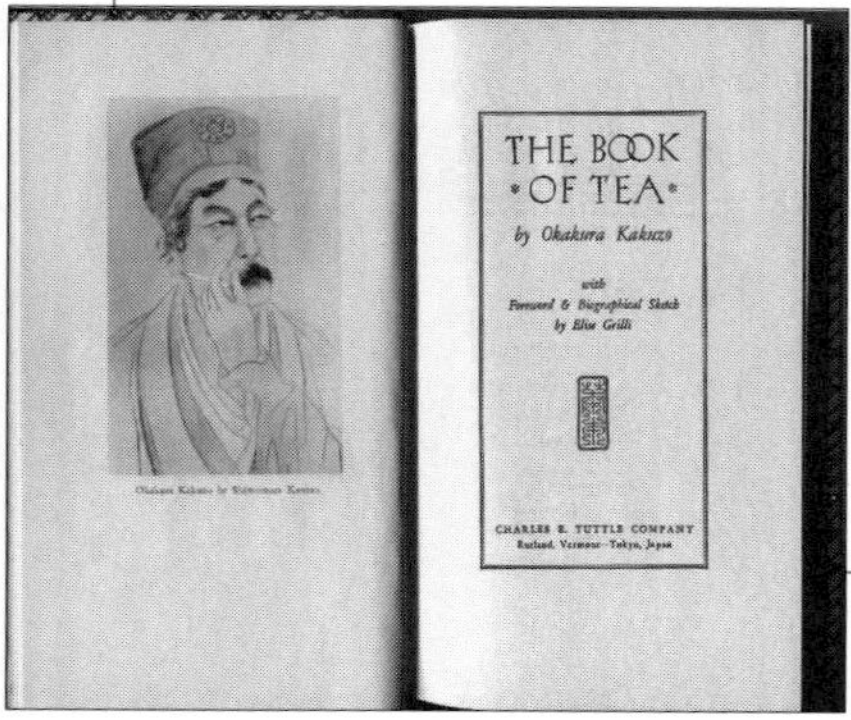

岡倉覚三『茶の本』
タトル商会 東京 1969
天心肖像 下村観山画

稱名寺のいまと珠光庵

●珠光後の稱名寺

由来については12ページで述べたが、その後の変遷と今日の姿を記す。

珠光の没後40数年ほど経た戦国時代のある日、稱名寺の恵遵坊《えじゅんぼう》と松屋久政が相談して——

「稱名寺を『珠光遺跡』に定めてはどうか。了海上人も珠光どのが過去の過ちを許しおわしそうぞ。一音上人さまが力を注いで、珠光どのを当 稱名寺にて分葬あいなった由縁もあるとて、位牌もおわすのであれば……」

と、珠光屋敷の今はなき「香楽庵」を、「獨盧庵」(通称 珠光庵)の名で、大豆山の稱名寺に再建することに話が進んだ。この二人、松屋と恵遵は茶湯の友達で、『松屋会記』天文13年(1544)2月に——

「廿七日堺千宗易へ右二人」

とあり、宗易（後の利休）の茶会に行ったことが記されている。

慶長8年（1603）、奈良奉行所が拡張されるにともない、大豆山の稱名寺はそっくり、松屋久政と恵遵が差配した獨盧庵も、現在の菖蒲池町に移建された。そればかりか、一乗院と奈良奉行の支援を受けて、塔頭五院と、道場として東西二堂を擁する大寺院に生まれ変わったのである。

だがこの大寺院が、およそ100年後、宝永元年（1704）4月、芝辻に住む自称僧侶の宅鉢方から失火、2月の寒風に煽《あお》られ「北焼け」と呼ばれる大火が、油阪から水門まで、北まちを嘗め尽くした。稱名寺でも堂塔が類焼、獨盧庵は焼失する。

数十年後、元文年間に再建されたが、またも、宝暦12年（1762）の大火は、奈良まち三千余戸を焦土にし、稱名寺も全焼してしまったのである。

江戸後期、中興の祖・第24代鸞空《らんくう》上人が明和元年（1764）、再建に着手したのだが、この時は幕府も一乗院も援助する力がなく、自力で40年という長い年月をかけ、現在の本堂と「獨盧庵」（通称「珠光庵」）を再建された。寺域を縮小せざるを得ず、昔日の威容を失ったとはいえ、風格のある佇まいに加えて、奈良町民の菩提寺として発展して今に至る。

明治元年（1868）、「神仏分離令」が発布されると、興福寺の荒廃が始まった。寺領は上地《あげち》（明

村田珠光

稱名寺のいまと珠光庵

←道標　やすらぎの道 内侍原《なしはら》交差点
奈良市茶華道連盟建立（1977.5.12）

↓奈良市菖蒲池町
日輪山 稱名寺

治政府が没収）となり、2度目の上地令が発布（明治8年 1875）される前に、稱名寺は興福寺から独立し、創建時からそうであったように、西山浄土宗の寺として再出発した。

再建された「獨盧庵」は、室町侘び茶の形式を踏襲したそうだが、江戸時代再建の茶室らしく、なかなか凝《こ》ったつくりである。明治末まで、貴人が来席されるときは、にじり口ではなく、戸口（貴人口）から入室された。

さらに、四畳半の茶室には珍しいカラクリがある。取り外し可能な竹柱、聚楽土《じゅらくど》を塗った襖壁《ふすまかべ》と障子で、三畳と一畳半に仕切れるようになっている。一畳半の相伴席には侍従／随行員、警備員が控えたそうだ。

茶室の内壁に使われた聚楽壁とは、豊

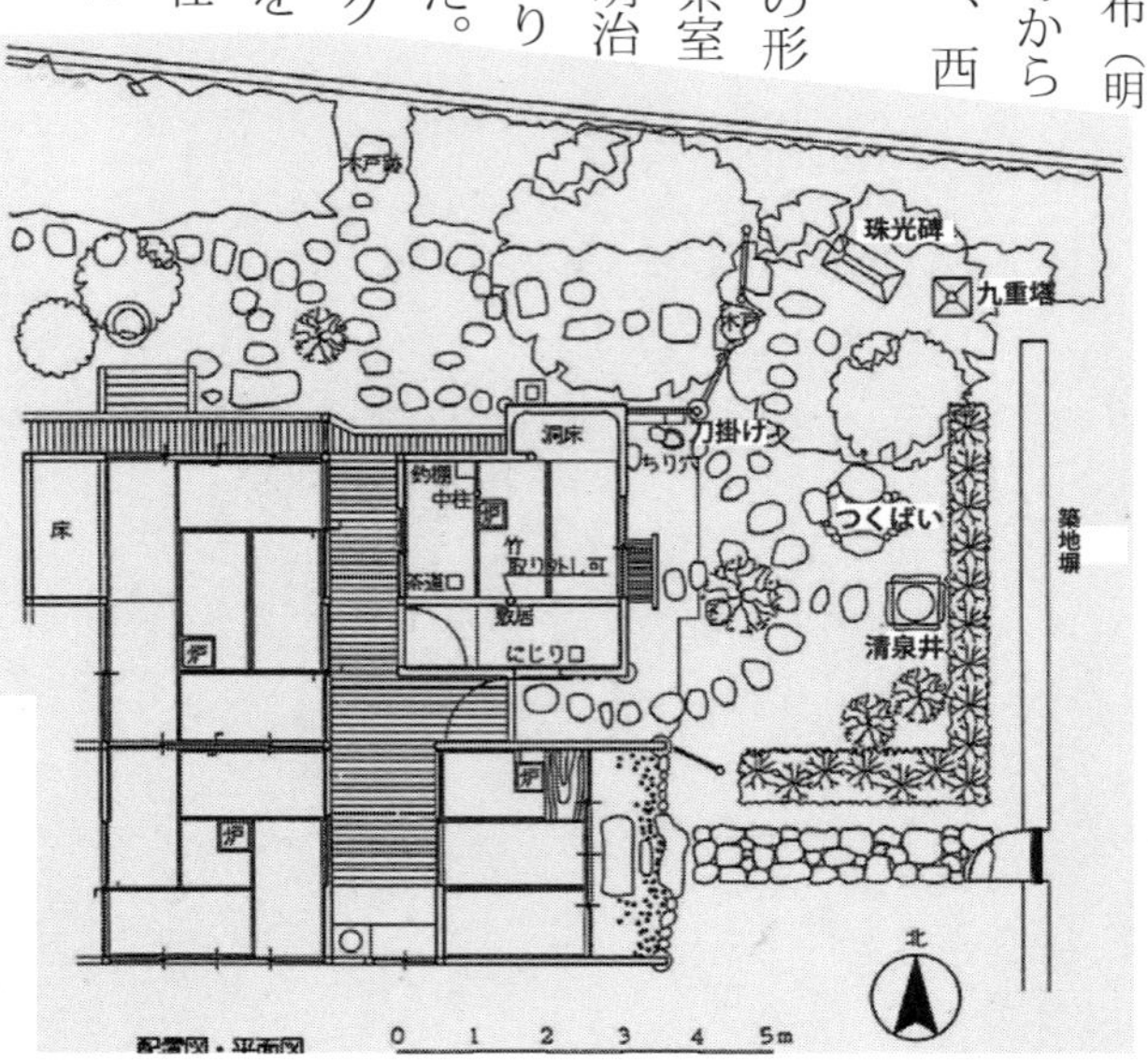

「獨盧庵 平面図」＝『大和茶室探訪：建築の原点を求めて』㈳奈良県建築士会女性委員会＝1988年8月）

臣秀吉が建て、そして潰した「聚楽第」の焼け跡付近の土に、鉄粉を混ぜて上塗りする方法で、微妙な輝きを出す「錆び壁」のこと。一般に「京都壁」と呼ばれている。今ではこれを本当に塗れる左官職人が少ないそうで、稱名寺では、京都の職人さんを4年待って塗り替えた由。壁が乾くまで1年以上かかるという。

江戸時代に建造された凝った茶室には違いないが、形式は珠光を踏まえ、珠光茶室のほか六畳と四畳半の茶室、三畳の控え間があり、建屋を指して「獨盧軒」と呼ばれる。

内庭に分葬地を示す「珠光碑」と蹲《つくばい》がある。庭井戸に「珠光採泉の井戸」、境内の細竹を「珠光手植の竹」と、古跡ではないが、そのように命名されている。

「珠光採泉の井戸」　稱名寺

蒲の咲く沼と森でしかなかった現在地に移築されたのは、珠光没後１０１年を経た慶長8年のことであった。しかも幾度も焼けた後に、江戸時代に再建された茶室である。そのことを踏まえて現代に通じる珠光様式の「獨盧庵」を拝観する。

門を入って西に、獨盧庵の切妻が見え、軒に扁額が掛かる。鸞空上人の依頼で、大徳寺・大心和尚が墨書、天然板に袋彫りされた。明治初期から風雪に晒され、肉眼では判読し難い。

←「獨盧庵」内庭の「珠光碑」と「九重塔」

←「獨盧庵」軒下の扁額

筆者が扁額を右の写真になぞってみると、右から「獨盧菴」のくずし文字が見えてきた。

↓ 珠光肖像掛け軸より　絵 山下繁雄
奈良市菖蒲池町　稱名寺 所蔵

木彫「珠光坐像」ができるまで、久留島武彦と寧楽女塾

像高50センチの愛らしい木彫坐像、稱名寺所蔵。

扇子をもつ手と膝においた「手つき」が表情を生き〱と映し出す。珠光忌に本尊厨子の前に安置される。寄進したのは久留島武彦、製作は奈良の彫刻家・吉川政治、このお二人は奈良出身ではないが当地の逸材である。補足したい。

【久留島武彦】 童話作家、教育家（1874～1960）

氏は、戦災で東京から奈良に疎開。戦後の混乱期に、寧楽《なら》女塾を開き、和裁・洋裁・茶道・実用英語（久留島担当）、さらに講師を招いて月2回、社会時報や文化論など、花嫁修業の学校とは一線を画する女性教育に傾注した。講師は文楽の桐竹文十郎、評論家の亀井勝一郎、言語学の金田一京助などが、一人4日連講したという。名を聞くだけでも身ぶるいする陣容である。

奈良に来る前から、「口演童話」で全国を回り、この方面でも当時は著名だった。

ボーイスカウトの副団長として訪欧中、デンマーク王から叙勲（ダンネブロウ4等騎士勲章 Dannebrogordenen, Ridder av 4. grad ）を受章、「日本のアンデルセン」といわれる。

椿井町にあった寧楽女塾は、昭和20年菖蒲池町の稱名寺に移り、本堂と庫裡の大広間を仕切って教室に使われた。稱名寺に寓居した御礼に、その年の珠光忌に際し、珠光木像を寄進したのである。その経緯を氏は、稱名寺座談会（奈良人が語る茶祖村田珠光「茶道雑誌」河原書店 1949）で次のように述べている。一部抜粋―

「茶の恩、茶祖の恩、茶祖ゆかりの当寺へ、報恩の微意を表したい念願で、彫刻家の吉川政治君と相識ったのを幸い、まづ吉川君の創作的熱情にあまえて、珠光像の制作をお願いしたわけです」寧楽女塾は昭和24年(1949)に稱名寺か

ら小川町の伝香寺に移転し、氏は「いさがわ幼稚園」の設立に寄与。伝香寺に久留島武彦記念碑がある。
氏の奈良時代については、郷土史家乾健治氏の談話、童話作家でもあった仲川明氏の著述がある。北村信昭氏の「童心の久留島武彦」の一文があり、九十九《つくも》黄人《こうじん》と久留島の交流について—
「九十九氏の頭髪がバサバサだったので、久留島さんは、当時では貴重品といえるポマードを出しておつけなさいといわれた。九十九氏はこの時とばかり、たっぷりと油をつけたが『君は一週間くらいも、つかったな』と笑われ、餅を焼いたりして接待された。

稱名寺の寧楽女塾生ら（昭27年7月）
写真は当時助手の塾生西野豊子氏 所蔵。
三列目右から二人目に稱名寺住職、左隣に久留島武彦、二人置いて左に西野豊子の各氏。

「珠光肖像掛け軸」を描いた山下繁雄

珠光の肖像画なら、茶羽織りで正座する獨盧庵の床の掛け軸（107ページ）が最も有名だろう。小刀を横に置き、右手に扇子を、左手を懐手にやゝ傾げた姿勢に集中力を感じさせる。昭和戦後の作品だけに、室町の人物にしては斬新で親しみがあり、赤茶けた色合いが茶室の壁色によく調和する。

作者は、軍鶏《しゃも》の絵で知られた洋画家 山下繁雄（1883–1958）。東京に生まれ、どん底の流浪生活から、大正時代に帝展、文展にたて続けに入選を果たし、大阪で活躍した。

昭和6年12月35歳のとき、奈良市高畑福井町に移住する。その後何度も転居、稱名寺の檀徒であった縁で戦後に珠光像を掛け軸に描いた。昭和26年奈良県文化功労者。昭和33年病死、稱名寺に葬られる。

昭和46年（1971）、「山下繁雄 回顧展」が奈良県文化会館で開かれ、図録が刊行された。

山下繁雄
奈良市史・人物編 より

珠光肖像は他にも、江戸後期に栗原信充の描いた掛け軸（本章扉ページ）。これを手本に大正時代に九鬼隆一帝室博物館長が模写させた一幅があり、現在 東京大学が所蔵する。

さらに東大模写を手本にして、色鮮やかに平成に再現し、賛に珠光略歴を墨書した一幅がある（現在の所有者不明）。

「珠光坐像」を彫った吉川政治

宇陀の人、吉川政治は現・東京芸大彫刻科を卒業後、全国的に古美術修理を専門にする奈良美術院に入る。

急逝した明珍恒男のあとを継いで主事になるが、しばらくして創作に専念するため辞任。だが、引く手あまただったらしい。高畑の瀟洒なアトリエになかなか落ちつけず、県教委文化財保存課主事、京都教育大、奈良文化女子短大、大阪工芸高校へ、彫刻教諭として多忙であった。

昭和元年に高野山金堂が焼失、本尊、諸仏ことごとく失われた。再建された金堂に、昭和40年頃、高村光雲が秘仏の本尊を、吉川政治が脇侍六体のうち、降三世明王《ごうさんぜみょうおう》像（六本手忿怒《ふんぬ》像）を、焼失前の写真をもとに一木造りに彫刻した。

なお、吉川政治作の「珠光坐像」は、称名寺のHP公式サイトで見られる。

後記

茶の湯を嗜《たしな》む人が多いのか、茶の本はむやみに多い。入門手引書、実技書から茶道具や茶室の建築書、茶道の雑誌もある。茶の湯の精神を美学的、哲学的に解説する専門書、茶道における美学論、学術論もさかんで、本邦の茶に関する史料・ソースは、渉《さが》せば尽きない。なかでもお世話になったのが、永島福太郎氏の『茶道文化論集』はじめ『茶道辞典』『初期茶道史覚書ノート』他、氏の著書である。氏は古文書を現代文を読むようにスラスラ読み進める古文書学者、奈良の中世史は氏を避けて通れない。

しかしながら、珠光には空白期間があまりにも多く、珠光伝は珠光宣揚の目的、時代の文化思潮に合わせた故人の創られた像というハンディがある。

このハンディを逆手に、珠光像をイメージすると、几帳面で笑わない人のようだが、意外に豪胆な性格で、権力者や貴人におもねる人ではなかったようだ。

古市播磨 澄胤に与えた『心の文』が、権力者にも意思を曲げない珠光らしさを知る適例といえよう。『心の文』が澄胤に茶の湯への心構えを説いた書簡であることに、異議を挟もうとは思わないが、珠光の諌《いまし》めが通じる相手ではない。いや、澄胤のようなウラを掻く権謀術策の戦国武将でなくても、直接このような書簡を受けたなら誰しも反発するのではないか。自分の行いが批判されて和《にこ》やかに喜ぶ人はいない。『心の文』が絶縁状になることは、じゅうぶん予知でき、そのことを忖度できないような珠光ではなかったはずだ。

これが『心の文』を絶縁状と書いた筆者の根拠である。武士や貴族に阿《おもね》ることがない故に、町人と交わり、豪商たちを門弟に持った。彼らは財力があっても、武士や貴族のように、珠光を上座からあしらう態度は取らない。

珠光と面識のない世代の紹鷗や利休が、茶の湯の魁《さきがけ》というべき珠光をより良く知ったのは、跡目を嗣いだ村田宗珠よりも、奈良手貝町の松屋を通してであった。奈良には聖武天皇が、千人の僧官を招待して輸入茶をふるまった歴史があり、中世には奈良で大和茶が栽培され、珠光の没後に侘び数寄を受け継ぐ環境が整っていた。この環境から率川の子守道六、手貝町の松屋兄弟、納院町の豪商 鉢屋又五郎紹佐、春日社家次男の長闇堂久保権太夫らの茶人が奈良から出た。

盲目の謡曲師を父に佐保川べりに生まれ、11歳で寺奉公に体よく追い出された茂吉。闘茶の賭けに溺れ、寺務怠慢のため20歳で寺を放逐された浄土僧・珠光。中年を過ぎて、京都で侘び茶の真髄を極め、町人茶人として生きた人物が、死後「茶祖」と崇められた。この類い稀な室町の異才・珠光とは一体どのような人物か。

不十分な記録と、伝えられる創られた行状、先学の研究成果を追って、珠光の為人《ひととなり》を問いかけ追い求めてきたが、土台無理な相談、掴《つか》めるものではない。権力者に阿る人ではなかったが、当初予期したような異端者でも反逆者でもなく、師匠の魅力をもつ大人《うし》であり、この点では慶ばしい見込み違いだった。

平成29年、東京国立博物館で開かれた「特別展 茶の湯」を見る。茶道伝統の重み、華麗な凄みに圧倒されたが、珠光についての人格、気質、人となりについて、疑問は解けない。悔いは残るが終止符を打つとしよう。

第二章

棚田嘉十郎 遺影　『棚田嘉十郎の足跡』 提供棚田嘉十郎翁・溝辺文四郎翁顕彰会発行 1991 より

大極殿に命を賭す・棚田嘉十郎

1860～1921

死して萬世の英名有り　心のたましの光たつとき

筆者口上

近鉄電車で大阪へ通っていた頃、路線でいちばん好きな景色は平城旧址の広い野原だった。路線の南側は一面の田圃で、夏には上部だけ開く窓から入る風が心地よく、鮮やかな稲の緑が広がっていた。線路の北側、平城旧址の端に、佐紀の大きなわらぶき農家の並びが遠くに見えて、よく伸びた草地だった平城旧址が懐かしく、ありがたい風景であった。

今はあの想い出の旧址の風景が、平城宮跡として発掘、整備、重要建築物が復元され一変した。現今の姿はともかく、それゆえにあの広大な旧址の保存に情熱を傾けた民間人の存在に想いをはせるとき、僅々〝ありがたい〟だけでは済むまい。旧址が、ビルと住宅の密集地になっていたかもしれないのだから。

本書は奈良きたまちの人、というワクを取るため、棚田嘉十郎に焦点を絞るが、脇役に徹した盟友・溝辺文四郎について充分述べたいと思う。二人の考え方と、行動を同時進行的に対比することで、情熱の実践者・棚田嘉十郎の二面性があぶり出される。筆者の考えを、異論 Controversial を惧れず、率直に述べるつもりである。

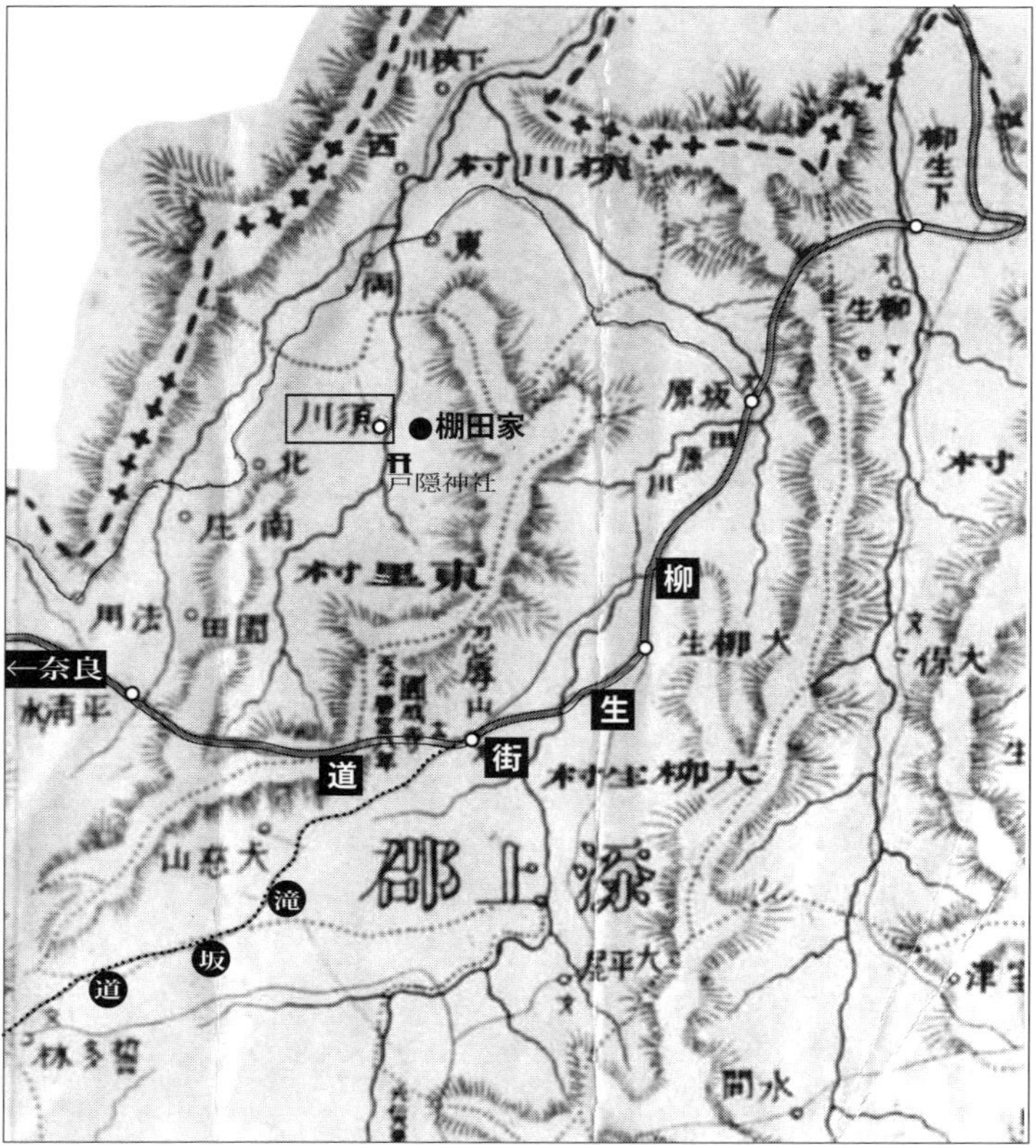

明治時代後期の奈良県地図北部

生い立ちと出奔

●近世、江戸時代の須川

近世、大和國東里村の大字《あざ》須川は、京街道（奈良街道）から外れた山あいにある。須川の村では、ペリーが浦賀に現れたこと、江戸の事件・安政の大獄は、うわさに聞くだけの遠くのでき事に過ぎなかったが、天誅組の残兵らしき二人が村里に逃げ込んできて、津藩の追っ手に囲まれ、自害した事件は、村の大きな出来事として語り継がれている。

須川の位置を、春日山から北へ鳥の目でみると、緩やかな東里村南の山間から流れ出る岩清水が、谷川となって曲がり下り、途中わずかな谷あいの平地・上須川郷を抜けておよそ1キロ、谷川が、小川らしくなる処に、「戸隠神社」がある。そこから先に、陽差しの良い「字《あざ》須川」の集落が望まれた。

小川の両斜面に美しい田畑の緑が広がり、ことに西の台地状の麓は、広々とした棚田が延びている。萱ぶきや藁ぶきの農家があちらこちらに見え、どの家の周りにも、芋やナス、キュウリの畑がつくられている。春の陽光に揺らめく須川の村は、静まり返って、いかにも緩やかな山間に抱かれた、のどかな農村風景である。

須川を流れるこの小川を「前川」と呼び、北へ流れて狭川《さがわ》で「安郷川」に合流し、下狭川に至って、「白砂川《しらすながわ》」に入る。はるか長谷寺から大柳生を経て流れ来る長蛇の清流「白砂川」は、下狭川からまもなく山城国《やましろのくに》相楽郡《そうらくぐん》の笠置に到って、木津川に流れこむ。近世の須川は、大和奈良まち側を山々に阻まれ、交通は北方の山城笠置、木津川との方がさかんであった。

万延元年(1860)4月5日、添上郡東里村《ひがしさとむら》大字《おおあざ》須川《すがわ》に住む棚田長蔵、ワイ夫妻に長男が誕生、嘉十郎と名付けた。父は22歳、母はもっと若くて元気である。祖父の嘉平治と祖母コノは初孫に大喜びし、目に入れても痛くないくらいに、慈しみ育てるのであった。

長蔵夫妻には四人の女子がいて、男子は嘉十郎ひとりである。農家では後継の長男が殊に手塩にかけて育てられる。幼時から格別大事に育てられた嘉十郎は、健康そのもの。食べ物に不自由したことはなかった。それどころか、農家でありながら麦飯を食べたことがなかったという。(『東里村史』昭和52年)

甘やかされたのではないが、青年になり毎日田畑の仕事に出るようになると、年中休みなしに働く農作業に、うんざりし—

「須川の里は、棚田と畑以外に何もないではないか、遠くへ行きたい。単調で退屈な農作業にアキアキした。村の若者の多くが家を出て働いているというのに、長男だから家業を継ぐ決まりはおかしいではないか」

別の仕事がしたいとの念《おも》いが抑えられない。体力壮健なだけに、里を出て新しい空気、広い世界に触れてみたい衝動を抑えることができなかった。

鍋釜、鋤鍬、火鉢やタンスなど、必要な道具、家具類は、木津が最もひらけていたが、大柳生に出るのが一番早かった。それでも往復3里の山越えはラクではない。休みといえば盆と正月だけである。近くにある「戸隠神社」の夏祭りが唯一の娯楽といえるか。

戦国時代の須川は貢川《くがわ》氏の本拠地である。東の低い山のうえに高鶴城《たかつきじょう》址があり、土豪狭川氏の本拠地狭川郷には、下狭川城と上狭川城の城跡が確認される。しかし合戦があった形跡はなく、江戸時代、東山中《ひがしさんちゅう》の村々は藤堂藩の領地であったが、幕末のひと頃には郡山藩の領地であり、また近隣の狭川、柳生などは、藤堂家の津藩領であった。

須川の西をひと山超えた北邑《きたむら》と南ノ庄は天領、須川村も幕府直轄領として年貢、労役は緩やかであった(『大和史料・上巻』元禄調査による)。しかも、この一帯は戦国時代から共同体意識が強く、安政年間にこれら八カ村の総代が幕府と二藩に相勤している記録がある。領主は異なっても「狭川須川北村南ノ庄」集団は、全国的に見れば恵まれた統治環境にあった。

嘉十郎生家の番地1708は明治22年（1889）の「町村制」により決められたもので、現在もこの番地に本家の棚田家が建っている。前川を見下ろす東側の丘の上にあった棚田家からは今、「須川貯水池」が下方に広がっている。

拙子が当主の棚田和男夫妻を訪ねた平成29年（2017）の春、案内されて嘉十郎の遺品を見せていただき、時間をかけて嘉十郎ゆかりの話をお聞きした。嘉十郎が育った萱葺き母屋は、改築されたが、高くガッシリした柱は嘉十郎が育った頃のままである。この母屋に接して新しく建て増した家屋があり、嘉十郎が生まれた日もかくやと思わせる春の陽が、木々の濃い影を落としていた。

須川町の「戸隠神社」は嘉十郎生家の近くにある。大字《おおあざ》須川の氏神として、確かな起源は中世の宮座であろう。神社の森、北西の端に「竜の池」という湧き水があり、また境内を「前川」が流れているところから明らかなように、村の「雨乞いの神」から出発したと思われる。かつては相撲を奉納し、馬駆けを競ったであろうか、祭神には「天手力男命《あめのたじからおのみこと》」が合祀されている。摂社には、、春日若宮、春日神社ほかの祠がある。戸隠神社の隣に「神宮寺」があったが、明治7年（1874）に旧須川村の5寺が、真言宗「神宮寺」として600㍍《メートル》ほど遡った現在地に統合された。神社の手前にある大きな石灯は、「おかげ燈籠」と呼ばれ、伊勢神宮へ「おかげ参り」に行く人々のために、笠置街道の途上に置かれた大燈籠のなごり

↑嘉十郎の生家から須川ダム南端を望む　↓須川村の氏神「戸隠神社」

である。

●嘉十郎24歳、奈良へ出る

長蔵と妻ワイには次男がいなかった。それで、継嗣長男の嘉十郎は、この歳になるまで家を出て行くのを躊躇していたが、三女の妹がはや十を数え、末娘マツエが三つに成長した年、明治18年（1885）の1月20日朝、24歳の嘉十郎は計画どおり、奈良で独り立ちするため家を出た。

その日の朝は、さすがに「剛の者」と評判の嘉十郎も辛かっただろう。父は、百姓仕事が性に合わないなら、と諦めていたが、母と妹たちは、別れに泣きじゃくっている。祖父の嘉平治が、愛孫のひとり立ちを見届けねば、と老いた身を母屋の前から道の手前まで見送り、嘉十郎の手を強く握って―

「難儀したら早よう帰って来るんやで」

と繰り返すのであった。祖父は80歳、無学であったが、働き者で人一倍の子煩悩、嘉十郎にはまことに柔和で優しいおジイさんであった。今夜から世話になる高畑の知り合いの家も、お爺さんの知り合いで、少年時代に何度か連れられて訪ねたことがある。

凍てる谷道を前川に沿って南に登り、上須川の村を抜け、人気《ひとけ》のない谷道を黙々と登る。

登りきったところをそのまま南へ下れば、国道に出る。嘉十郎は登りきったところで東南に下って円成寺に出る山道を行く。円成寺に寄ってお詣りをすませ、そこから柳生街道・高畑への「滝坂の道」を、握り飯をかじりながら黙々と歩いていった。

峠の茶屋で一服し、奈良の高畑に着いたときは、冬の弱い陽差しが長い影を落とすころに

須川ダム

昭和42年（1967）11月着工、44年7月に完成したアーチ型のコンクリートダム。水道用水専用の「須川貯水池」ダム付近は、立ち入り禁止になっており、見学は奈良市水道局に申し込む。

前川を堰き止めた貯水池のように見えるが水源は柳生の里を流れる布目川と、田原の里を流れる白砂川から取水した水を、導水トンネルで須川貯水池に運んでいる。ここで一旦貯水し、水量調整を行なって奈良阪にある「緑ケ丘浄水場」に送水するシステムである（説明板より）。

湖面に浮上するアブクは、3基の「間欠式空気揚水筒」からでる空気泡。湖底から水面に対流させることで、藍藻《らんそう》類の増殖を防ぐという水質保全の対策である。写真は管理事務所からみた須川ダム、赤い屋根の取水塔が湖面に突き出ている。

（写真 町田奈桜）

なっていた。高畑の知人の家に急ぐ。

嘉十郎は奈良に移って来た始め、高畑に住み、木挽《こびき》き職人として働いたとされる。この2年間の具体的なことは、明らかにされていない。嘉十郎といえば、やはり平城宮跡保存運動に焦点が絞られ、木挽職の生活については当人が語っていないので未知な部分である。言えることは、

①須川のあたりは林業も盛んであり、材木の伐採から農家の普請まで、近隣のひとたちが助けあって行うのが慣わしであることから、木挽き道具に練達していた。

②まず高畑で、棚田家旧知の農家の世話になった。

明治初期の高畑郷は春日禰宜《ねぎ》の住まいと、いくつかの社家屋敷があるだけで、あとは能登川に沿って農家が連なり、紀寺《きでら》の農地に続いていた。小さな木場（材木商、製材所）は市内にいくつも在り、特に京終《きょうばて》のあたりは、国鉄桜井線が通じる以前から、材木問屋が集まり、高畑から近かったことを考え合わせると、実情がわかりやすい。

明治になってから、丸ノコを使った動力製材が始まっていたが、地方の木場ではまだまだ手斧《ちょうな》や鑓鉋《やりがんな》、前挽大鋸《まえびおが》、新しい台鉋《だいかんな》などの腕も要る。建築現場では欠かせない技術《わざ》である。これらは嘉十郎が須川で使い慣れた道具であり、体力もあるから木挽き職人として打ってつけであろう。

翌、明治19年（1886）7月15日、祖父の嘉平治が81歳で亡くなった。大好きなお爺さんの葬儀には間に合わなかったが、里に着くや、村はずれの丘にある共同墓地へ急いだ。棚田家代々の古びた墓石の端に、真新しい祖父の卒塔婆が立ち、黒々と「観空浄念禅定門位」と書かれた墓標に手を合わせ、里家に一泊しただけですぐ高畑にもどる嘉十郎だった。

苗木商で一家をなす

●木挽き職人から苗木商へ

木挽き職人として働くうちに、今小路町で土木資材を商う材木商の知己を得て、苗木と植木職を手がけるようになった。この建設資材を扱う店主は借家業も営み、今小路から包永《かねなが》、東笹鉾にかけて借家をいくつも持つ家主でもある。明治22年、嘉十郎はそのうちの一軒、東笹鉾町の通りから路地を入った真新しい家に移り住んだ。

家の前に井戸があり、苗木のサンプルを置く空き地も少しある。嘉十郎の仕事は苗木商として、多量の苗木を、買い取った畑地や空き地に保有し、注文を受けて植えるところまでが仕事である。庭木をハサミで手入れもするが、剪定《せんてい》が本職ではない。

東笹鉾町10番地の借家には坪庭と内庭があり、一戸建ちの静かなこの家が気に入ったらしく、柴垣で囲った坪庭に松とイブキを植えて、石灯をひとつ置いた。誰に来られても恥ずかしくない初めての我が家ができた。明治41年（1908）の師走にこの家を離れるまで、家族5人と、生活面での惨苦をこの家で共にすごすことになる。

苗木商となった当初「奈良県蚕業組合、組合長ヨリ御用商人ヲ命セラレル」と嘉十郎の聞書『追親王跡去昇天我父之経歴』（左コラム参照）に書かれている。蚕業組合とは聞きなれ

『追親王跡去昇天我父之経歴』（親王ノ跡ヲ追イ昇天ニ去ル我ガ父ノ経歴）

晩年の嘉十郎が宮跡保存運動を回顧し、妻イエに口述筆記させた別名の肉筆原書がある。

さらにイエに清書を依頼された次女の夫・池田兵七が、事実を違えずに整理して書き改めた書がこの表題書である。

本文の引用にあたり、現代かな送りに改め、以後、この書を短く『聞書』と記す。

なお、嘉十郎は無筆であったため、殊に記憶力が素晴らしい。とはいえ、時を経ての口述では、記憶が変わるのは止むをえない。その辺りの事情は【無筆の嘉十郎と『聞書』について】（139p）で詳述する。

ない名前だが、産業組合が施行される以前の種苗組合に相当する組合か、とにかく贔屓《ひいき》にされて良い顧客に恵まれた。さらに奈良公園の植樹に参入できたことが苗木商として成功した鍵である。

奈良公園の開設は、すでに明治13年(1880)2月に制定されていたが、明治22年(1889)奈良県設置後の初代知事税所篤《さいしょあつし》のとき、公園地を一挙に30数倍に拡張、現在の公園面積とほぼ同じ広大な公園地が告示された。ちょうど苗木商をはじめた嘉十郎と機を一《いつ》にする。廃仏毀釈で荒れた草茫々の野原と雑木の整備に、行政が動き出したのである。春日山、若草山、春日大社(境内を除く)、東大寺、興福寺、氷室神社、正倉院、完成したばかりの帝室博物館、依水園、猿沢池などが含まれ、数知れない国宝や重要文化財を園内に有する、類のない大公園地が誕生した。

生来正直者で一途に仕事をこなす嘉十郎は、いたるところで愛顧を受け、しかも凛々《りり》しい美丈夫である。次第に県公園課の信頼を得て、仕事を次々に請けるようになった。

明治24年(1891)、土方《ひじかた》直行宮司(四條畷神社宮司、高畑に住む)の口利きで、帝室博物館の敷地にカエデ100本を受注する。

明治27年、公園の植樹計画が策定されると、同28年より公園内植樹の用命を受け、松、ソメイヨシノ、カエデ、柳、梅、サルスベリなどの注文を受けるようになった。もっとも、花山、芳山《はやま》、春日山一帯に大規模な杉・松を植栽する事業は、吉野の山林王 土倉《どぐら》庄三郎 指導のもとに林業従事者に振り向けられ、公園の植木職らとは業種が異なる。

同28年、宮内省諸陵管理の任にあった北浦義十郎氏より、各地の御陵生垣の植樹を申しつけられ、また氏の口利きで橿原の神武御陵の生垣、及び勅使館の庭園造営を任せられるまでになった。神武御陵は、京都御所の内侍所《ないしどころ》（温明殿《うんめいでん》）を本殿に、神嘉殿《しんかでん》を拝殿に賜わったので、京都御所の了解が必要だが、そこは北浦氏が万事とりもってくれた。さらに山村御殿、円照寺の伏見文秀殿下（小松宮の姉宮）より、東京の伏見宮へ御所柿《ごしょがき》を送るようにと発注されるなど、高貴の方々からご贔屓《ひいき》にされるようになる。美男、しかも皇国の精神に篤い男ざかりの嘉十郎である。華族の方々から迎えられ、苗木商として恩顧を受けたのも納得できよう。

後年、平城宮址保存運動にあたって、もっぱら貴人の同意を得るために奔走するのは、この時の好意的な体験が誘因と思われる。

嘉十郎は、苗木から若木、庭木、庭石、石灯籠など、扱う品目が増え、商いも大きくなった。当然、苗木や商

紋付羽織姿の嘉十郎、お見合い写真か？
奈良文化財研究所 所蔵

品を置く場所がいる。必要な土地を確保するため、不動産売買も行うようになった。この頃、借家であった東笹鉾の自宅を買い取った。

●妻イエを娶《めと》る

時代を遡って明治26〜27年、嘉十郎が33歳の頃、矢田原イエと見合い結婚したはずだが、手がかりがない。イエは、後述する「笠置詣で」の帰り、どんなことがあっても夫を支えると誓ったように、明治堅気の貞女の鏡のような女性である。イエは、嘉十郎の生地、須川からそう遠くない山城国大川原村、現京都府相楽郡大河原村の出身で、上士家老の娘だったという。常に良人《おっと》をたて、徹頭徹尾 良人に従いながら、子育てをやりくりし、気迫のこもった女性は、武家の躾《しつ》けを受けた息女とおもわれる。山城国の幕末の知行は、天領といくつかの藩領に分散していて、厳父がどの藩の家老なのか見当がつかない。津藩か郡山の小泉藩か……『郡山藩分限帳』に記録された歴代家老職約３００人をチェックしたが、矢田原姓は見当たらなかった。

イエが生まれた明治の矢田原家は、山林業と農業に従事していたようだ。

●嘉十郎、平城京を知る

嘉十郎は苗木商、植木職を脇目もふらずに邁進すれば、恵まれた幸せな家庭生活をおくることができ、財をのこせたのだが、平城宮址の荒廃したありさまを知って憤然と、大極殿・宮跡の保存に身命を賭して奔走するようになる。この情熱が家産を傾け、極貧の30年、視力を失い、失意と絶望のうちに自死するという悲劇をもたらした。そしてこの嘉十郎の悲劇がバネになって、平城宮址保存運動が一挙に前進したのである。命と引き換えに……。

明治28年(1895)の春、いつものように奈良公園で植樹作業をしていると、遠方から来た遊覧客が「いにしえの都の跡はどこにありますか」と毎日のように聞いてくる。そのたびに、「法華寺が御所と言われとるようですがの…」と、あいまいに答えていた。

明治23年、奈良と湊町間に鉄道が開通してから、奈良の社寺へ遊覧客が急に増え、駅前に木造3階の旅館が建ち、三条通りに旅館とみやげ物店が猿沢池まで並び立ち、人力車が行き交い、芸妓屋が賑わった。

嘉十郎は29年、36歳のある日、都跡《みあと》村佐紀の山下鹿蔵という人に出会う。山下の言うには—

「村の名は、都のあった跡なので都跡村《みあとむら》と言います。村民はみな聞き伝えに知っていることです。田畑から掘り起こした古瓦や[註]春日砥《かすがど》の敷石を百姓たちが持っており、私も

棚田嘉十郎

苗木商で一家をなす

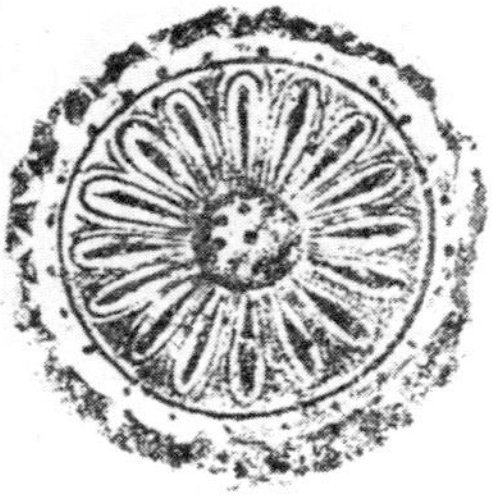

←平城京出土の鬼瓦破片
↓平城京出土の軒丸瓦
『溝辺文和 論文集』より

↓『平城宮大内裏趾坪割之圖／嘉永壬子（5 年）十二月考正霊龜亭定政』部分図
平城宮囲みの中に「字大黒殿」と記されている。　　奈良文化財研究所 所蔵

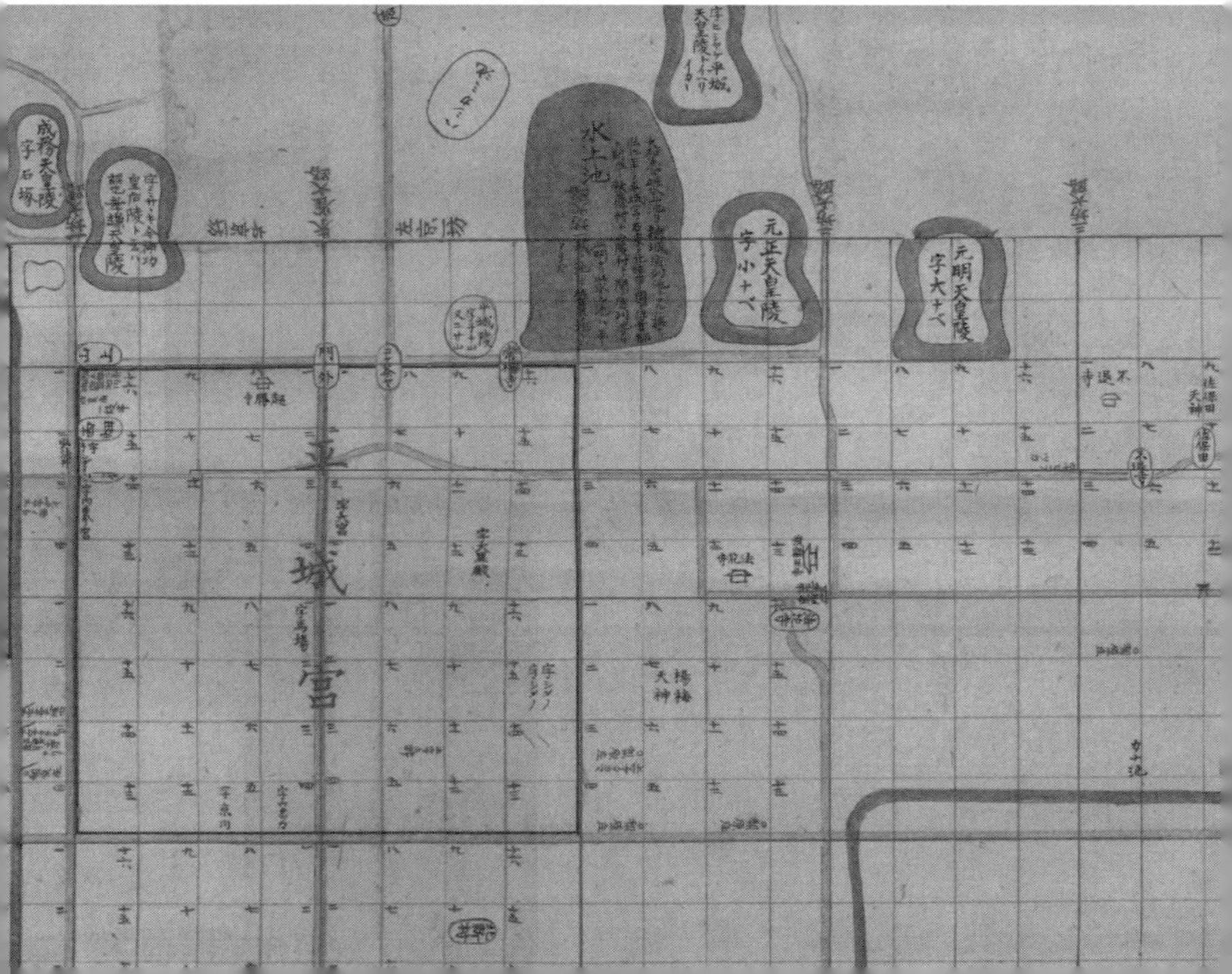

集めています」（『聞書』）

と聞いて驚いた。後日、都跡村《みあと》（現 佐紀町）に鹿蔵さんを訪ね、実地に案内してもらったところ、宮殿の跡という大黒芝には、農具置き場らしい小屋があり、牛がつながれていた。柴壇には牛糞がうず高くつもり、見るかげもない有様に、嘉十郎は「これが古《いにしえ》の皇居の阯か」、と涙にくれた」（『聞書』）。鹿蔵の娘マスエが大学ノートに書き綴った覚書にも、そのとき「嘉十郎は落涙をとどめることができなかった様子」と書きとめている。

御陵の生垣植樹を嘉十郎に用命した北浦氏は、隣の東包永町に住む恩人だ。あるとき旧址保存に熱心な嘉十郎に気さくに言った—

「拙者の父・定政が40年ほど前、大極殿跡を調査、測量した図面がある。近々貴宅までお届けしましょう」（『聞書』より略記）。

後日、『平城宮大内裏趾坪割之圖』（前ページ下の写真）を、東笹鉾の自宅まで届けくれたのである。嘉十郎にはこの図にある詳細な注釈は読めない。価値もわからないが、平城宮が広くて大きいことはよく理解できた。しばらく絵図を借り受け、部分図を自費で印刷して宮趾がどこか尋ねる人に配布することにした。

さらに、用途は決めていないが、いずれ役にたつ予感があって、山下鹿蔵を介して都跡村の百姓たちから、古瓦を多量に買い取っておいた。軒丸瓦、軒瓦、平瓦には天平の模様が浮彫されている。その後、保存運動に貴人や著名人、各地の博物館や美術館、学校などに寄贈するため、山下鹿蔵に頼んで出土瓦を買い集めている。またのちに嘉十郎が、宮趾地下採掘権を得て出土した瓦、土器、礎石などを、有力者への贈呈品に用いた。

註　春日砥《かすがど》＝地獄谷や春日山で採れる黒っぽい緻密な凝灰岩、加工しやすく砥石にも使える

●運命の笠置山詣で

明治32年（1899）の秋、妻イエと連れだって、両家へ里帰りの途上、二人の里に近い笠置山へ参宮する。嘉十郎が奈良へ出奔した時は、凍てる道を歩いてだったが、3年前に奈良―京都間に鉄道（現JR奈良線）が開通し、翌年、名古屋側から加茂に延線されたので、関西線（JR）奈良駅から1時間で笠置に行けるようになっていたのである。

後醍醐天皇行宮遺趾　昭和初期の絵葉書。
説明文―右・（笠置山貝吹石）　高さ十六尺巾三十六尺あり、元弘の戦に岩上にて　陣貝を吹き指揮せし所なりと云ふ。―左・（笠置山行宮《あんぐう》遺跡）　山の最頂上にして廣さ三百餘歩あり、楠柯《なんか》御夢の舊蹟なりと云ふ。

笠置駅で降りると、木津川の南に標高289メートルのこんもりと繁る笠置山が見える。まだ紅葉には早いが、ひんやりとした山道が爽快だ。低い山ではあるが傾斜は強く、九十九折《つづらおり》の坂を登ってゆくと、石段の横に石標「行在所遺跡《あんざいしょ》」が立っている。石段を登りきるといかにも御陵を思わせる石柵の簡素な門があり、あたりは美しく掃き清められていた。

さらに標識にしたがって頂上近くに登り詰めたところに「行宮遺跡《あんぐう》」と刻まれた大きな自然石の碑がある。ここから木津川の方角が良く望める。元弘の乱、後醍醐天皇は笠置山に立てこもり、鎌倉幕府の軍勢と、ひと月戦った城ともいえない陣地である。鎌倉勢の進軍をこの崖っぷちから見張っていたのだろうか。石碑は10年ばかり前に地元の有志が建立したという。

聞けば笠置村民から基金を募り、これで行在所の修理やら、山道の普請を行い、おかげで年々参拝者の数が増えた、と笠置寺の案内人が云う。嘉十郎はいたく感心した。わずか戸数200の村が、天皇御在所を整地し、斯《か》くも神聖に護《まも》っているというのに、奈良の都はどうだ！　奈良朝の址を保存しようとする人さえいない。嘉十郎は憤慨して言う。「聖武天皇さまが都を遷されて以来七代、奈良を皇居の地と定められた」（ママ『聞書』）。その都趾を、堆肥と牛の糞で汚れた芝草にし、周りは一面の田んぼではないか。腹に据えかね、平城宮址保存に尽くす不動の決意が、ふつふつと湧き上がり、胸がいっぱいになった。

嘉十郎は帰途、妻イエに聴き訊す―（『聞書』にはおよそ次のように記される）

「奈良旧址保存に尽力する件についてはその方も兼ねて承知の通りなるが、今後一層努力する考えなるが、その方、承知致すか否や」

するとイエは貞淑な妻の献身で答えた―

「国の為に遊ばされる事は如何なる羽目に陥いるとも苦情は決してもうしませぬ。あなたが賭博をするとか株式や定期に手を出すとか、遊興に耽《ふ》けるが如き事なれば、共に苦労するが如き事は出来ませんが、大極殿趾保存に尽力なさる事なれば、例え私の身が粉な微塵に砕けましても決して厭《いと》いません」

この「笠置詣で」で感じた嘉十郎の決意が、生涯かけた宮趾保存運動の原点と思われる。

●無筆の嘉十郎と『聞書』について

無筆であった嘉十郎は、代筆代読を妻イエに頼った。嘉十郎の幼年時代、近くに神宮寺（明治7年、前川上流の現在地に移転）もあったが、寺小屋は開かれていない。明治の学制によって、須川に尋常小学校（現興東小学校）ができたのは明治7年、このとき嘉十郎はすでに14歳になっていた。年長者が入るクラスがなかったのである。しかしながら、成人した嘉十郎は普段の堅苦しくない手紙なら、話し言葉を仮名交じりに自筆している。一方、イエは尋常小学校に通い、父母からも読み書き算盤の手習いを教わり、郷士の躾《しつけ》を受けたであろう。

嘉十郎が視力を失なった晩年、己の活動を記録に残そうと口述したものを、イエが書き留めて墨書したのが『大極殿址保存に関する略歴』と題する聞書である。これを次女の婿、池田兵七氏がイエさんの頼みで多少整理して書き写したのが『追親王跡去昇天我父之経歴《しんのうのあとをおいしょうてんにさるわがちちのけいれき》』である（コラム130p参照）。これには運動に関する様々な書類なども付加されている。

「親王」とは小松宮親王を指す。「我父」と外題にあるところから、子息の嘉蔵氏が口述筆記したと思われがちだが、そうではない。外題を仏教学者で東京における棚田の協力者・亀谷聖聲《かめやせいけい》の悼詩の一節から、嘉蔵氏が選んだ表題とされる。

嘉十郎の口述を筆記した
『追親王跡去昇天我父之経歴』
奈良文化財研究所 所蔵

北浦定政、平城旧址を調査した先駆者

文化14年（1817）大和國添上郡古市村の「掛け屋」に生まれる。通称義助。掛け屋にもいろゝあり、幕府の掛け屋は鴻池《こうのいけ》、城山、住友などの大商人が握っていた。大坂中津藩の蔵元で、掛け屋を相手に藩の財政を担っていたのが福田百助、福沢諭吉の父である。

大坂中之島に並ぶ蔵元に出張する下級藩士は、薄給でおもしろくないが、町人の掛け屋は、信用も才覚も要るだけに、儲けも多い。幕末の古市は、藤堂家・伊勢津藩の飛び地領である。北浦家は、古市の名家、といっても地方の農家だが、父義十郎はここで山城・大和にある藩の年郷貢（上納米）を保管、売却、送金の勤めを任されていた。

北浦定政の肖像（部分）絵・岡本桃里。北浦定政の陵墓調査に画工として従い、「大和各山陵絵」「大和各山陵図」などをのこす。

定政15歳のころ父義十郎が死去、すでに内約があったのか、16歳で津藩の古市奉行所 銀札会所《ぎんさつかいじょ》手代に召し抱えられた。つまり大和で藩札を発行する会計担当である。忙しい仕事ではない。

幕末 尊王攘夷の頃に成人した武士階級は、例外なく国学と漢学と和歌を学んだもので、定政はまだ藩士ではなかったが、藩に出仕する青年として、近畿の諸先生に教えを請い、学習していた。加えて職業柄、算数も学んだ。

この頃、幕末皇国史観の機運のなかで、放置されていた皇陵の調査が緒につく。定政は蒲生君平の『山陵志』や、親交のあった伴林光平《ともばやしみつひら》の『大和國陵墓検考』などに触発されたであろう。『山陵志』に考証を加え、『打墨縄《うつすみなわ》』を嘉永元年に著す。続いて奈良奉行所の与力・中条良蔵の奨めもあって、嘉永5年（1852）『平城宮大内裏趾坪割之圖』を発表する。実測には車輪を一回転すると一間になる測量車を自分で作り、現場を歩き回ったのである。古書に記された平城京に関する断片を渉猟し、土地の人の話も聞いて調査。古来、平城京の存在と場所は知られていたが、図解した史料はなかった。北浦定政が書いた旧跡図が、今日の平城京研究の基礎を築いたのである。

これらの成果が認められ、文久3年（1863）、藩士に列せられ三人扶持《ぶち》となる。同年、山陵奉行より大和今井出張所の役人に任命され、賞金を頂戴した。あとは幾多の名誉職に叙せられ、賞詞、報奨金は数知れず、藤堂藩の藩士としては、藩主に単独で拝謁できる「独礼格」という席格に進み、その時に着用する羽二重小袖を藩主より賜った。明治元年（1868）、脳梗塞を起こし、体が不自由になったため、短冊を左手で書いたという。明治4年正月に再び倒れ、55歳で没した。

没後 明治30年（1897）、宮内省より祭粢料《さいしりょう》として追賜金が贈られている。嘉十郎は義十郎の家族からこの報せを聞かされなかったのか、『聞書』に記されていない。

定政は多くの勤皇の志士たちと交わった。伴林光平と初めて会ったのは、光平の歌の門下である高畑に住む春日社家の富田宅でのこと。

うれしさに袖さへぬれぬうま人と
　ともに三笠の山の夕方

光平のかへし

うれしさも袖に包まんくみかはす
　御笠の森のゆふ立ちの雨

天誅組挙兵に半身不随の身を嘆いて

こしかたのくいのあまりに行く末の
　はてなき夢を見るがくるしさ

この歌は辞世として墓石側面に刻まれている。

平城宮保存に一生を捧げる

●自費で平城宮の場所を啓蒙

笠置山詣でから帰ると、さっそく春日扇子を千本発注、親骨に根来漆《ねごろうるし》をほどこし、扇面に出土品、「蓮華文軒丸瓦」の拓本図を、裏面に宮趾の略図を印刷したものである。これと先に印刷配布した北浦定政の『平城宮大内裏趾坪割之圖』による略図を増刷し、市の有力者や佐紀村、生駒郡の主だった人々に進呈した。

旧址保存推進会といったような組織で始めればよいのだが、その方面の経験がない嘉十郎は、まずひとりで実行できることから始める。組織は後回しにして、自費でビラと進物品を工面して配って回った。市民の平均的な反応は、タダでくれるのはいいが、物好きにもほどがあると、まともに相手にされなかった。

明治32年(1899)、奈良県古社寺修理技師として同29年に着任した関野貞《ただす》が、「大黒の芝」

と呼ばれる土壇、すなわち大極殿趾に興味を持ち、県土木技手の塚本松治郎（のち県社寺係、文部省特別保護建築主任、慶尚《よしなお》と改名）を助手に実地に測量、中間報告の考察『平城宮阯取調報告』を県に提出した。嘉十郎は県の古社寺建築の技師が、宮阯を調査しているウワサを聞き、気になっていたが、翌年元日の奈良新聞に、この件で衝撃の記事を目にする。

●関野貞、「大極殿遺址考」を奈良新聞に発表

明治33年、奈良新聞元旦特集号の7頁全面に、関野貞《ただす》の研究『古の奈良、平城宮大極殿遺址考』が発表された。嘉十郎はイエに何度も読んでもらい、目を瞬《しばたた》いた—

「大極殿の遺址、竜尾堂の上は、再廣〔以前〕潤なる水田にして、正面には田面を抜くこと六尺、東西二十一間南北七間の大なる芝地あるを見るべし。その上は荒無の地にして枯草蕭条瓦石磊落《こそうしょうじょうがせきらいらく》、心なき農夫が作りし番小屋の裡《うら》には焚火の餘灰を遺し、僅かに残存せし礎石は、悉く掘り起されて凹凸の痕鮮やかに荒廃蕪穢《ぶあい》名状すべからず。是れ即ち嘗て朝堂院の正殿として天子屢臨《ふりん》、国家の大禮《たいれい》行はれ、特に元正天皇は茲東に登極の恒例を聞き玉ひ、聖武天皇以下の五帝が續きて即位の大典を挙げ玉ひし大極殿の遺址なり。昔時は、十一間四面単層四柱の大建築巍々乎《ぎぎかな》……一たび此遺址の上に立たん者、孰れか當時を追懐し、咨嗟《しさ》感嘆の聲を発せざる者あらんや……」

さらに続けて—

「もしそれ昔時の宏大なりし大極殿の真規模を知らんと欲する者は、すべからく、来りてわが平城宮朝堂院の遺址を観ざるべからざるなり。然るに従来一人のこれが表彰に勉めたる者なし。空しく荒廃に委して顧みず。吾人はその遺址の一日も早く表彰せられ、保存の挙がらんことを熱心に希望する者なり」

嘉十郎の衝撃はしばらくして「やはりそうだ、思った通りだ。関野氏が率先して遺址保存の世論を推し進めるなら、必ず成功する」。そう思うと、矢も盾もたまらず、薬師寺東塔の解体修理現場に関野を訪ね、「保存運動を先頭に立って推進してください」と哀願した。嘉

関野貞による「平城宮朝堂院跡の図」
政務・重要儀式が行われる大極殿の正面南には、朝堂、朝集殿をはじめ12棟の殿舎が並び、回廊をめぐらし門を構えて大内裏を構成する。
関野論文『平城京及大内裏考』に付された「京城敷地図」の部分

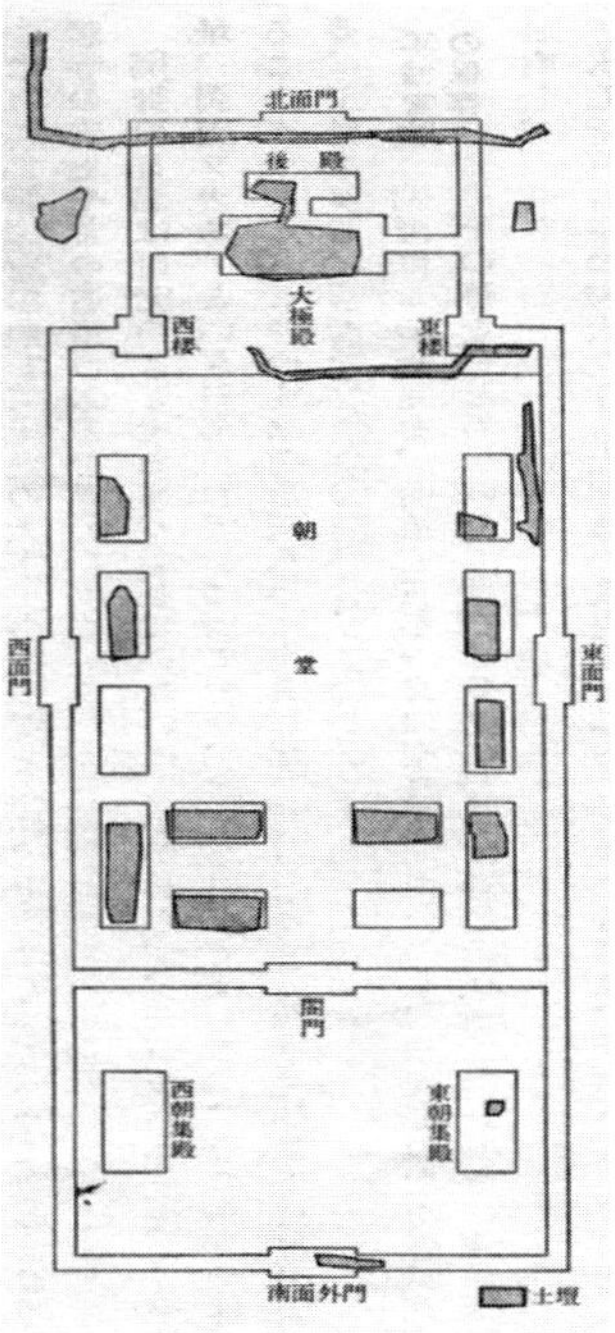

十郎は激励されたが、しかし思惑は外れた。

「社会的な運動は自分の領分ではない」と、きっぱり断られてしまった。

関野貞は東京帝国大学工科大学で建築学を終了、辰野金吾の門下、32歳の少壮建築史学者である。明治30年に制定された「古社寺保存法」によって、廃仏毀釈の嵐に貧窮していた仏教寺院がにわかに活気づく。そのような状況下、内務省技師の関野貞は、奈良県技師に赴任してきた。このころの関野は古寺建築修理の本務に加えて、平城宮趾の継続調査や、「奈良県物産陳列所」（明治35年竣工、現「仏教美術資料研究センター」重文）の設計と施工の監督に多忙を極め、暇があったら眠りたい、というのが本音だろう。しかしながら、関野技師よって学術的な裏付けができ、世間に知られるようになった意義は計り知れない。ここで嘉十郎が一踏ん張りすれば、必ずや公的な宮址に繋がる自信と希望に心が躍るのであった。

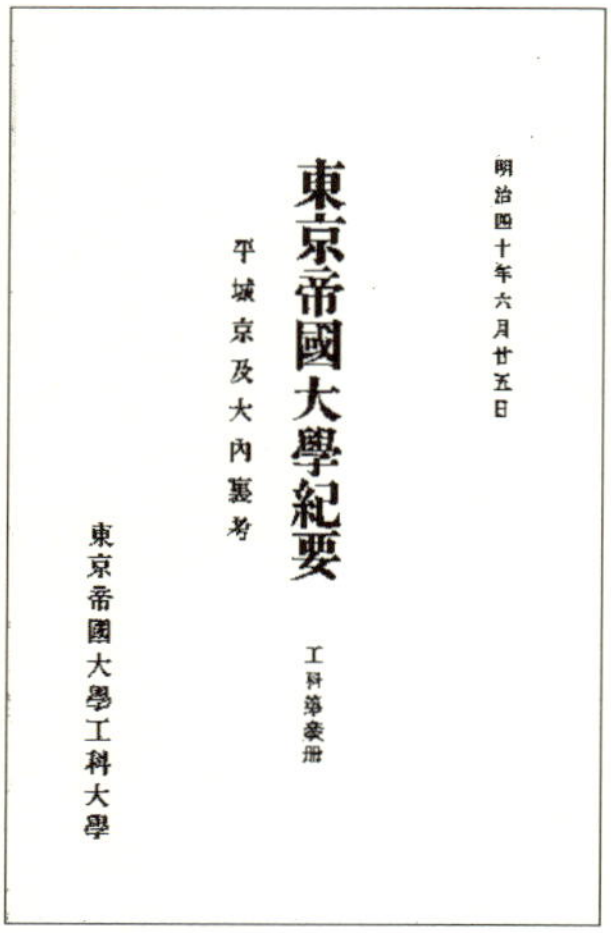
明治四十年六月廿五日
東京帝國大學紀要
工科第參册
平城京及大内裏考
東京帝國大學工科大學

東京帝国大学紀要、工科第参册「平城京及大内裏考」

東京国立国会図書館WEBサイトより

関野貞《ただす》はこれまでの研究を博士論文にまとめ、明治39年に完成した。翌40年6月、母校の紀要に工学博士、東京帝大工科大学助教授の肩書きで上掲誌に発表。185ページ、図版40点以上の堂々たる論文である。

関野 貞《ただす》と喜田貞吉の学術論争

関野 貞

関野が、明治32年1月、北浦定政が平城宮のあったところと考証したあたりの畦道を歩いていると、一段高い芝地がある。農夫に聞いてみると「大黒の芝」という。ダイコクのシバ？ 2、3度呟いて関野は愕然とした。ダイコクは大極殿のダイゴクがなまったものではないか、この芝地は大極殿の土段として十分の広さもある。

（『平城宮』亀井勝一郎編 1963より）

創作にしてもさすが哲人の話は面白い。

関野はさっそく浦松固禅の「大内裏《だいだいり》圖考証」(1797)を紐とき、参考となる文献を買い集め、古社寺改修の仕事を一休み、県庁から技手の塚本を宮跡の測量助手に回してもらい、一カ月と経ないうちに『平城宮趾取調報告』を書き上げた。この概要を翌年の正月、奈良新聞に発表、嘉十郎を奮い立たせたのである。

明治38年に学会で「平城京大内裏に就いて」を発表。この論文に歴史地理学者の喜田貞吉が『平城京の四至を論ず』を書いて反論。ハラハラドキドキする学者論争に発展した。論点は、平城京が班田区画の上に建設され、条里から北辺外京に論及した関野に対して、北辺外京は元からなかった。条坊制定が決まってから後に条里が制定された、と喜田が主張。関野は北辺はもとからあったが、条里制の外側にあり、京城外にあると反論して、これを学位論文に書く。（146p 東京帝大紀要）

二人はのちに法隆寺金堂再建論でも論争、喜田の再建されたとする立場が、後世正しい事が証明されたのだが、法隆寺管主 佐伯定胤が認めず、喜田が門内に入ることを許さなかった。また喜田は文部省検定教科書に南朝と北朝を併記、南朝派から逆賊と非難され、休職処分を受けるなどした。

一方、関野は大陸、朝鮮各地の古建築を旺盛に調査研究し、次々と名誉職を歴任、東大名誉教授に上りつめる。

喜田貞吉と溝辺文四郎　出典・溝辺文和

喜田貞吉

喜田は被差別部落の研究、同郷の古美術写真家工藤利三郎を応援するなど、土の香りのする学者であった。明治39年の正月二日、雪のちらつく日に人力車できた洋服の紳士が大極殿にたって地図を見ながら付近の地形と照合している。溝辺は協力者かと思い、家に招いてお屠蘇で祝いながら話を聞くと、喜田貞吉という学者、淡路の人という。翌日早朝から喜田を京極（平城宮北辺）付近の史跡、超昇寺や御陵を案内して廻った。このとき喜田は、関野の論文を検証に来ていたに違いないが、文四郎は知らない。その年の秋、関野さんが奈良に来たので〝正月に喜田という人が見えた〟と話すと、〝溝辺さん、大変な人に平城京の真相を教えたのですね、あの喜田君とは今論争中なのだ。これで私は苦戦です〟と答えられた。

喜田貞吉が42年『平城京の研究・法隆寺再建論争』で学位を得たとき、文四郎はわが事のように喜んだ。ところが先述した教科書問題で喜田は休職処分を受け、文通が途切れてしまう。

文四郎は狂句

今頃は　どうしてござる　喜田博士

を手紙に添えたところ

鳴かずとも　今にとび出す　喜田貞吉

と狂句で返答。実際、東大講師から京大講師として飛び出したのである。（『大和志』6—8『喜田博士と私の家』溝辺文和を参考）さて、論争互角に終わったが、その後の研究を刺激し、発展を促した。

●大極殿趾に標木を建てる

嘉十郎の動きとは別に、地元都跡村《みあとむら》でも保存の動きが明治20年代はじめからあり、都跡村村長の岡島彦三はじめ、村の有志が発起人となって明治34年4月3日に、大極殿趾芝壇に標木を建てる計画があった。このことを聞いた嘉十郎は大いに慶び、芝地に植える楓13本と桜3本を寄贈して、建標式に招かれる。（標木柵の傍に立つ青年嘉十郎の写真が存在するが、粗悪な印刷のため割愛した）

式当日には、奈良歴史学の碩学《せきがく》・水木要太郎が起草した趣旨書と、関野技師の「平城宮大極殿遺跡畧圖」が参加者に手渡された。

趣旨書の末部で、大社殿の建設がうたわれ、平安神宮（明治28年に平安京建都千百年を記念して創建）に劣らない平城神宮を建てる意欲が、胸中にあったことがうかがえる—

一大標木を建設の後、尚漸次その規模を広め、終《つい》には一大社殿を建設し、以って奈良朝七代の精霊を奉祀し、皇室規模の尊厳なると、聖代の隆盛を千世万代に顕彰せんこと、是れ生等〔我ら学生〕が企図するところの願望なり。

とある。この松材の標木は予定通り4月3日、朝堂院趾に建てられた。

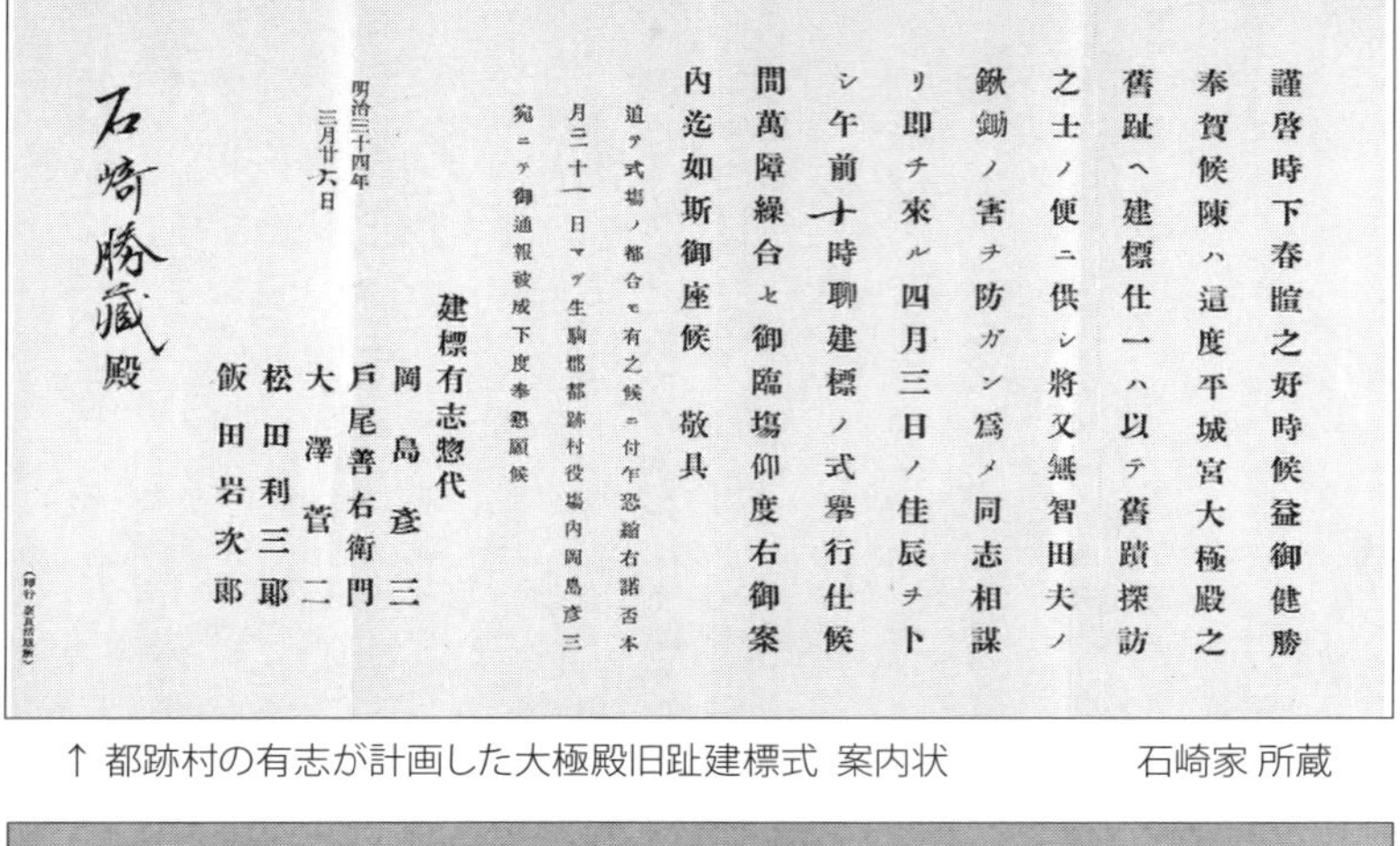

謹啓時下春暄之好時候益御健勝奉賀候陳ハ這度平城宮大極殿之舊趾ヘ建標仕一ハ以テ舊蹟探訪之士ノ便ニ供シ將又無智田夫ノ鍬鋤ノ害ヲ防ガン爲メ同志相謀リ即チ來ル四月三日ノ佳辰ヲトシ午前十時聊建標ノ式擧行仕候間萬障繰合セ御臨塲仰度右御案内迄如斯御座候　敬具

追テ式塲ノ都合モ有之候ニ付乍恐縮右諾否本月二十一日マデ生駒郡都跡村役塲内岡島彦三宛ニテ御通報被成下度奉懇願候

明治三十四年三月廿六日

建標有志惣代
岡島彦三
戸尾善右衛門
大澤菅二
松田利三郎
飯田岩次郎

石崎勝藏殿

↑ 都跡村の有志が計画した大極殿旧趾建標式 案内状　石崎家 所蔵

↑明治 34 年、大極殿跡に建標された柵内の木標と、明治 43 年奠都 1200 年祭に建てられた仮の木標。 2本とも大正期に朽ちて取り払われた。
『グラフ「奈良市政 80 年の歩み」』より「平城宮跡碑」 奈良市提供

●小松宮彰仁《あきひと》親王に拝謁

小松宮彰仁親王

建標式の翌5月、奈良県赤十字社大会が大仏殿で開かれ、総裁の小松宮殿下が臨席される旨、旧知の白井憲徳氏から知らせがあった。白井氏は赤十字理事の笠原光雄氏と親戚であるつながりで、笠原氏を通して、殿下に大極殿跡の古瓦を献上してはどうかという申し出である。もちろん嘉十郎は大喜びで特上の古瓦を桐の箱に入れ、奈良扇子（前述）を付けて水門の白井氏に託した。小松宮様は至極ご満悦である。その時に側近らが他の宮址出土品などを殿下の耳に入れたのであろう、殿下はさらに大極殿跡の春日砥《かすがど》敷石を3枚、所望されたのである。この頃の、もと城主であった華族さんは、明治以前と変わらない頭だから、欲しければいとも安易に口に出す。それを側近の者が畏まってお受けするから困るのだ。だが、「君に忠孝」、純粋に赤誠皇国の嘉十郎は、使者が知らせに来たその日のうちに用意して届けたのである。するとまたもや使者が来て、「ご滞在の菊水楼に即時出頭せよ」という。自宅から急いでも20分近くかかる菊水楼へ行くと、笠原氏が嘉十郎に告げる——

「殿下がご満足に思召《おぼしめ》され、君に拝謁を許すとのお言葉を賜った」

と聞くや、嘉十郎は電流に打たれたように身が震え、感涙を止めることができなかった。

菊水楼の座敷に、県知事、書記官、警部長、陸軍将校らが居並ぶ中央に小松宮殿下がおられる。嘉十郎は庭で平伏《ひれふ》して拝謁―

「皇祖の趾保存の努力を嘉賞し、事業の性質を汚さなきよう保存に努力せよ」

とのお言葉を賜り、そのうえ御染筆「情慮粛《じょうりょしゅく》」を畏まって拝受、身にあまる光栄に感じ入った。この体験が、以後の保存運動の困難を乗り越える「力の源」になったことは疑いない。嘉十郎とは精神・実行ともに「忠君」、そういう人である。

とはいえ、飛鳥の昔より、高貴の方は謁見と墨書を以って謝礼としてきた長い歴史がある。いつでも売って金に変えて良いのであって、嘉十郎も上京旅費の工面に、賜った染筆を人に売り渡したことがあった。皇族方への嘉十郎の感激ぶり、明治という時代の皇室観は、現代

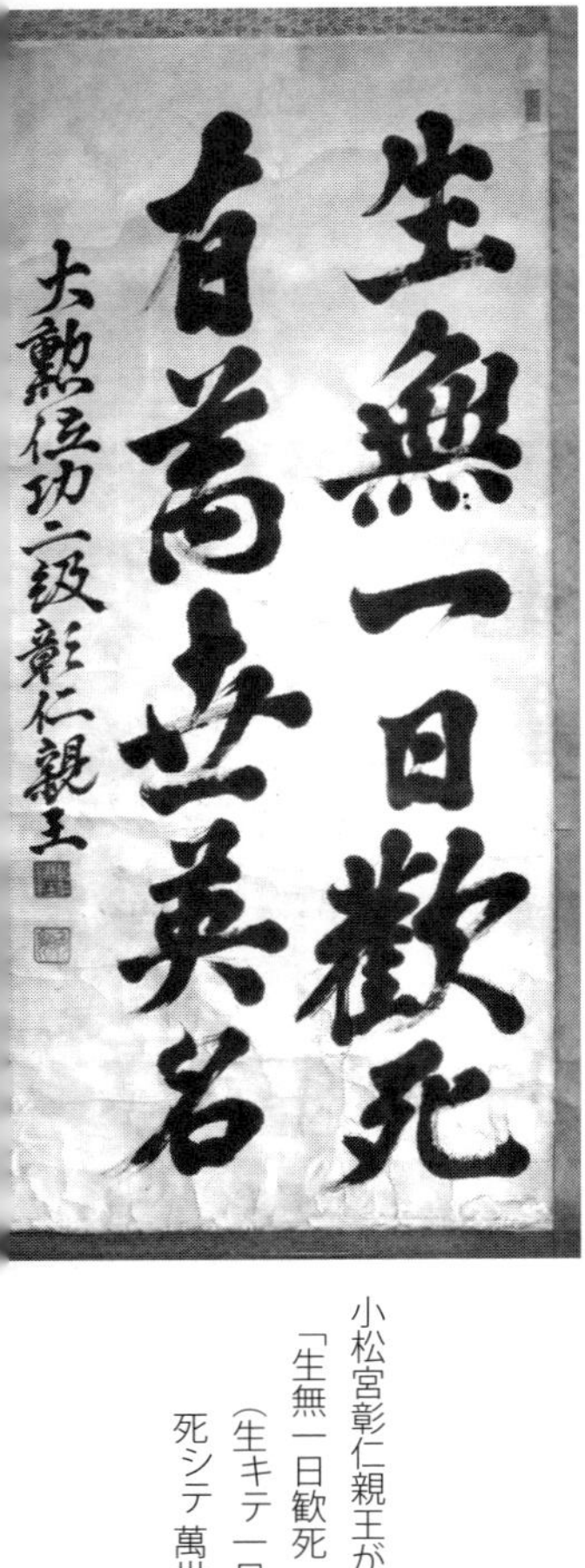

小松宮彰仁親王が揮毫、嘉十郎に贈った掛け軸、
「生無一日歓死　有萬世英名」
（生キテ一日ノ歓ビ無ク、
死シテ 萬世ノ英名有リ）

棚田和男氏 所蔵

人の皇室観と深度が違う。しかも殿下から「事業の性質を汚さなきよう」とクギを刺され、このお言葉が後年、嘉十郎が自死を思い詰める一因になり、死に「義」の意味をつけ加えた。

●父の死とその後の棚田家

この年、明治35年に父 長蔵が64歳で亡くなった。が、長男の嘉十郎はすでに家督を末妹の婿養子である仲治郎に譲っており、彼の良い評判は伝え聞いていた。嘉十郎が父の葬儀に帰省したか史料はないが、喪主は仲治郎である。

大字須川の棚田家に、大柳生村から婿入りした仲治郎は、村一番の働き者と言われ、朝は一番に起きてせっせと働き、夜なべ仕事の毎日だったという。「いつ寝てはるんやろ」と、家族の口ぐせになる滅法な働き者であった。今でも須川棚田家の語り草である。長男 嘉十郎が出奔したおかげで、願ってもない働き者を迎え、須川棚田家の農業には却って幸いしたかたちである。その一方で、嘉十郎没後90年が過ぎた現在、学校の実地学習であろうか、棚田家の前で引率の先生が、

「ここが平城宮跡の保存に尽くされた棚田嘉十郎という偉い人が生まれたお家です。平城宮跡に銅像が建っています」

と生徒に教えるようになった。家を出た嘉十郎は、須川の誇りとして帰ったのである。

理性と忍耐の脇役、溝辺文四郎

1853〜1918

溝辺家は、表門から南を向くと、必然的に平城京の全貌が見渡せるという位置にあり、平城京の溝辺か、溝辺の平城京かといわれるほどで、平城京とは切り離すことの出来ない間柄にある。(薬師寺管長・橋本凝胤、『文和記念文集』序文)

●佐紀の旧家

溝辺文四郎は嘉永6年(1853)12月20日、生駒郡都跡村 大字佐紀 五十七番屋敷 の溝辺文治、シヲ夫妻の長男として生まれた。農業の傍ら、裏山に茶畑と、加工の建屋があり、茶業を商う素封家である。文四郎は親から家の目の前にある土壇、通称「大黒芝」が、平城京七代の天皇が住まわれた宮殿の場所であると教えられ、平城村の農家では、掘れば土器のカケラや敷石が出てくるこの一帯が、どういう特別なところであるか、よく知っていた。文四郎は村の人たちと、宮址の保存について話しあっていた。だが、茶業が振わず、一旗あげようと神戸へ転居する。文四郎34歳の時である。八百屋や小間物屋などを経て、雑貨商で成功した忍耐強い苦労人である。

『溝辺文四郎日記』第一冊によれば、同年、明治34年(1901)11月に、棚田氏が山下鹿蔵(佐紀溝辺家の西隣)の紹介で、弟・文三郎の紹介書面を持参して神戸に文四郎を訪ね来たり、この日に初めて対面した。山下氏の娘マスエさんの記憶では、父 鹿蔵が棚田さんを神戸に連れて行った、となっている。

かねて宮址保存を人々に働きかける棚田に共感していた文四郎は、嘉十郎が次に計画する「平城神宮建設会」設立に賛同して、発起人になる意を伝え、佐紀村の親戚や、

溝辺文四郎、60歳のころ自宅で　奈良文化財研究所 所蔵

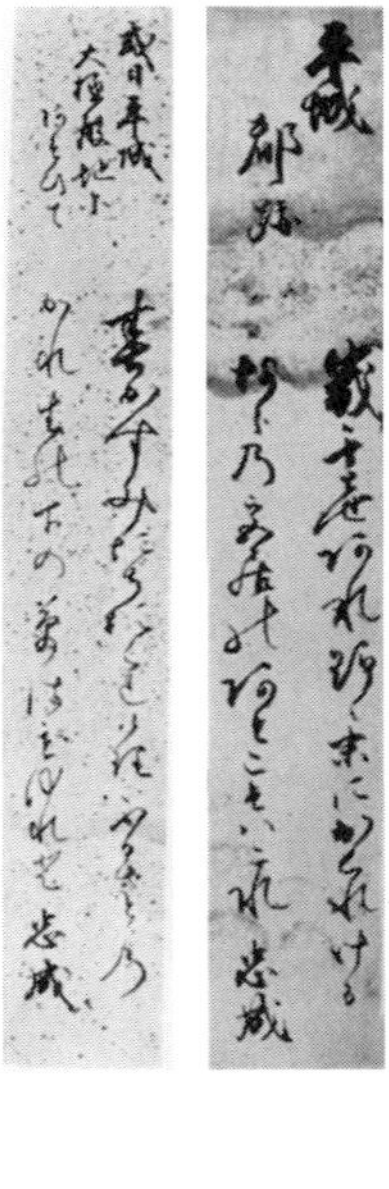

溝辺文四郎筆 短冊　溝辺家 所蔵

都跡《みあと》村役場の岡島彦三に手紙で実行を促した。

この時、嘉十郎がいうには、「平城神宮建設会」の設立を説得しようにも、佐紀村には一人の賛成者もいない、と不満気である。そこで文四郎は帰省して地元の説得に努めていたが、ひとまず神戸の茶業を整理して明治37年（1904）2月、保存運動に専心するため佐紀に帰籍した。その時に生家の隣に現在の瓦葺き屋敷を建てたのである。時に52歳、財産家である。とはいえ神戸での茶業商いは当初たいへん厳しく、苦労が絶えなかったようで、妻のツネは46歳の時、神戸で亡くなっている。その後、文四郎は独身を通した。

そして、平城佐紀に帰り、嘉十郎が望んだ通り、運動の資金源になるばかりか、私財を用い、嘉十郎と共に挺身したのである。

なにごともキチンと処理し、うやむやにしない誠実な人柄が誤解され、煙たがられる局面もあったが、自身が病死するまで精神的、財政的に嘉十郎を支えた。嘉十郎が旅費に困り、なんども文四郎に旅費の支援を頼むが、そのたびに、費用の一部、あるいは全部を出費し援助する。それを自分の務めと決約したのだから。

●嘉十郎に決約

文四郎は嘉十郎に「決約」した。これは明治34年11月に嘉十郎が神戸に初めて訪ねて来た日にさかのぼって、その日に約束したことを後日書き残したもので、二人が交わした文書ではない。これは嘉十郎が知らない文四郎の誓いである。

その末尾に

「於爰《ここにおいて》将来棚田氏ノ同志者トナリ補助シテ徹頭徹尾成功セン事ヲ決約ス」

とある。（写真下）

文四郎日記は全部で6冊、そのうち3冊は、文四郎が保存運動に関わる以前、明治34年4月3日の「大極殿建標式趣意書」から保存事業の経歴を書き起こし、政府による保存会成立の報告を受け、盟友棚田らの民間運動が終わる大正2年5月16日までを、洋紙ノートに墨書したものである。この3冊は奈良文化財研究所が溝辺家の了解をえて整理、解説を付し、『明治時代平城宮址保存運動資料集』として出版された。（以下、『奈文研・保存資料』と略記）

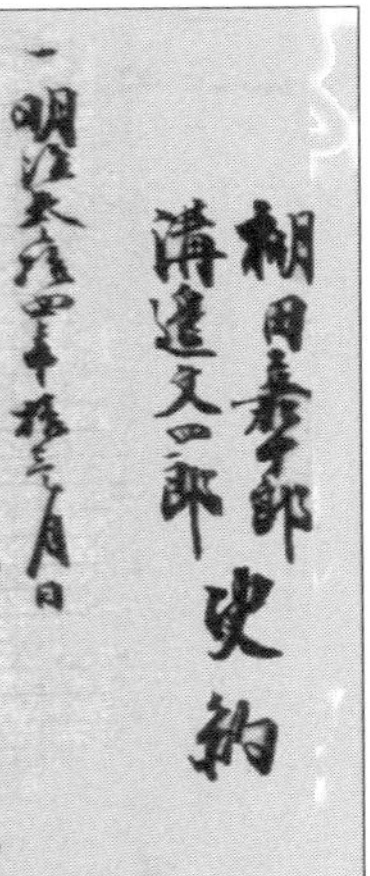
棚田嘉十郎
溝辺文四郎　決約
……
於爰将来棚田氏ノ同志者トナリ
補助シ徹頭徹尾成功セン事ヲ決約ス

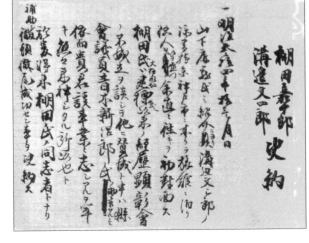

溝辺文四郎日記、明治34年11月の項に記された「棚田嘉十郎と溝辺文四郎の決約」。

奈良文化財研究所　所蔵

また運動の概観を要領よくまとめた『平城宮址由来及往昔よりの伝説』という自筆の巻紙や、蒐集した資料、多量の書簡が溝辺家に保管されている。

●元明天皇坐像

文四郎が妻と朝夕礼拝した元明天皇坐像（写真左ページ）などが溝辺家に伝わる。現当主 文昭氏（文四郎は曽祖父）が、仏間に安置されている。

坐像は文四郎が事業進行を期して、奈良美術院2代目主事の明珍恒男に依頼したが、多忙な氏は本多権平（法隆寺に寄寓して仏像修復に従事する。奈良美術院の高弟か？）を紹介して委ねた。完成した小さな白木の木彫坐像は、像高一尺（30.3センチ）、彩色された飾り縁の玉畳に座しておられる。明珍氏が制作に助言したのであろう、作風は明珍氏を思わせる。なお日記6冊目は、大正7年までの膨大な書状や往復書簡を、日付順に整理書きしたもの、いわば検索である。

文四郎の自筆日記は、淡々と客観的に記され、かつ所々に克明な記録も挿入されている。嘉十郎の話しことばによる主観的な回想記『聞書』にくらべて、学術資料として事実に即した記載は評価が高い。しかしながら、読み物としては、棚田の語るストーリーがはるかにおもしろい。おもしろいが、棚田発ストーリーを丸呑みにしては史実を誤る。

溝辺文四郎は「奈良きたまち」の人物ではないため、表題にこそ上げていないが、本稿は、

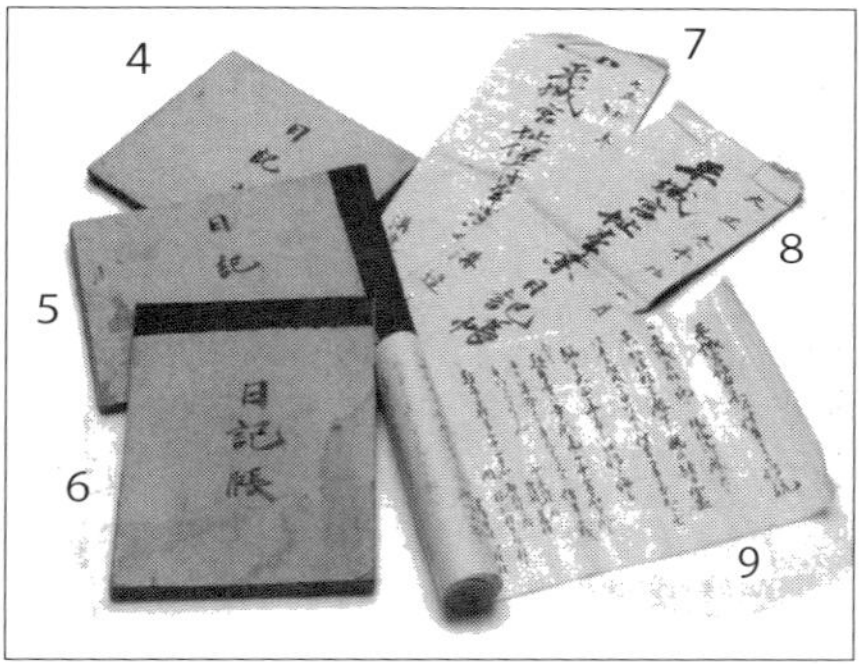

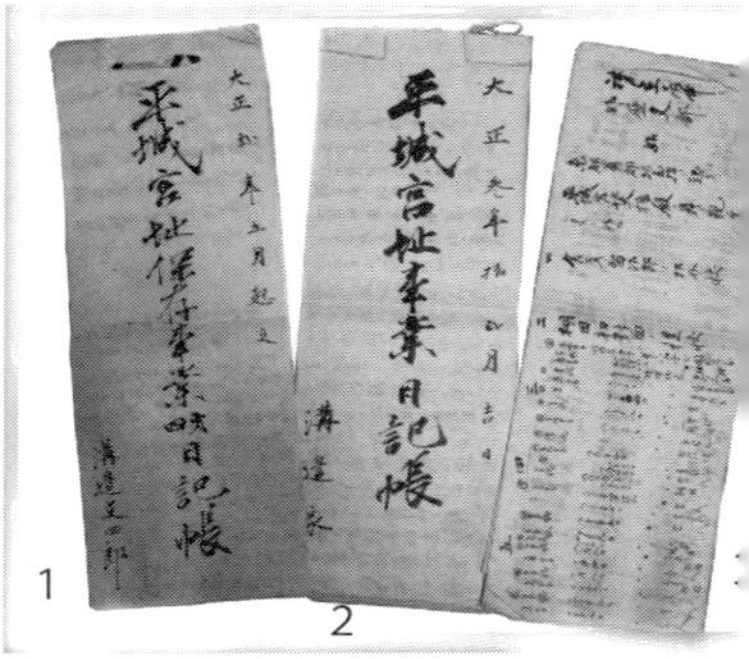

→↓奈良朝第一代の女帝・元明天皇坐像　像高約30センチ　溝辺家所蔵
↗文四郎の日記1、2、3　溝辺家所蔵
↑溝辺文四郎の日記4、5、6、7、8と巻物9　奈良文化財研究所 所蔵

両人の遺稿その他の史料を付き合わせて、少しでも史実に近い運動の経緯と、嘉十郎と文四郎の人物像を描きたいとおもっている。

文四郎は実に沈着冷静、理性的な人で、事業の全体をよく把握していた。3冊の日記は、それぞれ特徴が異なるも、宮趾保存協議会の進行や議定書、関係する書簡を写し付し、日々の簡潔な記録を追って経緯の起伏がよく示される。しかも日記の所々に自作の和歌を挿入する風流人でもあった。それゆえ、文四郎日記には、関係者から寄せられた多くの歌が挿入されている。

●感情を交えない日記

日記は後に所々修正、加筆されているが、保存運動に絞って淡々と日々、就寝前に書き記したのであろうか。嘉十郎の上京旅費を援助する場合にも、単に金額を記入するか、若干出金と記すだけ。後世に遺すための記録日誌と呼ぶほうが適切とおもわれる。しかし慨嘆ともおもえる例外があり興味深い。東京での議会請願運動のため、長期滞在する嘉十郎に300円を援助したが、金額を示さず―

「明治39年3月10日、棚田嘉十郎が帰県する迄およそ90日間、概ね小生の出資なり、此間の費用御推察願上候」

と、漏らしている。運動においても、嘉十郎の前に出しゃばることは決してなかった。自身との「決約」に誓ったように、嘉十郎の同志となり補助する姿勢に徹している。日記には、嘉十郎に対して、敬意を崩さない。ましてや詰《なじ》る言葉はいちども使ったことがない。保存運動の困難は、嘉十郎も文四郎も同じである。建碑と奠都壱千弐百年祭の発起人集めに、地元の人々の連署捺印が得られず、空振りがつゞいた。その状況を―

「奈良県警察署へ（寄付金募集願いを）出願するまで、凡そ拾ヵ月間、大字《あざ》佐紀と奈良市の有志者に調印を頼むに困難なる事、筆紙に尽くしかたく候」（「平城宮址由来及往昔よりの伝説」明治41年12月）

と、嘆息する。ほかに強いて探せば、明治41年11月、奈良公園飛火野で行われた陸軍特別大演習のとき、「差し迫った宮跡記念碑設置相談にのってくれる県の高官はいない。如何ともし難く、見送るありさま」と嘆いた。しかし全編をとおして、私情を交えず事象を客観的に記している。

一般的には、縁の下の力持ちとの印象であるが、決してそうではない。運動推進の実際面での進行と成果は、文四郎の忍耐強い働きによるところが大きい。

理性的で判断力に優れた溝辺文四郎は、東奔西走のうちにあっても、病身の母・シヲ（明治43年6月20日危篤）を看病し、父・文治の最期（明治45年逝去）を看取ったよき家庭人であった。

長男文太郎はよく父の旧址保存運動を補佐し、その子息文和は教育家、歴史家として平城宮址および郷土史に多くの論文を発表された。特に平城旧址の出土品研究や、都跡村にあった超昇寺遺跡の調査がよく知られる。奈文研の第一次平城宮発掘には、若い坪井清足《きよたり》氏（後、奈文研七代所長）や工藤、沢村、浅野、榧元《かやもと》の各氏らが、溝辺家を基地に宿泊し、毎晩、夫人の手料理を食べていたという。

現当主で文四郎の曽孫にあたる文昭氏も、県下で歴史教師をされていた。退職してのちも、平城宮跡についての講演や小中学校での授業に、長く活動してこられ、まさしく4代にわたり、平城宮の〝申し子〟であった。

平城神宮建設に向けて

●平城神宮建設会の創設と挫折

同35年、有志者による「平城宮趾顕彰会」（会長 堀内高潔 生駒郡長）が組織され、趣意書（36年）

も奈良歴史学の碩学・水木要太郎が書いたとされる。

文中――

「元明天皇は初めて大帝国の軌範を立て給いしものと謂うべし。……叡慮の深く留まりて、国家の標《しるし》となりたる所、清穢《せいばく》なる、神殿を営構して……」

と、格調高く会員を募り、会則や神社創建許可を出願する目的だったが、4か月あまりで行き詰まり立ち消えになってしまった。

「これを継承するもの棚田氏あるのみ」（文四郎日記３）

という状況になった。

嘉十郎は1日とて、ジッとしていない。建標式に使われた版木をもらい受け、『平城宮大極殿遺跡畧圖』と題するビラを1万枚印刷して世上に配布、（「聞書」）さらに、根来《ねごろ》塗りの奈良扇子3千本を用意した。

関野貞の図をもとに、嘉十郎が印刷配布したビラ『平城宮大極殿遺跡畧圖』
奈良文化財研究所　所蔵

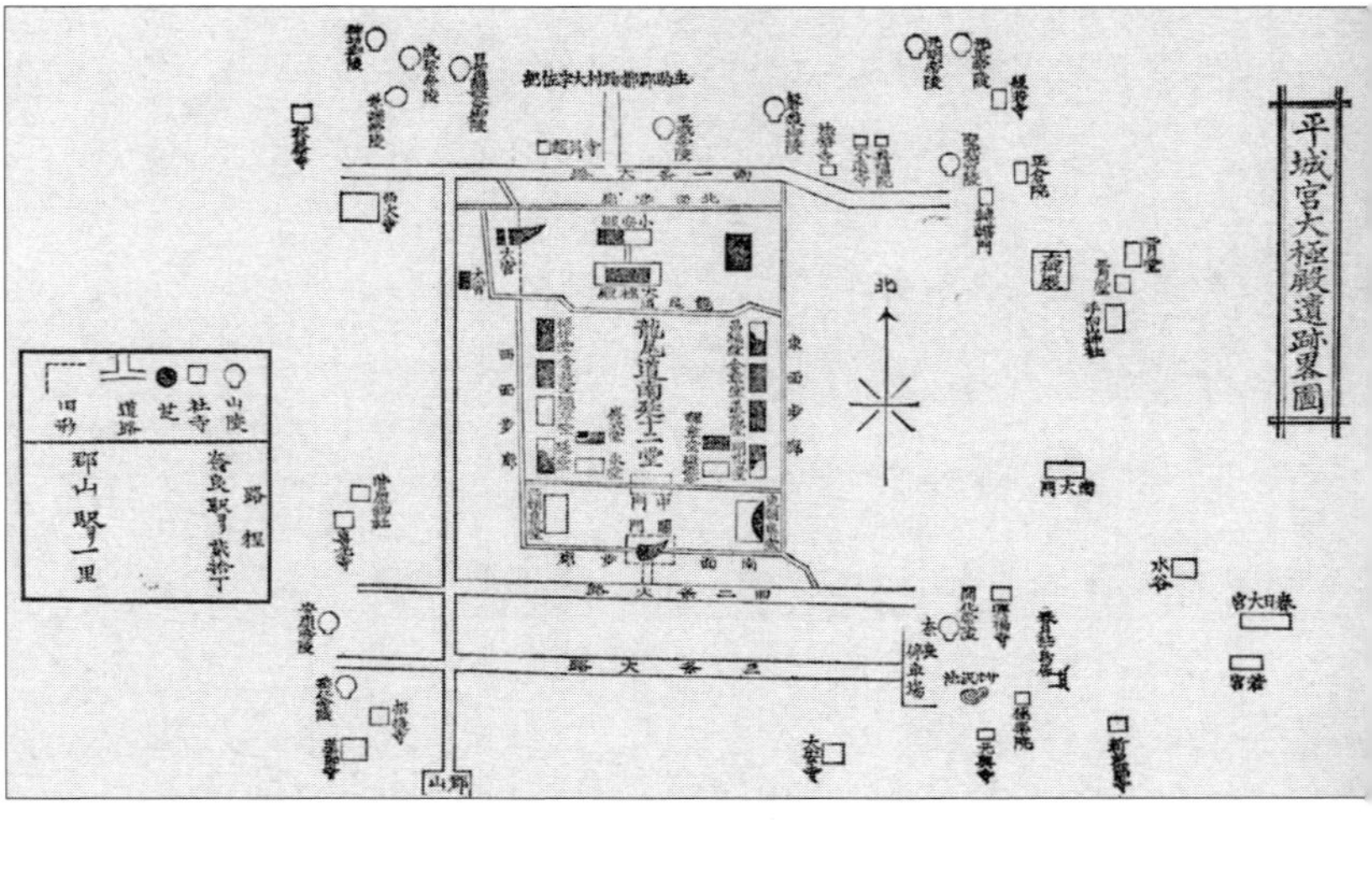

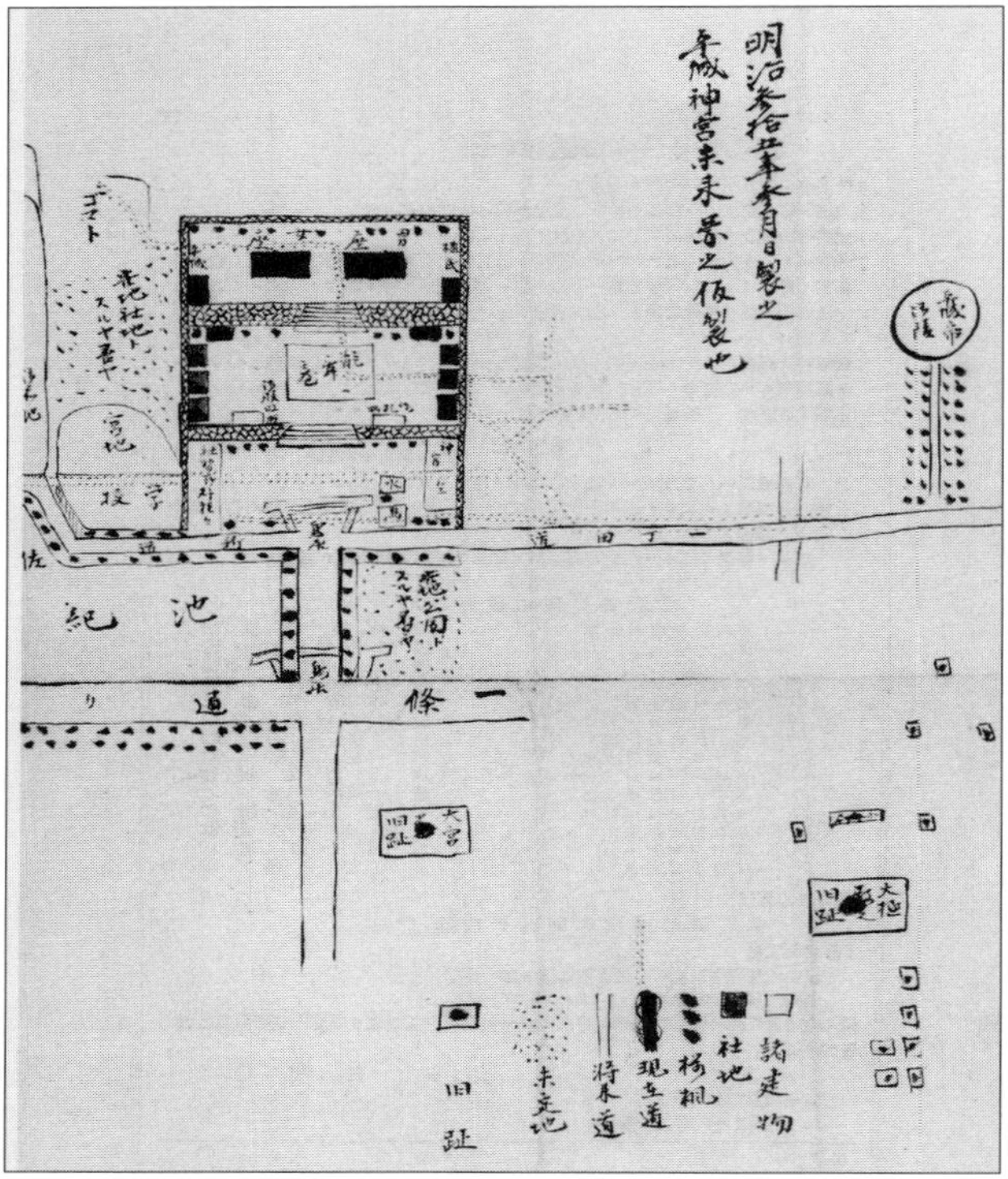

明治35年3月、『平城神宮未来図』
奈良文化財研究所 画像提供（溝辺文昭氏所蔵）

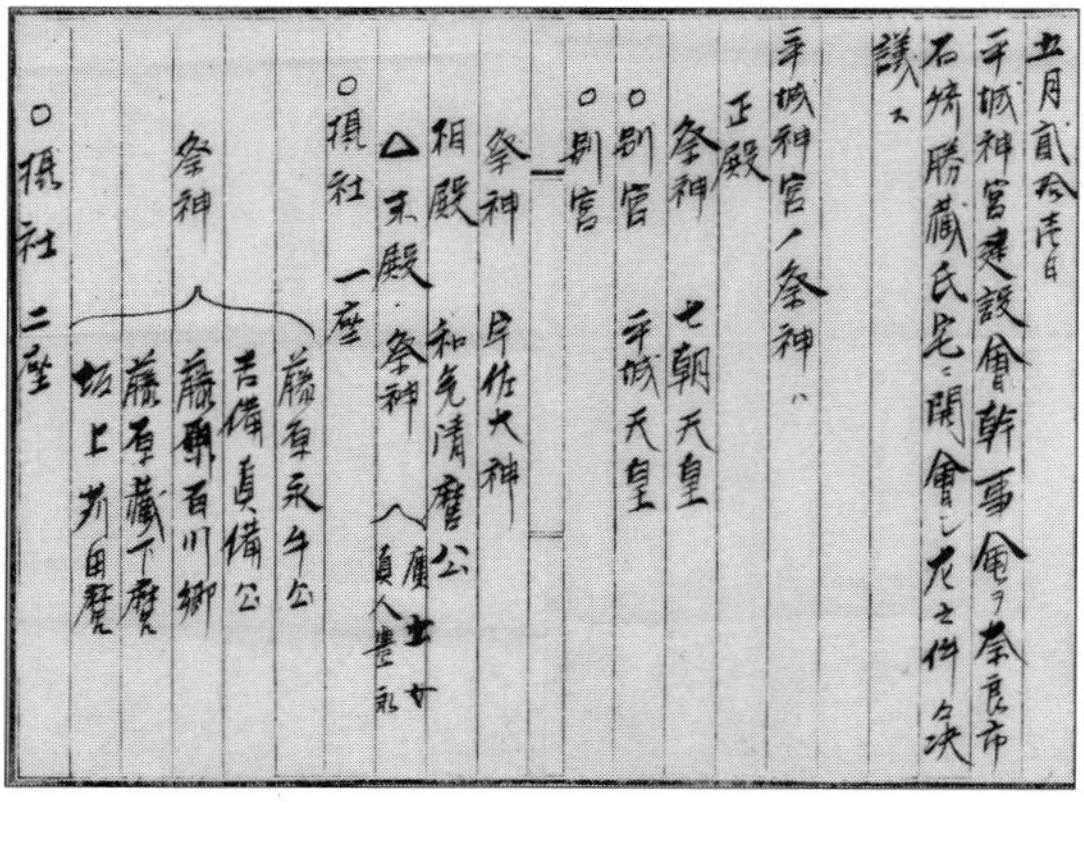
五月貳拾壱日
平城神宮建設會幹事會ヲ奈良市石崎勝蔵氏宅ニ開會シ左ノ件々決議ス
平城神宮ノ祭神ハ
正殿
祭神 七朝天皇
○別宮 平城天皇
○別宮
祭神 宇佐大神
相殿 和気清麿公
△末殿 祭神 廣虫女 真人豊永
○摂社 一座
祭神 藤原永手公 吉備真備公 藤原百川卿 藤原蔵下麿
○摂社 二座
坂上苅田麿

明治35年5月、漢方医石崎邸で開かれた「神宮建設会幹事会」の決議。祭神に七朝天皇、平城天皇や宇佐大神、別人に和気清麿が挙げられ、近代の皇国史観が反映されている。
石崎家 所蔵

意匠を新しく、扇面には水木要太郎の顕彰会趣意書から引用した文。裏面に関野貞の「平城宮大極殿遺跡畧圖」を配して全て自費で製作印刷し、ツテを通じて有力者や組織へ、自らも足を棒にして配り歩いた。

賛同者を募るため進物を持参して有力者を訪問すると、概ね賛意を得られたが、断る人もいる。ある元国会議員で弁護士を勧誘に訪ねると、「君は皇族に煽られて狂ったか」と罵しられた。が、この弁護士の見解は、嘉十郎が「大極殿狂人」と揶揄された世論を、ある程度代弁しているといえよう。逆に、期待以上の出会いもある。

県庁舎で偶然に行きあった青木新次郎県議は、嘉十郎の話にじっと耳をかたむけてくれた。県議は後日、都跡村の戸尾善右衛門宅での集会に、叱咤激励の熱弁をふるい「平城神宮建設会」を組織するように説得、地元村民の意識をほとんど変えてしまったのである。

並行して文四郎の地元説得が功を奏し、明治35年春、会長に生駒郡長・堀内高潔、副会長に都跡村村長・岡島彦三、都跡村役場を事務所として「神宮建設会」が発足した。

35年5月には大極殿址の四隅に「大極殿址」と墨書した八尺六寸角の木柱を建て、費用は幹事の石崎勝蔵が寄付したようだ。そして、紆余曲折を経て、神宮の概要が示された。

北葛城郡箸尾村 県会議員　青木新次郎 ― 都跡村 村長　岡島彦三
生駒郡片桐村 県会議員　村戸賢徳 ― 都跡村 地主　戸尾善右衛門

奈良市高畑町 四條畷神社宮司　土方直行
奈良良市菩提町 漢方医　石崎勝蔵
——その他、豊田善三郎、沢村栄太郎 など
地元の有力者

佐紀村が保有する日露戦争の軍事公債を、村の富農戸尾善右衛門が斡旋して売却、これを運動費にすることで、会長と会員二人が京都、大阪に4日の予定で出張した。ところが莫大な建設費を集める目的に、訪問先の理解が得られず、成果なく村に戻る。出張費はムダになってしまった。会員一同の落胆はいうまでもない。

この時、嘉十郎は地元の有志にほとほとアイソが尽き、単独で事業を続けると言い出した。佐紀の有力会員の中には嘉十郎に反対する者が多く、地元との関係がギクシャクしてうまくゆかない。溝辺はこの計画を「先行き見込みなし」と見切りをつけたが、約束通り、嘉十郎を陰に日に支え、自身も地元、大阪、神戸で根気よく活動を続けていた。しかし、翌36年3月の発起人会を最後に解散、描いた平城神宮の未来図と構想だけが残った。

●千万人と雖もわれ往かむ

田中光顕《みつあき》宮内大臣が来県の際、扇子12本、京都御所へ10本、宮中へ古瓦3個などを、土方《ひじかた》直行・四條畷神社宮司を経由して献上したところ、田中大臣は政府の各大臣に残りの扇子を分配し、たいへん悦ばれたという。

嘉十郎は大阪内国博覧会が天王寺公園であると聞くと、会場入り口で入場者に配るなど、扇子や坪割図と趣意書のチラシはいくらあっても足りない。扇子は4千本以上、チラシは7万枚に達したといわれる（『聞書』）。それにしてはどうしたわけか、現存する実物があまりにも少ない。この種の貰い物は、後生大事にとっておく品ではなかったようだ。

嘉十郎は、部数が万を超える増刷を、手持ち資金があるときは人手に頼らず、自費で賄うため家計を圧迫する。明治36年、小学校2年生の長女初枝、入学前の長男嘉蔵、3歳の和枝を抱えて、食事は粥と梅干し菜っ葉で我慢しなければならなかった。

嘉十郎は明治の男らしく、財布を自分で握りながら家庭のことは妻任せにして、熱心に運動する。同月、県知事交代の送迎会の会場に参席した嘉十郎は、大久保利貞陸軍中将（このとき少将）に面会し、翌日、水門町稲垣邸に閑居する中将を訪問、賛成名簿に記名捺印してもらう。賛同者名簿「平城宮趾記念翼賛簿」の題字と趣意書を願い出て、了解を得た。大久保中将は、文案について水木先生にお願いしてはどうかと辞退したが、嘉十郎のたっての依頼に「石崎勝蔵先生と相談したいので6、7日後にまた来るように」と告げる。

石崎漢方医は漢籍に詳しく、陸軍奈良聯隊《れんたい》を応援し、大久保中将とも懇意であった。

7月、改めて溝辺文四郎を伴って水門町に伺うと「貴殿が来るのを待っていた」と、約束通りに墨書した趣意書を手渡された。嘉十郎が読めないと知っている大久保は、朗々と読み上げ、二人に盃を進呈して嘉十郎を感激させた。

　揺れる地元の意見や、聯隊設置、大仏殿修理などの差し迫った大きな計画と競り合う宮址保存運動は二進《ニッチ》も三進《サッチ》も動かない。「貴顕のご助力に頼るほかなし」との棚田の方針に、溝辺も同意である。以前から東京での活動は棚田が、地元と阪神方面は溝辺があたることに振り分けていた。世論に訴えるためには、貴顕紳士の後押しが有効ではある。だが、潔癖な嘉十郎はまず賛同の署名捺印を募ることに絞り、寄付金についてはのちに別途県からと、申し出があっても辞退している。貴人や政財界の人たちを、ひとまず宮址の整備と田畑を買収する募金の対象にしなかった。７月に田中光顕宮内大臣が寄付を申し出られた時にも、感激こそすれ、寄付を辞退している。そのため貴顕紳士の賛同者が多く集まったわりには、結果的に宮趾保存の請願が政府の閣議に上るまで、その道のりが、遠のくことになったのである。

明治・大正の国鉄奈良駅
『奈良の100年』郷土出版社 より

●初めて東京へ

明治35年（1902）8月下旬の残暑厳しいなか、嘉十郎は初めて上京する。滞在費用と根来塗りの扇子、坪割図の進物品と土方直行宮司（四條畷神社宮司、高畑に住む元土佐勤王党）の紹介状をふところに、土佐藩士で維新の元勲・土方久元 貴族院議員を訪ねる。

滞在費用と扇子は、嘉十郎の頼みで文四郎が負担した。土方伯爵は予想外に厚意的で、金百円（現価約50万円？）を運動費のたしにと差し出したが、ここでも嘉十郎は御厚情を謝したうえで辞退している（『聞書』）。他に、貴族院議員の松平直亮《なおあき》、赤十字社を実質運営する理事の笠原光雄に面会、いずれも嘉十郎をねぎらい、激励するのだった。

初の東京活動で、華々しい成果が新聞紙上に出ると、大山師だ、大極殿気狂い、詐欺師じゃないのか等々、市井《しせい》のヤッカミ、中傷が表に出る。それからというもの、奈良市議や地方名士の中には嘉十郎が賛成名簿を持って勧誘に行くと、門前払いをくわせる人があり、心外な風評に嘉十郎は、「宮址の保存運動を汚さないよう」との小松宮、大久保利貞中将のお言葉を想い、心哀するのであった。

ただ一人、文四郎が心をひとつにして支えてくれる。

嘉十郎は先の東京成果をバネに、秋に再び上京を決意。すると捨てる神あれば拾う神あり、かねてから応援してくれていた元林院町の吉田幸次郎氏は、鹿の角一対を上京みやげにと、東笹鉾の嘉十郎宅に持参された。

10月15日夕、夜汽車で東京へ出発するため待合室にいると、チョン髷の石崎勝蔵医師がやってきて、少ないが旅費にと、金十円を差し出された。このときは嘉十郎もありがたく頂戴している。（『聞書』より、但し石崎家の日誌に記載なし）

この2回目の上京は、翌月16日まで一ヵ月、持ち金がなくなるまで神田三崎町の「千代田旅館」に滞在した。ツてからツテを紹介され、足を棒にして都内を歩いて回った結果、面談相手への添書はごくわずかしか持たなかったにも拘らず、東京朝日新聞記者の先導で爵位の人5名、名士や宮内省職員10数名の賛成を得て、上京の成果はあったと言える。

一方、文四郎は着々と、佐紀村の有力農家を説得、賛同名簿に15名の記入を得た。賛同者を募るに当たっては前述したように、溝辺は地元と阪神を、嘉十郎は東京、京都を担当するという了解があり、それで嘉十郎は、東京へ50数回も出張して運動するのである。

いちく〱取り上げると煩雑になるので、今後出張は重要な件以外は省くことにする。

●日露戦争、生活に困窮する嘉十郎家族

予想されたことではあったが、明治37年（1904）2月、日露戦争が勃発した。〝平城旧都保存を〟と叫んでも誰も聞いてくれない。戦争が止むまで、さてどうしたものか。植木商の資

金は使い果たし、所有する土地はみな抵当に入っている。奈良公園の植樹を見込んで仕入れておいた梅、桜、楓など、4万本の在庫がある。こうなると一家6人、どうやって食いつなげばよいのか。妻イエは「一日米五合、お粥で暮らすことぐらいは覚悟の上」と気丈夫に答え、子供達は健気《けなげ》にも耐えている。

県の参事官が大極殿趾のその後を聞きたいとのことで、水門町の〔登大路？〕官舎に参事官を訪ねた。話している間に、嘉十郎の家計を心配し、いま必要ではないけれど、カエデ千本を安くしてくれるなら即金で支払う、との申し出を受ける。秋か来年の春、植樹によい頃まで預かっておくことで、代金60円を受け取った。これで、その年の生活費がまかなえそうなのだが、借金80円の債権者が訴えたため年末、税務署員が差し押さえに家に入ってきた。この年、明治37年の暮れから翌年夏までのあいだ、棚田一家は、お金がなくて〝赤貧洗うが如く〟悲惨な状況に陥《おちい》っていたのである。

子供達は栄養失調の上、着るものもない。雪のちらつく日に浴衣で通学していた長男は、近所や学校で嫌がらせを受け、学校へ行きたくないという。妻のイエは子供より少ない粥をほんの少し、そのため力が入らず、鉄瓶一杯の水を持ち上げるのがやっと、痩せてフラフラである。嘉十郎はハガキで文四郎に窮状を知らせ、若干の送金（『文四郎日記』）を受け取るが、焼け石に水である。差し押さえを先送りに延ばしてもらい、年末年始にイエと子供達を妻の実家、相楽郡大川原に里帰りさせることにした。文四郎は1月にも少し送金しているが、棚田家の困窮はいっこうに好転せず。そのような状況にも、嘉十郎は宮址保存の成就を信じて、借金に借金を重ね、邁進するのであった。

日露戦争は当時の日本で連戦連勝が伝えられ、世上の気分は沸いていた。が、棚田家の窮状はついに家族が発病する事態にまでなったのである。妻と長女はノイローゼ、長男と次女は胃腸の痛みに寝込んでしまった。石崎漢方医が馬を駆って来診、「家族の病気は君の財政、家計の心配から来ておる。栄養をつけるように」と、あっさり診断して薬代はいらぬという。馬丁兼薬箱持ちを従え、馬上さっそうとお帰りになった。

病状は言われた通り、3カ月ほどで4人ともみな全快したので、お礼に大極殿の礎石6基と、その一基に載せる石灯を送り届けた。この礎石は平成11年に、菩提町の石崎邸が老朽化のため取り壊されるとき、令孫の故 直司医師が、礎石6個を奈文研に寄贈された。いま「平城宮跡資料館」の外庭に置かれている。

日露戦争終結前、岡部長職《ながもと》子爵一行が韓国視察の途上、奈良に宿泊された（38年2月30日『聞書』では37年5月20日）。平城宮趾の現況を知りたいとの要望で、嘉十郎は若草山の麓「武蔵野亭」に子爵を訪ね説明したところ、保存賛成簿に記名をもらい、翌日実地に案内することになった。溝辺文四郎と二人で、岡部子爵、随員3名と大和新聞社編集長の今竹治郎を案内。

昼食はふだん食べるもので良いから、と溝辺家で召し上がられる。

岡部長職《ながもと》は福沢諭吉門下の秀才、欧州滞在の長いクリスチャンである。奈良に来たときは貴族院議員としてであったが、のち内務省の下部組織「古社寺保存会の会長」や第二次桂太郎内閣の司法大臣を歴任し、平城宮址保存運動に力を惜しまなかった。

棚田、溝辺が、最も頼りにできる在京の貴人である。

明治38年（1905）9月5日、日露戦争はポーツマス条約を締結、講和が成立し、出費がかさんだ戦争は、勝利の体裁を保って終わった。

棚田嘉十郎が石崎勝蔵に贈った第二次大極殿の礎石、2例
奈良文化財研究所 所蔵

これによって朝鮮半島と満州の実効支配を得たが、赤字国債は同40年（1907）に経済恐慌を引き起こし、政府財政が緊迫する。募金による社会事業が難しいときである。

平城神宮建設を議会に請願、否決される

●嘉十郎、再起動

日露戦争が終わるや10月、帝国議会が再開する。嘉十郎は、高畑の土方宮司に〝今こそ議会に平城神宮建設の請願書を提出するときだ〟と励まされ、帝室博物館からカエデ100本を安くして40円を受け取り、土方直行宮司の添書をたずさえて上京した。嘉十郎は、井上内務省神社局長に面会し、神宮建設について意見を聞くと――

「資金の基礎づくりが肝要、官幣大社は通例3万円、中社は1万円の基本財産が要ることになっている。だから2万円（現価1億5千万円ぐらいか）の軍事公債を何とか工面して基本財産に預けておき、神宮庁の許可を得たのちに寄付金を募る。そこから基本財

源の借金を返すようにしてはどうか」と知恵を与えられた。

と助言。基本財産の調達は公債で、

合法的かもしれないが、筋書き通りに運ぶだろうか。とはいえ2万円を借りるなんて、到底無理な相談だ。嘉十郎はいったん帰って、議会への誓願書について、保存会の有志と協議することにした。が、みな日露戦後の不景気のせいで諦観気分なのか、協議会は欠席者が多く、流会を繰り返してラチがあかない。この頃、大極殿保存会も有名無実になってしまった。

こういうときの嘉十郎の行動パターンは、独りで事業を推進する、である。

嘉十郎は井上内務省神社局長から耳打ちされた方法で、まず軍事公債の大口購入者を探し、景気の良い神戸の木綿業者から、公債を買ってくれる約束を取り付けた。

土方、石崎、溝辺の三氏に公債の引き受け手になってもらい、政府（法務局）に供託、募集した寄付金の中から公債の借金を返却する方法である。土方、石崎の両氏は承諾、溝辺氏は募金が不十分で返せない場合はどうするかと疑問を挟む。両氏はその時は公債を政府から取り下げ、例の木綿業者へ返せばよいと答えて動じない。溝辺は、それはちょっと……と、首を縦に振らず、この話は流れたのであるが、失敗したから政府に「公債やめます」とは虫が良すぎる。現在はもちろん禁止だが、当時でも公債条例に何らかの規制があったはずだ。文四郎の懸念が、先行き不透明な募金をあてにしたギャンブル的な公債発行を、事前に阻止

明治・大正のSL、鉄道院860形　日本国有鉄道工作局「車両の80年」より

明治30年頃の神田小川町、えはがき　国立国会図書館WEBサイトより

したといえるだろう。

●かさむ上京費用

明治39年1月20日、日露戦争の戦捷《せんしょう》記念に、議会に請願書を提出するため嘉十郎が上京する。上京費用について、いつも嘉十郎の行動に賛成し、激励してくれる県内務部長の小原新三、社寺係塚本松治郎と宮司土方直行の3人が、溝辺文四郎と会合した。

『聞書』には、土方直行が溝辺を強引に説得する様子が記される。

「棚田氏は運動に今日まで数千円の金を費やしているのは君も承知、今回は議会に請願書を提出するので多額の費用を要する。溝辺君は、今日まで別に費用を出しておられないのだから、500円だけ出したらどうかと交渉してくだされた」「溝辺は300円（原価約5百万円）だけ出しますと答えた」

嘉十郎の『聞書』では、日頃から文四郎をあまり良いように語らない。この会合では特に溝辺を誹謗する様子が語られる。石崎勝蔵が溝辺に向かって「発起人である君が公債の引き受けに調印しないとは何たる心違え」と、雄弁に立腹する言葉が語られる。

石崎医師は沈着寡黙な仁医、雄弁でもなければ強制する人でもない。自身が主催する社会事業に発会募金が不足して流れたときにも、他人をどうこう言ったことはなかった。溝辺がハンコを押さないことで、「絶体絶命」と失望したのは、借金にルーズな嘉十郎である。この会合の様子は、文四郎が拒否したことで、事業が進まない不満をつのらせた嘉十郎のつくり話である。

この間の事情を文四郎日記第一冊には―

「明治39年1月早々より、棚田、塚本両氏と協議することしばしばにつき記載せず」

これだけである。公債のことは触れずに素通りする書き方だ。

文四郎は上京費用に３００円提供したので、嘉十郎の方でも２００円ばかり用意せねばと、自分が所有する相楽郡大川原村（現大河原）の山林二八丁部、植えつけてある杉３万本を今小路のK氏に担保として差し入れた。（『聞書』明治39年1月）

この山林はイエが父の遺産分け、あるいは嫁入りの引き出物に譲られた里の山ではなかったか。担保した借金２２０円のうち１００円を債権者に預け、留守中の米代として20円をイエに渡した。そうして自分は、旅費に１００円を、文四郎から受けた３００円と合わせて４００円を懐に、東京へ出張するのである。

留守中３カ月、20円で母子５人がどうして暮らせようか。家族のことは収入のない妻に任せてかえりみない。嘉十郎の崇高な活動は、「賢妻の理解があって……」などと語られるが、とんでもない。崇高な目的とはいえ、活動は黙って従う家族の犠牲の上におこなわれた。

嘉十郎は、「平城神宮創建国庫補助請願書」、県社寺係 塚本が製図した「大極殿設計図」、総経費18万5千円の工事見積書、請願書の署名、及び県議会が採択した建議書案を携えて上京した。

東京では常宿にしている神田三崎町の「千代田旅館」に滞在する。牛込には前 大和新聞社編集長の今竹治郎が住んでいる。彼は土方久元伯爵と岡部長職《ながもと》子爵の肝いりで、請願書の議会対策と代議士対策を担っていた。嘉十郎はこの今竹治郎に文四郎が提供した300円を、運動費としてそっくり渡している（『聞書』）。手持ちの100円は2カ月で使い果たし、債権者のK氏に預けた100円の送金を頼むも、宿に送られてきたのは70円だった。

塚本慶尚に窮状を訴え、塚本は溝辺に相談。土方直行氏を訪ねて協議した結果、溝辺が若干送金しているが、このことはしかし、嘉十郎の聞書に触れられていない。

△　　　△　　　△

●嘉十郎のストーリーと文四郎日記の齟齬

平城神宮建設の請願書は、議会閉会間近になってやっと議題に上ったがあっさりと、事も無げに否決される。この挫折をどう受け止め、次の行動につなげたか。

◆まず、嘉十郎の辛苦を、自身が物語る逸話をもとに、短く再構築してみよう─

結局その時も目的（請願書通過）を達せず、3月20日、一旦帰ることにして旅館代を払うと残った金は2円60銭、汽車賃もない。奈良の賛同者一同に合わせる顔がない。非常に落胆したが、歩いて帰ろうと、保土ケ谷まで来ると雨が降り出した。傘はなし、4銭の空俵を米屋で買い、これを頭から被って急いでいると巡査に怪しまれ、なんと弁明しても聞いてくれない。ぜひなく大極殿跡の書類を見せて弁解すると、警官も非常に同情し、それはお困りでしょうと、交番でお茶をいただき雨宿りさせてくれました。礼を述べ、昼夜歩き続けて翌朝、（小田原の）国府津《こうづ》駅に着きました。昨日旅館の昼飯から食べていない。いくら水を飲んだだろう。国府津からは持ち金で汽車賃が買える。東海道線で名古屋へ、そこでまた水で空き腹をなだめ、関西線に乗り換えて、国鉄奈良三条駅（ママ）に到着しました。改札口で切符を渡すと同時に目眩《めまい》を起こしてその場に倒れる始末。駅員に介抱されようやく家に帰った次第です。もともと身体剛健なので2日で元気になって、県庁小原内務部長を訪れたところ――

「8万5千円という金をもらう請願だもの、1回や2回の失敗で気を落としてはだめ、いずれ達成できるから屈せず奮励されたい」

と励まされた。次に土方直行氏を訪れ、上京中の話、請願書の経過を話すと――

「それはご苦労でした、しかし決して落胆するには及びません。これは大事業です。仮にも20万円近い国庫補助を受けるというのに一朝一夕にはいきません。いやいやこれからです。請願が達せられるまで奮闘しなければなりません」

とのお言葉でした。後日溝辺氏宅に行き、上京中の話を逐一したら—

「同氏は非常に落胆して憤慨の色をあらわした」

私は、請願の目的が果たせなかったのは、畢竟《ひっきょう》自分の微力によるところ、なんとも申し訳ないと謝して帰りました。

▽　▽　▽

請願の額が語る人によって異なっているが、それはさておき、このあとにも溝辺氏を、土方夫人が妻イエに語る文脈で—
「身を砕き家を壊して数千の金を費やして、そのうえに溝辺さんにまだ疑われていなさるが実にお気の毒な、と涙を流してお話しせられた」
とある。(『聞書』、明治39年3月)
お金がなくて、東京から歩いて帰る逸話は、「美談」として嘉十郎について書かれた本や紹介文にしばしば取り上げられている。果たしてそうだろうか。関係者の間では、請願却下が失敗したこと自体には残念だが驚きはなかった。嘉十郎のやり方、上京偏重の進め方に、保存会有志の反発があり、世論の嘉十郎を見る目が再び厳しくなっていた。都跡村で最初の「平城神宮建設会」が組織され、会長らの京阪神出張活動が、無為に終わったとき、嘉十郎は「莫大なる費用を徒費するは無責任も甚だしい」と憤慨して、単独に運動を始めたのだが、出張活動で基金を無駄にした会長らは辞任し、弁済を継続していたのである。

嘉十郎は、有志に合わせる顔がない、我が微力のせいなどと、自身の誠実さをそことなく示しつつ、事業の大きさと困難さを語り、気を落とさず達成するまで奮闘せよと、嘉十郎に好意的な諸氏に言わせる。非難に対して防御線を張り、この事業がいかに困難か、自分がどれほど運動に献身しているか、意図的でなくても、盟友文四郎をないがしろにして己の釈明に余念がない。保身のストーリーではないか、偽らざる筆者の印象である。『聞書』に嘉十郎が口述したのは、この国会請願の時から15年経過しており、記憶というものは、意図しなくても適応し変化するのを否めない。いわゆる「記憶はウソをつく」であろうか。

△　　△　　△

◆次に文四郎は日記第一冊に、そのあたりの事情をどのように書いているか、

〔 〕内は筆者注、カナと難解な語彙をいくつか改め、明治39年1月22日、から嘉十郎上京後の 関連事項のみを抜粋転載する。

39年　1月22、23、29日　在京棚田氏より書面

2月6日　在京棚田氏より書面　依頼に応じて大極殿阯古瓦を東京へ送る。

上中〔品質〕5個なり

2月11日　陸軍中将大久保利貞君帰国〔帰郷〕の途奈良へお立ち寄りにつき停車場まで送迎する。午後棚田嘉十郎君、大久保君に東京の実話〔報告〕のため帰国する

2月12日　将軍を菊水楼に伺う、平城宮の件、種々の御言葉あり「やや成功しました、私も発起人の一人に交えてもらいますバイ」と御満悦ありて退出する。同日午後奈良市の戦捷会に隣席被遊《あそばされる》

2月14日　棚田氏また上京す、その間同氏及び塚本氏らと種々協議することあり。棚田氏上京後、塚本・吉本氏〔花芝雑貨商〕と協議すること数回

16日　金50円棚田氏の方へ送ることに決し、翌日送金
送金催促の電報と塚本氏の添書着、同日土方直行氏を訪問し、県知事上京につき平城宮の件を政府に働きかけ依頼する

18日　在京棚田君より18日付ハガキと書面着、要件を兼ね送金請け取りの通知

2月21日　着書・ハガキ　平城神宮建設の請願及び建議案提出の報告、21日に請願すること、26―27日頃建議提出のこと、塚本氏帰国を報知、塚本氏に面会する、右の件は都合よく進んでいるとのこと

2月22日　書面着、在京棚田氏より、県第一部長浜田君に依頼する件で土方直行君を訪ねる
（2月4日、26日、3月1日、2日、7日に在京棚田氏より逐次東京の状況報知がハガキ、書面で送られてくる。）

3月4日　塚本氏より東京で金入用の件で相談あり、同氏と同道して土方氏を訪ね、協議の結果金（アキ）円を拙者より送る

3月10日　棚田氏帰国する。自宅を訪問して在京の模様を聞く、棚田氏曰く、もはや手続きも済んだので在京の必要なし、費用に堪え兼ね今後のことを今竹治郎氏に依頼して帰国した、本年の補助額は決定ならずとも、建議の通過と5カ年もしくは10年継続補助は請け合いと申しおられる、と話したので大いに大いに悦びました

3月17日　棚田氏が東京で今竹氏から借りた10円と今竹氏へ今後の活動費に10円、計20円を拙者より出金、棚田宅に届ける。棚田氏より郵便で送金すること

3月19日　毎日、新聞を見ても県による建議案の提出がない、塚本氏と相談し県参事会、奈良市会の招集開催は議会通過の後に行う方が良いとのことになる

3月20日　電報、ケンギアンヒケツセイガンスルアトテガミダス（差出人、今竹治郎）

▽　▽　▽

これを見ると、嘉十郎は東京での状況を逐次、文四郎に書き送り、嘉十郎の送金依頼に文四郎は欠かさず応じている。東京に出た嘉十郎は、大久保中将が奈良に立ち寄ると聞くと、直ちに奈良に戻り（2月11日）、東京での運動を報告した。将軍は、わざわざ東京から急遽報告に戻る嘉十郎を「感心な男」と観るであろう。嘉十郎に貴顕の人たちが好意的になる所以《ゆえん》だろうか。

文四郎は、土方直行氏を何度も訪ねて協議しており、土方と溝辺に嘉十郎のいうような不和は見えない。それどころか、文四郎からの頼み事を土方氏が受けている（2月14、17日）。

文四郎日記では、嘉十郎の帰国は3月10日、請願提出と否決の10日前であった。帰国した嘉十郎から楽観的見通しを聴いて、よろこんだことが記されている。

けれども、嘉十郎の『聞書』では10日ではなく、請願否決後の20日に、東京から半路歩いて帰国し（180ページ）、後日、溝辺宅に出向いて請願が拒否されたことを詫びるも、「溝辺は非常に落胆して憤慨の色をあらわした」、と書く。

実際の補助金請願のロビー活動は、初めから今竹治郎氏にゆだね、また奈良県選出の代議士諸氏、貴族院議員の賛同者数人も東京にいる。嘉十郎が議会に働きかけることは何もなかった。そのことは嘉十郎が一番よく知っていたはずだが、文四郎から東京出張に300円を出費させたのである。その資金を活動費として今竹治郎（『聞書』では次郎）に渡したというが、どこにも記録がない。溝辺日記には、在京の嘉十郎から送金願いがくるたびに（2-16,3-4,3-17）応じている。

日露戦後の初議会には、優先事項がめじろ押しに並んでいた。嘉十郎は、請願が議会で取り上げられなかったら…との杞憂《きゆう》があったのだろう、議会終了日の10日前、3月10日に東京を引き上げ、奈良に汽車で帰った。帰って盟友文四郎に語った見通しは気やすめか。とにかく「否決された3月20日に、帰りの汽車賃がなくて歩いて…」という口述は、記憶違いにしてはかけ離れて仔細である。自己をつくろい美化する後年の創作と断言できる。

●請願否決後の動き

補助金請願が否決された日からしばらくの間、嘉十郎は2、3人の昵懇《じっこん》の有力者以外、賛同者になった人々との接触を避け人目を忍んでいた。というのも、世間ではまたぞろ嘉十郎への誹謗が始まっていたからである。曰く、山師の運動が通る道理がない。保存とかは政府のやることとじゃないか。それに対して嘉十郎は次のように述懐する―

「どこに行ってもますます反対者多く、山師だ狂人だ、銀方《ぎんかた》（金融業者、金方とも）倒しと吹聴せられ、困却したことは筆紙に盡し難い」（『聞書』）

39年5月には、「平城宮址保存会」と名称を変え、棚田と溝辺の呼びかけで市長松井元淳、実業家の木本源吉、県会議長鍵田忠次郎、実業家で依水園の関藤次郎、貴族院議員中村雅真、漢方医石崎勝蔵ら、奈良市の政財界名士トップと会合。次回6月の会合に、請願賛成者多数を招聘《しょうへい》したところ、木本・鍵田の両氏が東京出張のため出席できず、佐紀大字《おおあざ》の有志大多数が不参加というありさまだった。

39年7月に「平城宮址保存会」が県書記官楯石駿二郎《きじろう》を会長に組織されたが、楯石の転勤もあり、この計画もまもなく立ち消えになってしまう。

一方、嘉十郎は上京して斎藤実《まこと》海軍大臣、山県有朋、板垣退助ら5人、錚々《そうそう》たる大物の賛成を取り付け、徐々に進展するかに見えたが、佐紀の有志者は頑として反対姿勢を崩さない。地元農民には切実な言い分もあった。

「神社だけを建てるならともかく、宮趾くまなく保存となれば、我々の水田、畑がつぶされる。益なーし」

と一致して反対、文四郎にも打つ手はない。示談は失敗した。

●一進一退

明治30年に公布された「古社寺保存法」は文化財の指定制度であるが、例外的に名所旧跡にも本法を準用できる（附則第19条）、と記されている。つまり保存対策を講じることができるのだが、実際に運用された例はない。明治39年、平城神宮助成の出願が議会で否決された後、文四郎は日記にこの第19条を引用し「宮址を保存するについて、団体より土地使用を申請してはどうか、研究もの也」と記し、考察している。

嘉十郎はしばらく見合わせていた東京活動を再開、8月に上京し、9月には田中光顕宮内大臣の来寧を請い、了承された。田中大臣と帝室博物館総長 股野琢《またのたく》が東笹鉾の棚田宅を訪れ、事業進展を期す。

文四郎は、神宮建設の規模を総額2万5千円に縮小した見積り案を試作し、棚田、塚本、土方の各氏と相談したが、地元が承知しない現況では、良いも悪いもない。

明治40年、塚本慶尚が内務省宗教局社寺係に栄転。このポストは関野貞が最初に入省したときの任である。さらに、土方直行四條畷神社宮司（小楠公を祀る官幣神社）も高齢のため、家族と東京へ引き上げることになった。嘉十郎は良き相談相手を失い、悲しんだが、二人は嘉十郎の東京での活動を大いに助ける。

明治40年6月1日、第二次桂太郎内閣の司法大臣になった岡部子爵が、大極殿視察に来寧された。

嘉十郎は県知事ほか県の刑事司法官吏らと、天王寺駅で大臣を先迎えする。大極殿では、学位論文『平城京及大内裏考』を書き上げたばかりの関野貞が説明に立った。

9月、文四郎は鹿児島の大久保利貞中将（霧島神社宮司に転任）に状況報告を郵送したところ、折り返し励ましの書簡に和歌が付されていた。

たゆむなよその古《いにしえ》の礎《いしずえ》を
ふたゝひ起せ大和魂　利貞

1月11日、久我通久《みちひさ》公爵来寧。嘉十郎の願いにより、公爵が平城宮大極殿址に参拝された。そのあと溝辺宅に立ち寄り、戸尾善右衛門宅で昼食。大極殿の傍らに、嘉十郎寄付の八重桜、文四郎寄付の楠を久我公爵が手植えされる。（この時の桜と楠が戦後長く残っていた）

軒はまて千代の光をあらはるれ
みそへの水のきよきこゝろに　通久

さて、嘉十郎は、小松宮から賜った3字御染筆「情慮粛《じょうりよしゅくタリ》」を、旅費のため百円で売り渡すまでして上京し、神宮建設に奔走したが、成果なく借財は増えるばかり。41年も押し迫った12月20日、債権者に追われて自宅を手放した。ちょうど、次に述べる鹿野園《ろくやおん》温泉が10月末に完成、一家はしばらく温泉建物の一隅に仮住まいを余儀なくされた。

●鹿野園温泉と嘉十郎

食糧難の時代に育った世代なら、スカンポ（奈良ではスカンボとも）という背の高い野草を食べた経験があるだろう。赤い茎をポキンと折ってチュウチュウ吸い、かじると酸《す》っぱいが、慣れれば、遊びつかれた空き腹の足しにはなる。

明治41年（1908）2月、近くの包永《かねなが》に住む辻善蔵と名乗る石工が、スカンボ石の灯籠を買う人がいないだろうかと、嘉十郎を訪ねてきた。鹿野園欠谷《かけのたに》で採石したという。いま奈良春日療養病院のある辺りである。

嘉十郎は石工の善蔵に案内されて、高円山《たかまどやま》のふもとから、岩井川に沿って少し登るその場所へ行ってみると、なるほど石に酸味がある。翌日、再び欠谷《かけのたに》へ行き、ビンに沢の湧き水を取り、県の試験場へ分析を持ち込んだ。その結果、詳しい定量分析はできないが、鉄分の多い鉱泉、あたためれば湯治の温泉に利用できるという。奈良に初めての温泉！これならものになりそうだ。うまくいけば保存運動の資金ができる。が、先立つ温泉建設のもとでがない。

とりあえず、神戸にいる義兄・中堀嘉為《よしため》に頼んで、鉱泉が湧く沢の周辺を、兄名義で買収してもらい、昨年知り合った大阪東平野に住む和田惣兵衛に相談することにした。和田惣兵衛は、嘉十郎が借金のため担保にした今小路の畑が、競売に付され、安値で買い取られたのを、高く買い戻して棚田家計のピンチを救った人物である。惣兵衛は、内務省大阪衛生研究所に「南都鹿野園鉱泉」の詳しい分析を依頼、結果は上々であった。硫酸鉄を含む酸性緑礬《リョクバン》泉という鉱泉、医治療効果も列記されている。（『聞書』では嘉十郎が分析を依頼したとあるが、公的分析書の依頼主は和田惣兵衛と書かれている）

和田も乗り気である。和田惣兵衛、本家の和田亀蔵と嘉十郎３人の共同事業として、温泉施設をつくることになった。資金は惣兵衛と亀蔵の二人が出すから、嘉十郎は、鉱泉発見の権利を出すだけで良いという。話は決まった。和田は義兄名義の土地権利書を、ノシをつけて買い上げてくれたので、嘉十郎としても義兄に謝礼ができ、異論はない。

同41年10月17日、鹿野園に浴場、客室、料理もできる温泉宿が開業した。

「鹿野園温泉主　愛国熱誠家　棚田嘉十郎と和田惣兵衛氏……。湯治の遊客 日を追って増加し、予想外の発展をなしつつあり」

などと『成功亀鑑』が、開業時の様子を、写真入りで、嘉十

鹿野園温泉の景
『成功亀鑑』明治42年より

郎の平城宮址保存運動のこともいっしょに紹介した。

41年12月22日、東笹鉾の自宅を債権者に接収され、住む家を失なった棚田一家はこの市内から離れた「鹿野園温泉」の建物に仮住まいする。住む場所があるだけ幸いとしよう。風呂焚きと宿の仕事はイエに任せて、嘉十郎は相変わらず、平城神宮設立の宿願を達成するために奔走するのであった。不動産の転売などで金策しながら、平城宮址にかける運動に、温泉で休息する暇はない。そして43年に大豆山町《まめやまちょう》に移り住むまで、市内中心から離れたこの鹿野園の森に1年半、嘉十郎の家族6人が暮らしていたのである。

温泉経営は、共同所有者である和田兄弟と嘉十郎の3人が1年交代で経営にあたり、株式会社に登録、専務一人を置いて営業を始めたが、数ケ月で鉱泉が枯渇し、和田兄弟は引き上げた。株も保有せず、涸《か》れた温泉利権だけもつ嘉十郎だけが残らざるを得なかったのである。

余談だが、若草山、御笠山、高円山に連なる辺りは「三笠安山岩」の名で呼ばれる地層にあり、量は少ないが冷泉が存在すること、また石炭（亜炭）も少々ある事が、昭和になって明らかになった。

平城奠都《てんと》壱千弐百年と建碑地鎮祭

●神宮建設をあきらめ、建碑に絞る

明治41年以来、「平城宮址保存及び建碑」に変更した計画は、棚田、溝辺の精魂かたむけた運動にも賛同者が少なく、賛同しても署名捺印を保留する者が続出した。この年、奈良は明治天皇が臨席される陸軍特別大演習のことでもちきりで、市と県はそちらの準備に頭がいっぱいである。県庁では誰も平城宮址の相談に乗ってくれない。松井元淳市長は不在多く、面会困難。ただ棚田、溝辺が県内務部長小原新三に初対面して、これまでの運動のいきさつを話したところ、色々質問され、熱心に聞いてもらった。そして「この上は我々両人の力に及ばず、県庁の事業として遂行成功していただきたい」と頼んだところ、小原部長は—

「然ればご両人で成功されてはいかがか、なる丈の便宜をはかり、保護しましょう」

と、即断。庁内の勧業、主計、教育、社寺、庶務各課長、事務官を集めて、棚田、溝辺を紹介し、訓示を垂れた―

「この事業は県、市として必ず成功すべきものと思う。されども各方面に種々障害ある由、この2氏が成功するよう県庁よりできるだけ便宜をあたえ、各位義務として保護するよう希望する」。

たいへん積極的である。小原氏は官吏として珍しく棚田、溝辺の運動につよく力添えした。郡山での赤十字社総会（明治43.6.5）大会でも、小原部長は、法隆寺の北畠治房《はるふさ》と共に、保存運動支援の大演説を獅子吼《しく》して激励した人である。

明治42年（1909）1月、棚田嘉十郎が、大阪興風会（会長 相場駒次・東成郡長、会はその後解散消滅）から第一番表彰を受け、硯《すずり》箱一コ贈られる。ささやかだが、表彰文は嘉十郎の人柄、運動と功績を要領よく述べており、後に嘉十郎を紹介する文によく孫引きされるようになった。

南北朝時代に南朝公卿の北畠親房《ちかふさ》が書いた『神皇正統記《じんのうしょうとうき》』という和綴《わと》じ歴史書がある。いまでこそ、こなれた現代語訳があるが、文四郎は江戸時代の写本をつらつら読み進むうち―

「戊申《つちのえさる》ニ改元 三年庚戌《かのえいぬ》 始《はじめ》テ大倭《やまと》ノ平城宮《へいせいのみや》ニ都《みやこ》ヲサダメラレル……

此元明天皇 平城《へいせい》ニウツリマシマシヨリ 七代ノ都ニナレリキ」

とあるの見つけた。年号、戊申三年庚戌を換算すると、明治43年に平城宮が満千二百年を迎えることになる。文四郎はハッとして直ちに嘉十郎、土方直行と協議し、記念祭典を挙行すること、その際に宮址に記念石碑を建てることを申し合わせた。文四郎は地元の村々に知らせ、法隆寺に住む北畠治房《はるふさ》男爵（親房の北畠家とは無関係）の賛成を得る。その間、鹿野園に嘉十郎を何度も訪ねて建碑の計画案を練り直した。寄付金集めの認可が例のごとくなかなかおりず、建碑の募金を始めたのは、43年が明けてからに延び、不安がよぎる。

同43年、保存趣意書を改め、『平城宮址建碑計畫趣意書』を印刷、建碑運動が始まった。

●下賜《かし》金を賜る

嘉十郎は43年3月に上京した折、建碑計画の賛同を得るために、要人支援者や内務省などに相談していたところ、報知新聞記者の熊田宗次郎から、御下賜金《ごかしきん》を戴けるよう、その筋の人に頼んではどうか、と耳寄りな提案を得た。そこで嘉十郎は、宮内省へ陳情、たらい回しされた末、担当官近藤総務課長に面会できた。近藤氏は、かつて神宮建設に賛成署名してくれたシンパである。宮址保存の経過を熱情を込めて話す嘉十郎に、逐次メモをとって耳を傾けた。実は、岡部司法大臣より、〝奠都壱千弐百年祭に鑑み、前向きに〟と指示されていた。要するに、岡部司法大臣と宮内省では内々に明治天皇御下賜金を検討していたのである。それから一週間して、旅館で待っている嘉十郎に、「宮内省へ出頭せよ」との知らせが届けられた。

平城宮址建碑計畫趣意書

恭しく惟みるに神武天皇鴻基を開きて都を橿原に奠め給ひしより千餘年の間列聖多くは其平常の居を都とし給ひて別に一定の首府を置き給はす蓋上古百事簡素にして宮殿官舍の如き更に營構の煩なかりしに由るなり大化改新の後制度漸く備はりて民俗大に華る萬機の發する所內に自ら尊嚴を保たさるへからす百邦の朝する所外に自ら威容を示さゝるへからす是に於てか首都の規模亦舊時の簡樸に安んして屢所を徙すを許さゝるなり元明天皇茲に見給ふ所あり先帝の遺志を繼き群臣の議を納れて遷都の事を決し給ひ乃四禽圖に叶ひ三山鎭を作せる平城の地をトして茲に帝都を經營し給ふ京域添上添下今生駒郡兩郡に跨り廣袤一里に及ひ大內裏北端にありて殿堂甍を列ね條坊の區劃井然として整ふ規模の宏なる經營の大なる我國古來始て見る所なり爾後七十餘年にして桓武天皇都を平安に遷し給ひしも其規畫平城京の上に出てさりきされは元明天皇は初めて大帝都の軌範を立て給ひしものと謂ふへし其英斷と其偉業と豈欽仰せさるへけんや其後幾はくもなくして都城道路變して田畝となり亦舊時の觀を留めす「世の中は常なきものと今そしる」の詠は奈良の都は今盛なりの歌と映對して轉思愴に堪へさるものあり然れとも舊都の地猶巨祠大刹を遺して長く南都の稱あり條坊猶田塍間に存して地に舊稱を呼ふもの尠からす內裏の址之を大宮と呼ひ大極殿の址之を大極の芝と稱す獨龍尾の壇左右の廊等の形址を認むへきのみならす十二堂亦多くは其址を存す夫平安京は千載不動の帝都を以て隆昌本邦に冠たりしも猶戰亂の世を經て皇室の式微に會するや大內裏の舊址全く陵夷して永く大極殿の跡をすら知る能さりき然るに平城の帝都は今日に至るまて嚴として其靈跡を遺すこと此の如く千百餘年の久しき田夫の犂鋤も之れを侵すことなく歷々として當時の形象を想見するに足るものある豈驚異せさるへけんや永く之を荒蕪に委し空しく古を懷ふ固より忠愛なる臣民の至情に非す亦鄆隆なる昭代の美事に非す必すや之れを顯彰し之れを保存して永く膽仰景慕の誠意を盡すの道を講せさるへからさるなり乃明治四十三年は恰も平城遷都より千二百年に當るを以し此時に際し靈址に紀念碑を建て以て皇德膽仰景慕の誠意を表せんとす夫元明天皇は英主天智天皇の皇女を以て明君文武元正兩帝の生母たり恭儉已を持し至誠物に及ひ淑德以て萬民の母たるへく英資以て天下に臨むへく獨遷都の大業を遂け給ひしのみならす屢百姓を給恤し忠孝を旌表し官司を飭勵し農業を勸奬し奸利を禁し法律を嚴にし禮儀を重んし給ひ貨幣の制始めて立ち國史風土記の撰茲に成る善政嘉謨擧くるに遑あらす至隆の治亦多く觀さる所なり論者は元正天皇と併稱して女中の堯舜と謂ふ亦宜なる哉且夫奈良朝七十餘年の間は季唐交通の影響を蒙りし淳樸の風漸く散し歷代勤儉の後を承けて豐富前代に絕するものあり我國の文物燦然として面目を改む宗教には佛教漸く形を變して永く國教となるの基礎を固うするあり文學には雄健莊重なる歌謳の發達するあり美術には建築に彫刻に繪畫に髹漆に優秀其比を見さるあり國運の發達する國威の顯赫たる古來の多く有らさる所なり當代の盛事豈永く記憶に存して之れを欽仰せさるへけんや曾て叙念の深く留りて國家の標となりたる所淸穆なる紀念碑を建立し以て列聖の遺德を顯揚して鴻恩の萬一に酬ひ奉らんとす忠良なる同情の君子幸に微意の存する所を諒せられ大翼賛を賜はらんこと切に冀望して已まさる所也

（陸軍中將從四位勳二等功二級大久保利貞記）

發起人　棚田嘉十郎

溝邊文四郎

平城宮址建碑計畫趣意書　奈良文化財研究所 所蔵（画像提供）

来たか！「その時は天にも昇るような心地がいたしました」（『聞書』）と雀喜する。が、宮内庁の内定を当事者でもない市民に教えるなど、考えられない。宮内省からの公式の通知は43年4月20日、記念碑建設のため、御下賜金《ごかしきん》三百円を奈良県に賜るとの吉報が県知事宛に届けられ、県から嘉十郎と文四郎に知らされた。

文四郎その日の日記に二首を併記—

うれしさ詠む

ふるさとにすさく雲雀《ひばり》の声たかく　くもゐの上にきこへけるかな

平城宮址保存の思召を承　溝辺忠誠

大君の恵《めぐみ》のつゆにうるほひて　かれのゝ末の草も萌《もゆ》らん

下賜金は天皇の名で、政府から自治体に贈与される。シンボル的な額ではあるが、政府の認知を得たことで、嘉十郎への世間の雑言、揶揄《やゆ》はピタリと静まった。逆風に苦しんできた寄付集めが、下賜金を追い風に増えていった。

法隆寺の雷親父こと北畠治房が、建碑の重要性を機会あるごとに演説、運動推進に貢献している。「官民会」と呼ばれる、事業推進に関する官民連携による集会がある。明治43年5月14日、菊水楼で奠都祭の件で官民会が開かれた。出席者は知事、市長ほか、関、鍵田、松井、八木衆院議員、溝辺らである。ここで奈良市の負担金2，500円を募集する事を溝辺も承諾する。直ちに10名が寄付帳簿に記入して、宴会に移った。文四郎は久しぶりに気分がよい。

余談だがこの年9月、石崎邸で集議のあと、文四郎が吉村長慶と長兵衛（本家二代目長蔵？）を訪ね、賛同と寄進を募った。だが二人は即答を避け、その後も音沙汰なかった。天災と道路修復のほかには義援金を出さなかった長慶さんである。

●寄付相撲を企画

時系列を少し戻して、明治43年1月12日、嘉十郎のいる鹿野園温泉に、大久保利貞中将の一行が一泊された。棚田からの知らせで文四郎もご挨拶に上がる。そこで閣下は朝日新聞にあった相撲の記事についておもしろい話をされた――

「聖武天皇が奈良の都で相撲節会《せちえ》をはじめ、土俵入りなどそのときの作法が今に伝わっているそうだ。そこでだ諸君、奠都1200年祭に鑑み、相撲協会に東京も大阪もたくさん寄付を依頼してはどうか」

と軽い気持ちからアイデアを口にした。

5月、寄付募集の出願に上京した嘉十郎は、願書を警察に提出、許可を待つ間、寄付相撲の興行について、内務省社寺係の塚本慶尚と連れ立って、引退した土方直行や土方伯爵に相談、板垣退助の計らいで相撲協会の根岸年寄を訪ねたところ、年寄のいうには——

「8月はすでに巡業予定が決まっている。大仏殿から寄付相撲の申し込みもあるから、秋の巡業に奈良へ乗り込み、大仏殿で一日、大極殿で一日でどうか。只今親方らが春の巡業中で決定できないが、多分大丈夫でしょう」

との内諾を得た。

7月28日、帰国した嘉十郎は文四郎と共に、新任の若林賚蔵《らいぞう》知事（韓国警視総監から転任）、日比野重雅事務官に面会し、はかどらない募金集めのことなど、事業のあと押しを依頼する。こういうハナシだけの依頼には賛意と激励が得られるものの、募金となるとそうはいかなかった。

そんな時、不意に「東京大相撲奈良市にて興行」と奈良朝報（8月19日）に報じられた。

〝これはなんだ、話が違うではないか〟ところが実際にお相撲さんたち一行が市内の旅館に分宿していたのである。一行は岐阜巡業中に暴風雨のため予定を変更し、引退した大関国見山悦吉や侠客ら、奈良市内の3名が興行主になって決めたという。

相撲協会の年寄は、上がり（収益）の若干を寄付するから、平城宮址の勧進相撲にしてくれないかと、名義代貸しを要請してきた。

「相撲は水もの」というが、奠都祭を主催する県が、約束破りの突然の興行を、公認・後援するわけもなく、秋の寄付相撲は沙汰止みとなった。この夏、相撲協会が奈良聯隊で強行した巡業相撲は、散々な不入りで新聞記事にもならなかったという。

振り返って、大久保中将が口にした〝相撲協会に寄付を依頼しては〟という話を、普通なら、〝それは名案ですね、考えてみましょう〟などとお茶を濁すところを、忠君 嘉十郎は本気で責務として、家計を潰しても行動する。この辺の忠義と実行力は、嘉十郎のオリジナリティーである。こういう嘉十郎の個性と行動力なくして、保存運動はあり得なかった。

●寄付金募集に苦労する

東京、大阪、奈良、地元、何処でも寄付金が集まらない。募金の集会は流会が常態になるような状況にも、文四郎は我慢強く、勧誘に奔走していた。溝辺日記にみる訪問先は、奈良の協力者をくまなく網羅しており、その持久力には感嘆するほかない。関藤次郎、木本源吉、松井元淳など資産家の大口寄付はあったが、ほとんどの奈良の知名人は互いに様子見ばかりして慎重である。だが、募金総額は5千円を超え、とにかく進捗しているのであるから、断られ追い返されても、足を棒にして寄付集めに奔走するのであった。

寄付相撲が頓挫したのち、上京した嘉十郎の募金集めはもっと惨めである。東京で競合する奈良県関係の募集だけでも、大仏殿・吉野神宮・鳥見霊畤《とみのれいじ》・神武天皇神苑があり、大仏殿修理募金のほかは難しい状況にあった。知名人の添書を持参して、華族の方々や実業家を訪問するも、寄付の相談には逃げ腰になる人が多く、居留守を使って何度訪問しても不在、と追い返されることすらあった。

3ヵ月におよんだ東京での勧誘は、何ら得るところなく、いったん奈良に帰り、英気を養って九月にまた募集のため上京する。この時も訪問先で何やかやと断られ、ろく《ヽ》口もきかない人もいた。

あるところでは寄付の話を聞くや一文（現価で100円？）渡し、まるで乞食扱いである。嘉十郎は口惜しく萎れて宿に帰るのであった。募金集めに2回の東京滞在は計150日、200円以上使ったのになんら成果がない。あるといえば華族の方、6～7人から墨書を贈られたぐらいか。染筆を売って寄付金にせよ、との意である。

●「奠都壱千弐百年祭」の準備

11月19、20、21日の三日間繰り広げられる「奠都祭」は、開催日まで余すところ一月あまり、実施計画が大詰めを迎えた。

43年10月21日、「奠都壱千弐百年祭」の地鎮祭と建碑を詰めるため、県庁講堂に関係者一同が集まった。出席者は県側から若林知事、川越内務部長（支援に熱心だった小原部長は朝鮮総督府に転任）、事務官、庶務課長、社寺課長、出納課長、勧業課長、その他、木本市長、鍵田県議、発起人溝辺文四郎が出席のうえ、知事のリードで、本年に建碑すること、当日の費用は1，500円以内とし、県が主導する募金の内より支出することが決まった。

いったん方針が決まると役所は、細部までまっしぐらに仕事する。大極殿址で行う地鎮祭は、11月20日、雨天決行、午後5時解散と決定。

主な取り決めは次の通り—

一、祭主・水谷川《みやがわ》忠起 春日大社宮司

一、副祭主・千鳥祐順《すけのぶ》 主典

一、大極殿址付近の田地一町七反八歩（1,686平方メートル《キロ》）を式場に借入する

一、宴会場は奈良公会堂にて

一、招待人600～700人、金5円以上寄付者共

一、参列 都跡《みあと》村・郡山町と高等女子師範以下小学校に至る生徒

一、53聯隊から隊員若干

地元の委員は、佐紀総代豊田善三郎、沢田由太郎、溝辺文四郎、岡田庄松、戸尾麻次郎、城口寅次郎、松田芳太郎、吉田兵作、沢村栄太郎、沢口秀松、尾埜《おの》善次、川村善五郎、以上

大字《おおあざ》佐紀委員。ほかに9ケ大字総代、村役場職員ら、総計30名を都跡村選出委員とする。イベントのマニュアルが整っていないこの頃、県と市の職員は準備に忙殺され、文四郎は寄付金募集に最後の追い込みをかける。

式場の整備に、人夫が水はけや道路の補修に立ち働き、村の準備委員は総出で芝地の各標木を新しく書きなおして立て替え、四隅に縄を張る。県の技師と人夫たちは地割り、祭祀のテント、式場周囲の柵づくりや団体場所割りの細別に忙しい。

車寄せ、トイレも必要、道筋・辻々に案内札を立て、余興の素人相撲のために土俵も作らねばならない。作業はいくらでもある。

●地鎮祭の日、晴れの嘉十郎と文四郎

嘉十郎が気をもむ中、明治43年11月19日、「奠都壱千弐百年祭」の日が来た。初日、青年大会の翌20日は、記念碑建設の地鎮祭（起工式）の日である。9時前、大礼服に身を包んだ新任の県知事・若林賚蔵《らいぞう》が馬車で到着、溝辺家で待機していた水谷川忠起祭主、千鳥祐順《すけのぶ》主典らが、一列になって儀式の斎場に入る。壇上には若林知事、木本市長、村井勝治生駒郡長、戸尾善右衛門都跡村村長、嘉十郎と文四郎も主催者側発起人として、晴れがましい羽織袴で壇上に着席した。壇下の来賓席には北畠男爵、円照寺と法華寺の門跡、川越内務部長、土方

宮司はじめ、各界の要人が居列《なら》ぶ。このいつもとは逆の席構に、嘉十郎は、これまでの努力が奈良の政財界や宗教界に認められ、公的なお墨付きを得たうれしさに包まれた。壇上からは大勢の一般参列者がよく見える。想像もしなかった光景だ。

玉串奉奠《たまぐしほうてん》を終え、文四郎はと見ると―

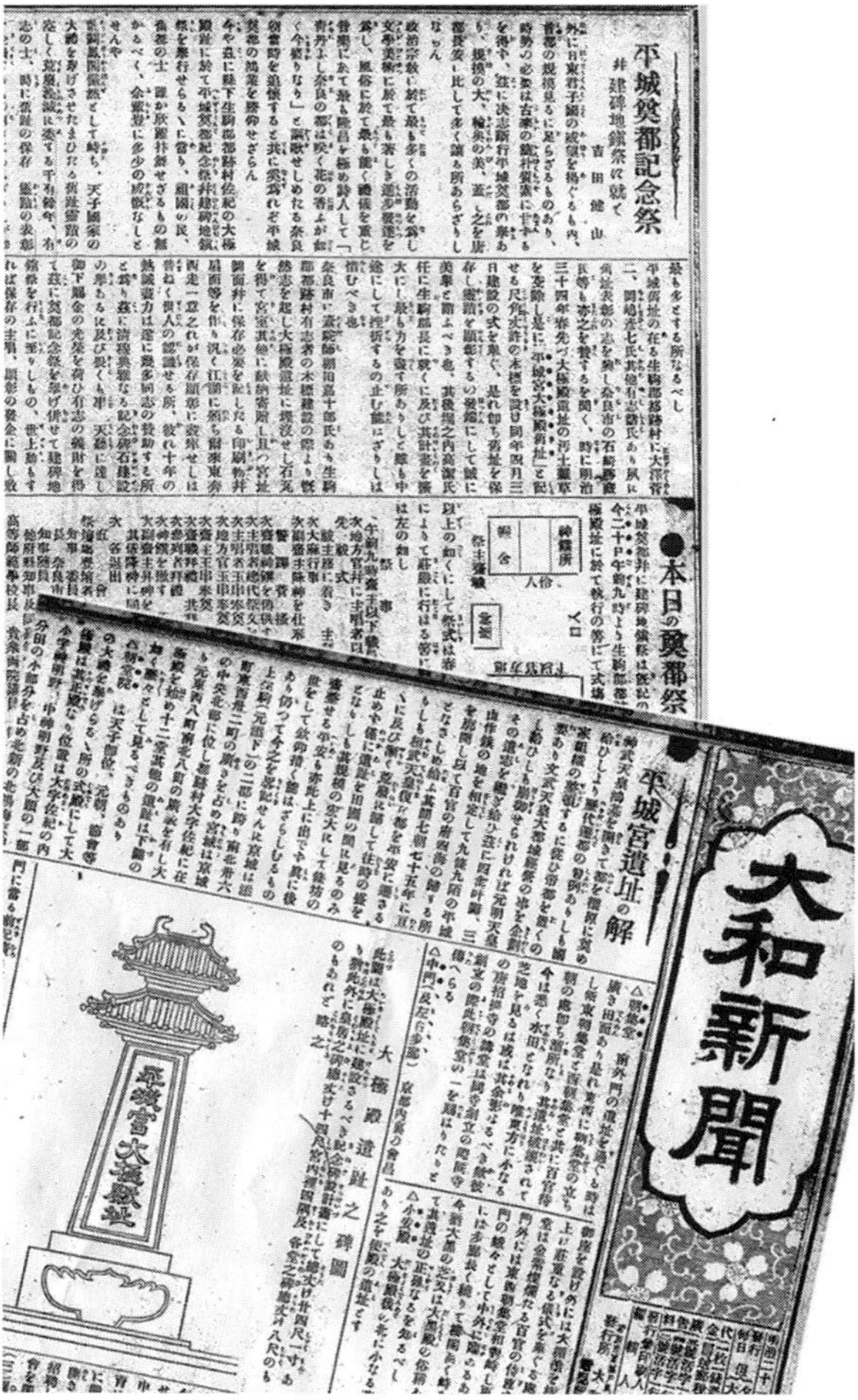
大和新聞

平城奠都記念祭

本日の奠都祭

平城宮遺址の解

大和新聞　明治 43 年 11 月 21 日に報じられた奠都祭
奈良県立図書情報館 所蔵 マイクロフィルムより

「式が滞りなく進んで何よりだ。青木良雄知事、小原内務部長が、今日この席におられぬことが無念でならぬ、そう思わぬか」。

と小声でいう。嘉十郎は大きくうなずいた。

文四郎は、朝鮮総督府にいる小原氏から先日届いた手紙を思い返していたのである。

花火が打ち上げられ、お神楽、お囃子、素人相撲が予定通り繰り広げられていく。地鎮祭は盛会のうちに午前11時に解散、この日の平城宮址は招待人を含め、一般参列は1万人と発表された。建碑については、仮の木標を建て（150ページ写真下）、「石碑」は後に建立される。

午後1時から、奈良公園公会堂に招待者700人を迎えて、祝宴が開かれた。元林院のきれいどころが手踊りで興を添える。市内各地で運動会、自転車競走などの催しがあり、最終日は、新設の春日野運動場で開場記念式典、その夜は春日万燈籠が灯された。

会期中、5万人以上の人出があった。関係者一同は盛会に胸をなでおろし鼻高々である。建碑寄付金の残金を県の口座に入れ、今後の募集も県の口座に入金されるようにした。翌日は再び市内各地で様々な催しが開かれ、奠都祭は大成功のうちに閉幕した。

しかし、祝祭の成功に沸き立つ県と市、娯楽に浮かれる人々に、募金集めに苦しんだ嘉十郎と文四郎は、虚ろな違和感をおぼえるのであった。

●嘉十郎、住所が読めず交番で聞く

嘉十郎は翌 明治44年3月に上京し、いまだに荒れ野と水田の宮址を保存するよう訴え、岡部司法大臣に面会したところ、大臣には今後の宮址保存のあり方に考えがあったようで、徳川伯爵を訪ねるようにと、添書をしたためた。嘉十郎は翌日紋付羽織に威儀を正し、網町の徳川達孝《さとたか》伯爵邸を訪ねるために宿を出て、さて、三田まで来たが、「芝区網町徳川達孝伯閣下」の文字が読めない。うろく歩きまわった末に、警察署（交番）に入り―

「無筆にてお恥ずかしい事ですが、私は無筆にて町名が明かりません」（ママ『聞書』）

警官は徳川伯爵を訪問する紋付の立派な御仁が？　事情を聴いて驚いた巡査が、徳川家の正門まで送ってくれた。だがもう3時間も遅刻している。伯爵は外出されたと執事に告げられ、司法大臣の添書を渡してその日は帰った。翌日、岡部子爵の計らいで、塚本慶尚が同道して出なおし、昨日の遅刻したわけを話すと徳川伯爵は、たいへん同情されたようす。昼食をご馳走になったうえ、執事の案内で庭園や図書館を拝観、夕方5時頃に伯爵邸を辞去するまで、長居しておもてなしを受けた。数日後さらに阪谷芳郎男爵を塚本と訪ねると―

「この件については、徳川頼倫《よりみち》侯爵を始め徳川伯爵、岡部子爵、三井、岩崎、渋沢ら財界人と保存会を組織する協議もある、近いうちに決定されるだろう」

と内々の話を聞かされる。

帰寧する前、東京の引退した土方直行に、阪谷男爵から聞いた一件を報告すると―

「そういう立派な方々にお任せしたら安心して良い、しかし心を許すな、心を許すと永年の労《つか》れで病気が出るから注意せよ、と親切におっしゃて下されました」（ママ『聞書』）

あまりにも暗示的だ。失明に至る病の整合であろうか。

この新・保存会設立の件は、嘉十郎から溝辺にも県にも報告されていない。もっとも若林知事はこの件の推進者であり、逐一、宮内省から進捗状況の報告を受けていた。また東京の塚本慶尚から、棚田と溝辺に「岡部子爵と徳川侯が、新しい保存会のことで話し合った」と知らせがあったので文四郎とて知らないわけではなかったが、寄付金集めの新組織ぐらいに考えていたようだ。県は棚田・溝辺を静観、保存運動は停滞する。

●決まらない建碑

「44年6月2日、岡部司法大臣が明日、来県され、直ちに大極殿址を検分される」と、前日に県の急報で知らされた嘉十郎は、ただちに溝辺宅へ。溝辺は大字総代と相談し、人夫を雇い道筋と芝地の手入れをすること、大臣以下十数名は戸尾村長宅で昼食と決まった。

明治期、大臣を迎える自治体はまことに仰々しい。溝辺日記から滞在中の要略を、以下に書き出して見る。

遷都祭の推移

「明治43年11月「奠都壱千弐百年祭」に続く、昭和35年5月の「奈良遷都千二百五十年祭」では、全国から観光客が集まり、『記念記録写真集』（大和タイムス社）も出版された。奉祝行事は、春日野グラウンドを式典場に、6日間で50万人の人出で賑わった。テレビが各家に普及した高度経済成長の頃、画期的な大娯楽行事であった。奉祝会会長の興行家、谷井友三郎ならではの企画力と統率力である。

南都七大寺ほか市内13ヶ寺の管長、長老、住職と奉祝会役員らが、10台の車を連ねて奈保山の元明天皇陵をふりだしに、奈良朝七代の天皇陵を巡拝した。途中、棚田・溝辺の慰霊祭に出席するが、奉祝会は奈良遷都の名目であり、このときは平城遷都とは呼ばれない。

２０１０年4月11月、「平城遷都１３００年祭」が奈良県各地で約半年にわたって繰りひろげられた。平城宮跡では、4月に復元された大極殿完成記念式典、秋に大極殿前広場での祝典とイベント「平城京フェア」が行われる。事業費百億円、遷都祭の期間に千万人以上の集客があったという。当時はマスコット「せんとくん」が物議をかもす。

「奈良遷都千二百五十年祭」 深紅の地に浮き出る天平美人のポスター（62x92㌢）、大阪鉄道管理局が天王寺に住む二科会商業美術の重鎮、河村運平（1906–1966）に依頼して制作。近鉄と奈良交通協賛。全国の主要国鉄駅に掲示され、遷都祭の広報に貢献した。 安達 所蔵

郡山警察署署長が先導し、大臣と随員、北畠、知事の四人は馬車、警部長は騎馬、その他県、市や村の主だった人、新聞記者や地元の評議員が人力車でご来場。棚田、溝辺が一行を奉迎する。大極殿土壇の検分が終わって、大臣一行は鶯の滝を見に行かれた。夜は奈良ホテルで官民晩餐会がある。岡部大臣へのお土産には、生駒郡長村井と都跡村長戸尾から五条山焼き（赤膚焼）を、文四郎は香炉を、嘉十郎は宮址出土品を献上した。しかも両人は翌日早々に旅館（菊水楼か?）に参上し、国鉄奈良三条駅から亀山駅まで、列車に同乗して大臣を送ってゆくのである。これが100年前のしきたりであった。〝なんだ、ウグイスの滝へ遊びついでにかよ〟などと大臣に不平を感覚する時代ではなかった。

明治45年（1912）7月30日、明治天皇が崩御せられ、大正元年となる。

大正元年8月、文四郎は仮の標木のまま放置されている建碑の件がどうなっているのか、県に談じるが、一向にラチがあかない。北畠治房翁は—

〝有り金で建碑してしまえ、あとは成り行きに任せるんだな〟

と磊落《らいらく》に仰せだが、若林知事は東京の顔色（新保存会設立の動き）をうかがって断が下せない。嘉十郎と文四郎の運動は控えてほしいが、口に出せないでいる。文四郎は、今ある募金から小さめの石碑を建てるか、それとも東京の寄付を永遠に待つか、と悩むのであった。

大正元年10月19日、またも急報、貴顕の方々が午後3時半に大極殿址を検分されるという。

文四郎はいつものように地元有力者と準備に大わらわである。

しかしながら、今回の顔ぶれはすこし違う。徳川頼倫《よりみち》侯を筆頭に、徳川達孝《さとたか》、柳原義光、松平頼寿《よりなが》、大木達吉、小笠原長幹《ながよし》、中川久任《ひさとう》各伯爵ら、7人の貴人がやって来る。目的はなにか知らないが、これは大ごとだ。棚田、溝辺が出迎える。

この仰々しい件があってから、音沙汰がない。文四郎は、大正天皇の即位式（大正4年11月10日、於京都御所）に間に合わせようと、思い余って「平城宮址保存に付き再趣意書」を県に提出するが、「東京と交渉中なので待つように」と、そっけない返事を受け、この再趣意書は流れた。具体的に何の交渉中なのか、保存会新設の動きは嘉十郎が東京で聞きかじったことであるが、進捗状況については、棚田と溝辺に伏せられていた。

●嘉十郎、道標を立てる

嘉十郎は明治44年3月の上京の際、前述したように、阪谷芳郎男爵から、保存会を組織する討議もあると聴き、新しい保存会の設立を内心確信した。その確信があって、また、奈良へ来る遊覧客や世間に知ってもらおうと、嘉十郎は単独で宮址への道標を計画する。

1年後に国鉄奈良駅（現JR奈良駅）と三条通り交差点の東北、3階建て「月の家旅館」角に、指し指道標―

☞「平城宮大極殿跡 西乾是より二十丁」
「明治四十五年三月建之 棚田嘉十郎」

と刻んだ大きな石柱（2.7メートルh×0.9メートルw）を設置した。文字は若林賚蔵《らいぞう》知事が揮毫。

大極殿建碑が地鎮祭の後、知事の静観する姿勢にやきもきする文四郎を尻目に、嘉十郎が建碑計画とほぼ同じ大きさの道標を国鉄奈良駅前に私費で建てたのである。文四郎は日記に触れていないが、忸怩たる思いであっただろう。

「平城宮大極殿趾」の道標　建立時の場所
『東里村史』より 奈良市提供

昭和46年、平城宮趾碑保存会によって、JR駅前の現在地に移される

大極殿趾保存会の結成

●東京に新しく保存会がつくられる

大正2年（1913）2月に東京で発足した「大極殿趾保存会」は、地元への説明がなおざりにされていた。というより、地元の保存会有志者に悟られないよう、発足まで内密にしておいて、棚田、溝辺らに報知されなかった。

東京に保存会設立が決まってからも、このことが棚田、溝辺の保存会とどのような関係になるのか、溝辺は落ち着かなかった。

新保存会の事務方を兼務する塚本慶尚が、趣意書を印刷して一般有志者に配布する、と6日付の手紙で関係者に知らせてきた。そして5月16日、知事、県内務部長、市長、塚本（保存会事務方／内務省特別保存建造物主任）、都跡村村長と棚田、溝辺の発起人ほか十数名が知事公室に揃い説明会が開かれた。席上、出張して来た塚本慶尚から東京で2月に発足した大極殿趾保存会の発起人、賛成者、その趣意書について説明があり、この新しく組織された保存会を、地元の保存会に諮らず、内々に推進して来た若林知事が、一も二もなく早々と了承、質疑応答もなく集会を終えた。

趣意書は1500字を超える長文である。中に篤志家棚田嘉十郎と、篤志家溝辺文四郎の功労に言及しているが、発起人は徳川達孝《さとたか》、徳川頼倫《よりみち》、阪谷芳郎、岩崎久弥、岡部長職《ながもと》、渋沢栄一、三井八郎右衛門、大倉喜八郎、安田善次郎、古河虎之助、若林賚蔵《らいぞう》知事の11人が、いろは順に列挙されていた。発起人の中から会長に徳川頼倫侯爵、副会長に阪谷芳郎男爵が選出されている。なにやら幕末藩主と財閥巨頭の親睦会のような顔ぶれだが、豪華キャスターにちがいない。当座の事務所を麻布の徳川頼倫侯爵邸に置き、『奈良大極殿趾保存預金』を開設、戸川安宅《やすいえ》と塚本慶尚が事務所幹事におさまっている。

文四郎は心が騒いだ。

ちょっと待ってくれ、おかしいではないか。知事と塚本は、われわれ棚田と溝辺の保存事業を支援していたのではなかったのか。我らの事業が消滅するとは腑に落ちない。

知事公室での、協議ともいえない報告説明に終始した集会のあとは、例によって菊水楼で会食になった。だが、文四郎はハシゴをはずされた疎外感をおぼえて、酒宴に酔えるどころではない。帰宅して、集会の模様を日記に書き終え、末尾に抑《おさ》えきれない心中を述べる。

文四郎に傾注する者には重く、つらい文である――

「保存会の補助組織にあらずして、東京にて変形の組織にせられたものとなる也、於爰《ここにおいて》大阪府にて得たる寄付金募集許可数年間継続したるもの註空敷《からしき》なり、数年の心労水泡に帰す、嗚呼この組織は如何なるものなるや、我等の事業を補助するにあらずして改正の組織となり、我等の位置は如何様に取り扱い被下哉《くだされるや》、若林知事の心事難計《はかりがたき》なり。又是か非か」

註〔空敷なり〕大阪の募金を受け持っていた文四郎は、募金許可願いと延長に散々苦労し、募金活動にも莘酸《しゅうさん》を舐《な》めた。それがからしき徒労だった、との意。

一方、嘉十郎はこの件について事象を話すに止めている。これまでの運動がよりパワフルな東京の貴人財界人に組織が移ったことに、自身が寂しく思う風はない。文四郎のようなオルガナイザーでもなく、個人プレーの嘉十郎としては、東京で内密の計画を知らされ実現を期待していた経緯もあり、感想を語るのは憚《はばか》られたであろう。むしろ自分の名が趣意書に賞賛され、運動が実を結んだ喜びを抱いたことが『聞書』から窺える。また、保存の設計が、塚本主任から元の上司・関野博士の新設計に殆ど変わったと、博士の積極的関与を歓迎しているようすがみえる。

とはいえ、嘉十郎も最初の満足感が過ぎると、新しい組織から疎外され、行き場を失った寂寥《せきりょう》感に打ちひしがれ、絶望に落ち入るのである。

●嘉十郎、脳内出血で倒れる

大正3年(1914)3月25日、家の中で意識朦朧となり倒れ込んだ。すぐ脳内出血で入院したが、体のどこにも麻痺はなく、言葉も出る。程なく退院し、3カ月、安静に臥して、良くなったかなと思っていたら、目が充血して激しい頭痛に襲われ、視力がどんどん薄れてゆく。

9月中旬には、両眼ともほとんど失明に至る。嘉十郎は身体には自信をもっていた。家計に余裕が

お正月の家族写真、大正5年(1916)嘉十郎56歳の頃、大豆山町の自宅であろうか。視力をほとんどを失なった嘉十郎は痩せている。
後列左から長男嘉蔵、妻イエ、嘉十郎、イエの次兄矢田原巳之助?、
前列左から長女初枝、三女留子《とめこ》。嫁いでいる二女和枝は不在。
『平城宮跡と棚田嘉十郎』足立巻一『真珠の小箱2』角川書店より

なく、そのため耐えられない頭痛と眼痛に苛《さいな》められ、20日、やっと医者に行ったのだが……倒れてから既に半年ばかり過ぎていた。

妻のイエとイエの次兄 矢田原巳之助に付き添われ、京大の眼科教授・浅山郁次郎《いくじろう》の診察を受けた。

失明は脳充血による視床の損傷にあり、眼球の病気ではない。問題は脳につながる視神経にあるので、入院し、安静にして眼底血圧を下げる治療をすると、うまくいけば、杖で歩けるようになるかも知れぬ。しかし約束はできない。とても人の顔を判別できるようにはならないだろう、と告げられる。

京都大学病院眼科に入院し、安静にしていると、視力をぼんやり3トル《メー》まで回復したので、翌年4月24日に、入院経費のこともあり退院した。

国民健康保険制度のない時代である。7ヵ月の入院費用は、大豆山町の借家を担保にして借りた金で支払わねばならなかった。溝辺文四郎が見舞いに訪れたほか、徳川頼倫《よりみち》侯爵、徳川達孝《さとたか》伯爵の両人から、見舞金十円を賜る。

家計が極度に逼迫するなか、長男 嘉蔵は中学3年で退学を余儀なくされ、奈良帝室博物館の受付に就職した。久保田館長の書生になるので勉強も続けられる。『聞書』に「久保田様のご恩は忘れてはなりませぬ」とある。

二女 和枝は15歳で法隆寺の北畠治房邸へ、住み込み奉公に出るようになった。どちらも嘉十郎を支えた名士、嘉十郎家族の窮状を見かねて子供を預かってくれたのである。

家にのこる19歳の長女 初江が、心痛のあまり病気になり、イエも胸を病み、倒れてしまった。12歳の三女 留子《とめこ》だけが健康で、甲斐甲斐しく目の見えない父と姉と母の世話をするありさま。先行きたいへん暗かったが、幸い3カ月ほどで、イエと長女の初江は全快し、乏しい生活ではあるが笑い声がもどってきた。

ところで、棚田家では妻イエばかりか、子供たちみんなが父を尊敬し、国のために尽くす高貴な宮址保存運動のためなら、どんなに貧乏しても耐え忍び、父母を敬った。弁当がなく、小学校の遠足に行ったことがない長男は、15歳から博物館受付で働いたが、給料を全部家に入れたという。父の保存運動の犠牲に窮してもなお、驚くべき敬親の子どもたちである。

●「大極殿趾保存会」動き出す

大正天皇の即位式が大正4年11月10日、京都御所紫宸殿《ししんでん》で粛々と行われる。

「大極殿趾保存会趣意書」に―

「殊に近く即位の大礼を賜はんとする今日、之を立てゝ、聊《いささ》か此聖代第一の盛典を記念し奉る……」

とあるように、即位式と顕彰碑を結びつけることで、宮址保存運動に強い追い風となり、黙っていても東京に寄付金が集まるようになった。

13日、徳川頼倫会長が、大極殿・朝堂院阯を顕彰するため、島田三郎衆議院議長、保存会の事務を執る戸川安宅《やすいえ》古社寺保存会長（内務大臣の諮問機関）と、内務省宗教局社寺係塚本慶尚の二人ほか数名を伴い視察に来られた。嘉十郎と文四郎は、参列して挨拶する。

趣意書、および一口10円の寄付口座案内には、具体的に「大極殿および内裏址を永遠に保存する計画を立て、大極殿址には標石28基を配置して、その区域を明らかにし、両址に記念碑を建てる」と書かれている。計画が緒についたのである。

徳川会長は、「即位式」のあと、顕彰よりも、実質重要な大極殿趾保存に軸足を移し、大正4年12月、保存会は寄付金で、田地二町五反三畝二九歩（約25.4平方キロメートル）を買い上げる。同月、都跡村有志が、佐紀の芝地四反七畝二六歩を、保存会に寄贈する運びになった。徳川会長は寄付地および購入地を、奈良における保存会の代表、奈良県知事・木田川奎彦《きたがわふみひこ》の名義に所有権移転の登記を移し終えた。

大極殿と朝堂の周囲は、まだ民間の水田だが、この時点で、棚田と溝辺の保存運動は確実に過去のものとなったといえる。おそらく両人とも、着実に進展する成果を見て、「これで良かったのだ。われわれ地元有志の運動が無駄になったのではない。われら有志の精神が継続されている」と、心が軽くなったのではないだろうか。

家にジッとしておれない嘉十郎は、街に出て友人と四方山《よもやま》話に興ずるのであった。あるとき、視力をほとんど失った嘉十郎が、白杖をついて新聞社の方へ歩いていたところ、道端に寝ていた牛につまずいた。牛とは知らず、その物体が動いたので嘉十郎がビックリして飛び退いたところ、牛はのっそり起き上がって何事もなかったように歩き出したという。

●宗教団体「福田海《ふくでんかい》」の匿名?寄付

大阪道頓堀で手広く事業をしている中西平兵衛という中年の男が、保存会に10万円寄付、それも匿名で寄付すると申し出てきた。中西平兵衛は陰徳を積む宗教団体[註]「福田海《ふくでんかい》」の代表者らしい。しかし10万円とは、桁違いの大金ではないか。にわかには信じられない。

平兵衛は保存会の設計通りに工事するから、徳川会長に会って話をさせて欲しいと、嘉十郎に仲立ちをしつこく依頼してきた。嘉十郎は大正6年1月17日、中西平兵衛と上京、塚本慶尚が付き添って、翌日岡部子爵と、3日目に徳川会長に面会する運びになった。残りの田地買収費用4万5千600円と、工事を県の監督下に費用全額を福田海が負担する。そして工事完了後に総てを保存会に寄進するという話であった。

徳川会長は、保存会の決定は後日通知するとし、この日は中西の話を聞き置くことに終始している。棚田らは帰って通知を待つことになった。2月11日、華族会館で徳川頼倫《よりみち》会長、徳川達孝《さとたか》、大倉喜八郎、関野貞らが集議し、匿名寄付を許可する決定が下され、塚本慶尚から嘉十郎に通知がきた。この決定から数日後、中西平兵衛が、棚田と溝辺を会長に会わせる、と道頓堀の自宅に招待。教祖との会見で寄付と工事を匿名行為にすること、一切他言しないことで合意。総工費、11万8千900円などが話し合われた。

大正6年のむし暑い6月、寄付団体が奈良市北風呂町の阿弥陀寺（浄土宗、奈良奉行中坊家の菩提寺）に無縁石塔を建て、市内9ケ寺の住職を迎えて、大極殿址保存の法要をおこなった。参拝者8~900人、棚田、溝辺も招待され参列したところ、団体の責任者は「自分たちが責任を持って大極殿を保存する」などと講話する。文四郎は、「はて、寄付行為は匿名にして他言しないとの約束だが……」。疑念がよぎった。

註〔福田海〕中山通幽（多田盛太 1862-1936）が創始した宗教。陰徳積善をモットーに霊場旧跡の復興・無縁仏の祭祀・池溝の浚渫《しゅんせつ》などに奉仕する。本部は岡山市吉備津。大阪支部「蓮社」が兵庫県川西市花屋敷にあり、嘉十郎菩提の三重石塔が建つ。

●文四郎 先立つ

大正7年（1918）7月17日、しばらく病床に伏していた溝辺文四郎が他界する。中西平兵衛と匿名宗教団体の約束を疑いつつ、息を引き取った。享年67歳。

見えないワシの手を引き、最後まで支えてくれた〝溝辺さん〟が逝ってしまった。

年上の文四郎さんを堅苦しいと疎んじたこともあった。

知らせを自宅で受けた嘉十郎は、その日、ひしひしと胸に迫る喪失感に、呆然と座り込み、その日は粥すら喉を通らなかった。

10月初め、故郷 鹿児島に帰り、霧島神宮の宮司をしていた大久保中将が、9月30日「73歳で没する」との悲報を知らされる。いつも嘉十郎を励まし、温かい言葉と、物質的援助を与えてくれた、敬愛する師も去って行った。

●嘉十郎、匿名宗教団体に抗議

大正8年(1919)9月に福田海は予定通り大極殿周囲の土地、66・6平方キロメートルを買収し、工事が始まった。だが工事起工式の儀式など、新興宗教特有のやり方は、既存の仏教・神道から逸脱しており、嘉十郎は〝不敬〟と憤った。匿名と約束したのに、福田海の宣伝に利用しているではないか。しかも買収した土地の名義は中西平兵衛の個人名義になっている。

『聞書』によると、中西にいくら抗議しても、手のひらを返したように理屈を述べて応じてくれず、何度書状で抗議してもなしのつぶて、一度も返事をよこさない。嘉十郎は忿懣《ふんまん》やるかたない。知事に談判すると—

「個人名義になっていることについては、福田海に一任し、工事終了後に総てを寄付することで合意しているのだから、安心して待つがよい。徳川侯を誑《たぶら》かすなどありえない。土地も名義変更されるだろう」

と、「安心して待つがよい」が口癖の知事は一向に問題視しないようすだ。のれんに腕押し、徒労を重ねる日々、自宅に戻るとドッと疲れが出て、からだを横たえるのであった。

さらに、嘉十郎が尊敬する漢方医石崎勝蔵が、翌大正9年の初秋に病没。平城宮建設の幹事として推進と支援を惜しまず、集会には必ず顔を見せた顎髭《あごひげ》チョン髷の仁医、馬上往診に来てもらったこともあった。悲哀はより深く、嬉しい知らせは一つもない。

木田川知事、岩田内務部長、社寺係の加藤と今井らは、嘉十郎の保存運動を支えた昵懇の間柄ではなく、新任のかれらは嘉十郎を部外者《よそもの》と見るようになっていたのである。

しばらくして大阪毎日新聞紙上に、福田海のスキャンダルを暴く連載が出た。

『大阪の真っ只中に不思議な婦人の集団』という通し見出しで15回連載され（大正10年4月25日から5月12日まで）、なかなかの力作で評判になった。特に連載の5、6回は「聖域を乗取る企み」、「奈良朝宮址に魔手は伸ばされた」、「徳川頼倫侯に一杯喰はせる」などの扇情的な見出しが躍る。

この新聞連載は匿名団体を怒らせ、県知事の機嫌をそこない、嘉十郎は社寺係を通じて苦情を聞かされた。連載記事のニュース源は、棚田嘉十郎と思われたためである。確かに大毎の記者が、福田海の件で取材に自宅まで来たことはあるが、10回連載するほどの詳しい内容は、嘉十郎も初めて知ることであった。

塚本慶尚からの手紙には、今までにない強い口調で――

「福田海と事を荒立てては、徳川会長にキズがつくゆえ慎まれたい」

と、嘉十郎を叱責する文が書かれているではないか。運動の初めから、若い技員として手伝ってくれ、一緒に苦労した塚本松治郎までもが……いつのまにか頼るべき人がいなくなり、嘉十郎の意見を聞いてくれる人が周囲から去っていった。

塚本松治郎は18歳で関野貞技師の助手から叩き上げた県の技員。熱心さを買われて、関野技師の後任に関野(このとき博士)の推薦で内務省入りを果たした。松治郎は名を慶尚《よしなお》(けいしょうと通称)と改め、国として奈良の社寺保存に尽力、文句のない働きぶりであった。県の技手から出発した省庁職員として、主任は最高の地位であろう。保存会の事務方としては、徳川会長を護る責務がある。とはいえ、傷心の嘉十郎に「慎まれたい」とは冷ややかな言葉である。

6月、嘉十郎は県庁の今井社寺主任宛に――

「責任上保存会長以下請願に対し何と申し開きをなし得べきか殆ど進退極まる次第……記名した当局者に回覧されたく」

と真情を吐露した書簡を出したが、回覧されたのだろうか。だれからも返事はない。

平城宮址はいま不可解な寄付団体に汚されている。買収した土地を一部畑に変え、糞尿で聖域を穢《けが》すとは、断じて許せない。だが嘉十郎には、もはやなす術《すべ》もなかった。

名誉を汚され、責任を果たせないまま悲憤に懊悩《おうのう》する毎日。生き恥をさらして生きるわけにはいかない。嘉十郎に、昨年来考えてきた自決の日が近づいてきたようだ。

あれは明治34年5月だった。「事業の性質を汚さなきよう保存に努力せよ」との小松宮殿下のお言葉を忘れたことはない。あの時のお声が山鳴りのように耳にこだましている。殿下から賜った揮毫「生無一日歓死有萬世英名」――

生きて一日の歓びなく、死して萬世の英名有り　（152ﾍﾟｰｼﾞ参照）

が、見えない目に揺れている。

死を決意

●覚悟の自裁

大正10年(1921)8月16日、送り盆の日の午前9時ごろだった。

嘉十郎が大豆山町《まめやまちょう》自宅の奥八畳の間で自刃。大極殿趾保存に奔走した生涯を自ら絶った。

その日は朝8時に妻イエと18歳になる末娘の留子を、イエの亡弟の墓参りに出したあと、嘉十郎は表戸に鍵をかけ、自室にしている奥八畳の間に戻った。中央の畳2枚を裏返し、上に油紙、その上に白布を敷き、麻裃《あさかみしも》を着けた白装束で古式通りに正座。傍らの土器から末期《まつご》の水を口にするや、一呼吸終えて、註刃渡り9寸5分(29.5センチ)の短刀「備前康光」を右頸部から下に、柄まで深く一気に突き

嘉十郎の短刀「康光」
奈良文化財研究所 所蔵

刺した。　註　この刃渡り［9寸5分］は、平城京造営時の一尺と、不思議にもピッタリ一致する。

妻イエと末娘の留子が10時半ごろ、墓参りから戻ってくると、表戸が施錠されている。イエは胸騒ぎを覚え、留子に入らないよう玄関に待たせて、急いで奥の間に入ると、夫は白装束を朱に染めて苦悶していた。イエは留子を呼び、父を看取るように諭して、近くのM医師を呼びに駆け込んだ。やってきた医師は絶望と見て、嘉十郎に応急手当をして場を離れた。その時はまだ嘉十郎の意識がはっきりしており、言葉をしぼり出すこともできたのだが、午後一時ごろ絶命する。62歳だった。

傷は深かったが、動脈も気管も外れたため、すぐには死に切れなかったのである。脇に用意した実弾2発入りのピストルは、置いたまま使われていなかった。新聞報道によると、死因は多量の失血と血液が肺に入り窒息したためとされる。

白木の三宝に、上申書（数十枚に書かれた大極殿保存に関する経過並びに申開書）と貴顕宛に遺書10通が置かれていた…小松宮殿下、伏見宮文秀女王、故人を承知の上で大久保利貞中将と土方直行宮司にも、春日大社宮司水谷川忠起男爵、土方久元伯爵、司法大臣岡部長職《ながもと》子爵、保存会会長徳川頼倫《よりみち》侯爵、小原新三和歌山県知事（元奈良県 内務部長）、若林賚蔵《らいぞう》京都府知事（元奈良県知事）宛の10通である。これら上申書と遺書は、6月に奈良裁判所内の司法代書人に浄書してもらっていた。

室内に家族に当てた遺書はなかったが、4カ月前、妻イエに1年分の米代として現金の保管を託し、ひと月前には、自身の墓石を現金払いでつくっているなど、用意周到である。自刃の準備と装いに抜かりはなかった。すでに年末から、葬儀屋に死装束の白袴《しろばかま》を誂えていること、1月に遺書2通を公正証書に作成し、購入済みの桜樹500本を大極殿に植樹すること、自分の全財産は妻けい子（イエ）に贈与すると決めていた。周囲に気取られないよう、1年前から自刃の計画と準備を始めていたのである。イエは気づいていても、夫に口を挟む妻ではない。

嘉十郎は今生《こんじょう》の暇乞いに、若林賚蔵《らいぞう》氏を京都の知事官邸に訪ねたが、会えなかった。自刃の前日、よく世話になった奈良の新聞2社をふらりと訪ねている。そこで四方山話の合間に――

「聖域を汚す団体の横暴、県庁の神社《マ》係《マ》に散々抗議しましたが、テンで話にも棒にもなりません。弁解言い訳は聴く耳持たぬと振りきって帰ったのです。小松、伏見の両殿下はじめ徳川さまに申し訳ない」

と熱っぽく話すのであった。応対した記者は、嘉十郎が、暑い最中に三つ紋羽織に袴で威儀を正し、頭もヒゲもさっぱりと、いつもと違う様子に、盆の正装かと、そのときには自刃するなど思いもよらなかったという。

●絶筆と辞世

玄関の入り口三畳間の北壁に100×45チ《セン》ほどの大判半紙をピン止めし、台形の富士山を線描、絶筆と辞世を記した。

富士の上に「ふはいの 絶頂」と二行に割書《わかち》き し、日本の国は腐敗の絶頂にあると警告。

「諸君義の一字守給へ」　大正十年八月 一心

と書き、その左右に別紙に書いておいた辞世の二首が貼られていた。

津《つ》くしてもつくしきれない君のため

心きめるハきよかきりかな　嘉十郎一心㊞

みをかざるいふくの光ハなんのその

心のたましの光た津《つ》とし　一心㊞

嘉十郎が自室にしていた自刃の部屋には、贈られた西園寺公望《きんもち》筆『至誠盈日』（しせいひにみつ）

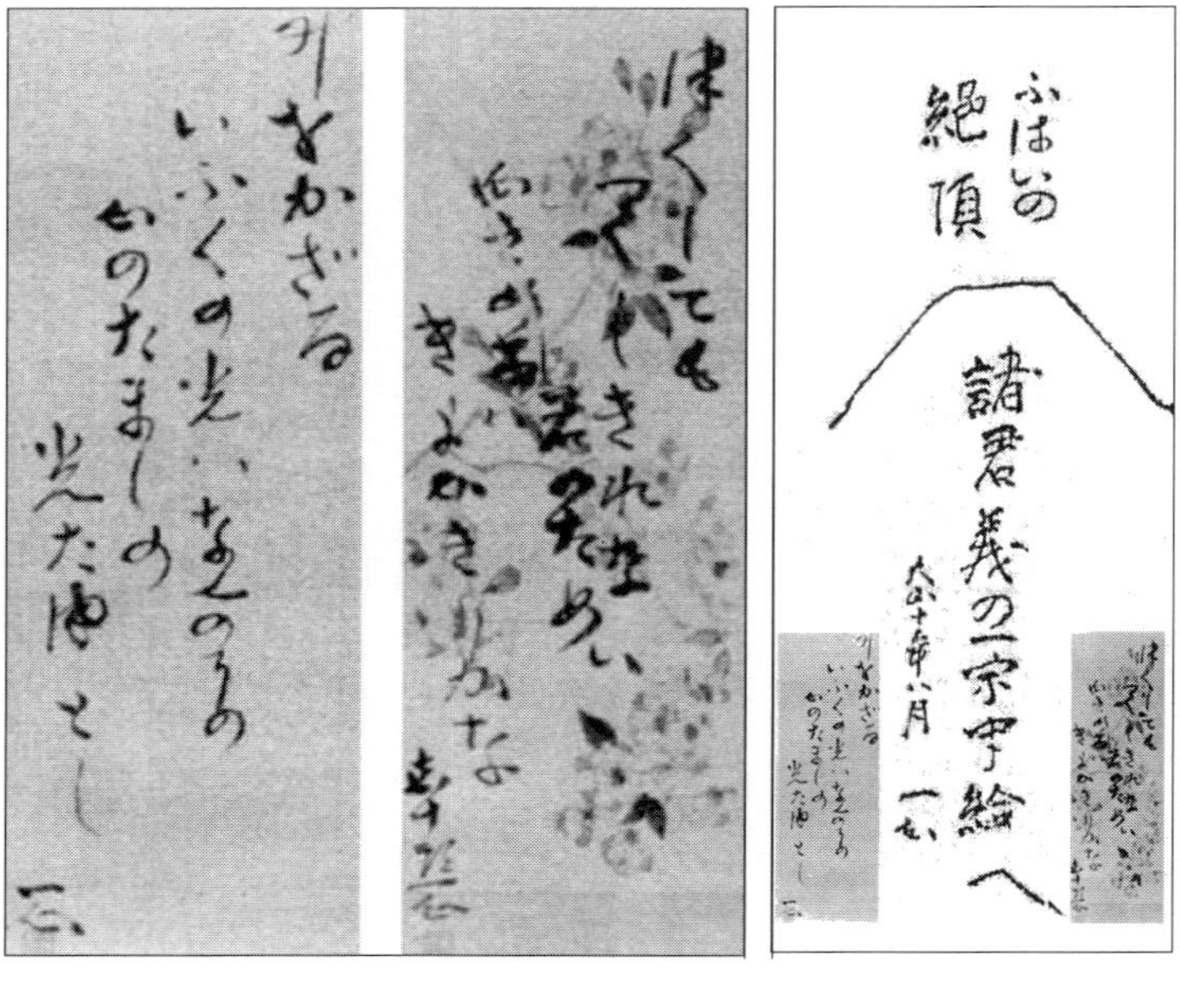

絶筆と辞世の歌　奈良文化財研究所 所蔵

の額が置かれ、伏見文秀女王筆の扁額『思無邪』(おもひによこしまなし)を座右の銘にしていた。絶筆は、道義を失なった世人に檄をとばし、人心の腐敗は富士の高嶺に達すると、これは明らかに世間に対する義憤である。一方辞世の句では、忠君至誠の人らしく、聖域を汚すことになった責任から義に殉じる心情が発露され、二つ目では死路におもむく自身に言い含めているようでもあり、覚悟は静かにみえる。

●質素な葬列から盛大な会葬へ

遺骸は嘉十郎が自刃した奥八畳間に安置され、近親者が涙ぐむ中、妻のイエは髪を根元からバッサリと切り落として微塵《みじん》も取り乱さず―

「夫は自分の責任を感じて自決したものですから、自分もあれで本分でしょう」

と悠揚とした物腰であったという。(大阪毎日新聞 大正10.8.18)

嘉十郎の自殺は全国に知られたが、葬儀が早くも翌17日に行われたため、参列者が少なかった。喪主は長男嘉蔵氏、午後5時に自宅を出棺、導師久保田老僧ひとりだけの先導で、空海寺(雑司町)で葬儀が営まれた。今井社寺係が木田川知事の弔辞を代読、友人総代 城森猪之松らの弔辞朗読があり、棺はふたたび、埋葬のため白毫寺に運ばれた。

白毫寺には若林京都府知事、小原和歌山県知事、木本大蔵省参事官らの弔電が届き、老体を押して法隆寺から北畠治房翁が駆けつけ、久保田博物館長ほか、かつての支援者が続々集まってきた。家を出発した葬列と空海寺での葬儀は寂しかったが、白毫寺ではついに100人を超える人々で斎場に入りきれないほどに膨れあがった。まことに至誠の人・棚田嘉十郎を送るにふさわしい盛会であった。

雑司町の空海寺門前に建つ嘉十郎顕彰の墓碑（平城宮趾保存会建立）

「棚田家の墓」（空海寺霊園）

棚田家の家紋
丸に剣片喰《けんかたばみ》

棚田一家の住んだ家、東笹鉾と自刃した大豆山《まめやま》

棚田一家が明治22年以来、約20年住み慣れた東笹鉾《ささほこ》町の家を、債権者に追われて手放した後、ある若夫婦が家主から借りて長年居られたが、独り残された夫人が老齢のため施設に移られた。東笹鉾に一戸建ちが空いていると、事務所を探していた倉橋みどりさんの耳に入り、事務所としてなら、ということで家主さんと話がまとまった。

奈良の本や講演でおなじみの俳人 倉橋みどり氏（NPO法人文化創造アルカ理事長）は、しばらくして、町内の人から、この家にむかし棚田嘉十郎という人が住んでおられた、と聞く。町内会の会長さんに確かめると、やはりそうだった。…とのお話を倉橋氏から伺った。偶然といえ、絶妙の差配である。家は嘉十郎が住んだ頃と総体として変わっていないようだ。外井戸も内庭も、坪庭の石灯もそのままである。庭の松は、さすがに上物との庭師の見立てとのこと、大きなイブキが木陰を作っていた。（写真上）

明治42年、棚田一家は1年半、鹿野園温泉に仮住まいしたあと、大豆山《まめやま》町に民家を借りる。崇徳寺の斜め向かい。まだ近鉄奈良線が通じる前で、いたって静かなところだ。その後この大豆山の民家に奈良学の高田十郎氏がしばらく住んでおられた。氏の『奈良百話―33』（奈良叢記）から引用―

「自刃のところは市内の大豆山町東側の家で、
その後改築されたが、直前には私のすまひ、
その室は実にわが書斎の八畳だった」

●急転、名義を県知事に移転登記

嘉十郎自殺の衝撃は、東京大阪の大新聞にも連日トップで報道され、全国に知れ渡ると、宗教団体・註福田海《ふくでんかい》を非難する記事が過激になった。そのため事態は急転直下、福田海の中西平兵衛は「世の疑惑」を理由に工事の即時中止を県に申し出て、すっかり手を引いたのであった。これが、当時の世論であり今でもそう理解されている。

福田海の中西が、嘉十郎の切羽詰まった抗議に取り合わなかったことは、たしかに道義に悖《もと》る。しかし宗教団体が、嘉十郎の自殺によって驚愕・狼狽して即時返還したというのは正確ではない。

東大教授黒板勝美らによる、史跡現状変更を不可とする反対意見があり、福田海は、「史蹟記念物保存法」が近々平城宮趾に適用されるのを耳にし、近く国に返還するほかなかったのである。匿名寄付を持ちかけた福田海の幹部 中西平兵衛は、知事や社寺係との協議を怠ったわけではない。朝堂院と周囲の農地を分ける実際の溝堀工事は、地元の土木業者が請負い、県の土木課が監督していた。中西は、まだ始まっていない区域の田地や畑については、耕作しても良いと県の了解を得ていたのである。

中西の工事中止申し出に、県は東京の保存会に諮って善後策に日を費やし、大正10年10月24日をもって土地名義が、中西平兵衛から木田川知事名義に変更された。

また工事はじめの地鎮祭に、紫の尼僧が大勢ならび出る異様な式であったことも、新興宗教なら伝統に則さないのは十分予想され、県の行政上、法的に禁止できる行事ではない。それだから嘉十郎が、徳川会長の保存会奈良支部ともいうべき県知事に談判したくても会ってもらえず、「聖所を汚す」と社寺係に抗議しても、「はい、止めさせましましょう」とは言えない係は、ダンマリを決め込んだ。工事が終われば、契約通り保存会の管理に移行することに懸念はなかった。もし団体がしぶるなら、契約違反で没収するなど、方法はいくつもある。そのように事務的に考える役所に対して、嘉十郎は寄付の仲介者であったが、もはや当事者ではなかった。

ついこの間まで嘉十郎を山師・狂人と詰《なじ》っていた一部の市民すら、「どうするつもりか、貴殿の責任ではないか」などと糾弾することはなくなった。構ってくれる人がいなくなったのである。胸のつっかえを聞いてくれる人はひとりもなく、嘉十郎に耳を傾ける人士は、もうどこにもいない……。

福田海は嘉十郎の自刃による工事中断の時点で、10万円（現価で8千万円？）ほど費やしたであろう。匿名陰徳の寄付ではなかったが、また翌年4月には工事継続を希望したが、保存会は辞退する。ここに保存会は約束どおり、福田海から全ての買収土地と整備の寄付を受け、大正11年7月事業を終了し、内務省に寄付することを決議した。

国有地・史蹟平城宮趾

●大極殿趾保存会解散、国家の事業に

嘉十郎の壮絶な自刃があってから翌 大正11年10月、朝堂院大極殿跡が、「史蹟名勝天然記念物保存法」（大正8年成立）により史蹟に指定された。

これを受けて徳川頼倫会長の「大極殿趾保存会」は、管理する平城京の土地を、まるごと内務省に寄付、国の管理に移された。

事業を引き継いだ政府は、大極殿趾を含む宮城東半部を史跡に追加、ここにようやく嘉十郎の悲願が達成され、東京の保存会に忸怩たる思いを払拭できないまま、この世を去った文四郎もまた、安堵したことだろう。

翌大正12年（1923）、徳川頼倫らが出席して、棚田、溝辺両雄の霊を追善供養し、平城宮趾に於いて保存紀念碑（次ぺ－）の除幕式と、大極殿趾保存会事業修了式が行われた。

紀念碑正面、九字の銘は保存会会長 徳川頼倫《よりみち》が揮毫。
裏面に幹事の国府種徳が起草、木田川知事の撰文（県が修正加筆）、高塚錠二の書になる漢文がビッシリ刻文され、保存運動の経緯が漢文で刻まれている。中に保存運動に献身した棚田・溝辺両人が挙げられているが、公的な地位で関係した人物名が多く、官公偏重のきらいがある。

平城宮趾保存紀念碑
大正12年建立

この大きい石碑は、背面の刻字が上の方は霞んで見えない。池田源太先生が写真家の藤井辰三氏に「全部読めるように写し撮れ」と厳命。しかし、背面の刻文は日陰側でもあり、大正時代のカメラではうまく撮れない。４人掛かりで拓本を取り、それを拓写することにした。写真修正に半年、根を詰めてやっと出来上がった。大判の焼き付けを持参すると、源太先生は満足、たいへん喜ばれた。だが、内容にはさほど興味を示されなかったようだ。

因みに、渋沢栄一が、この紀念碑の建設に献金している。

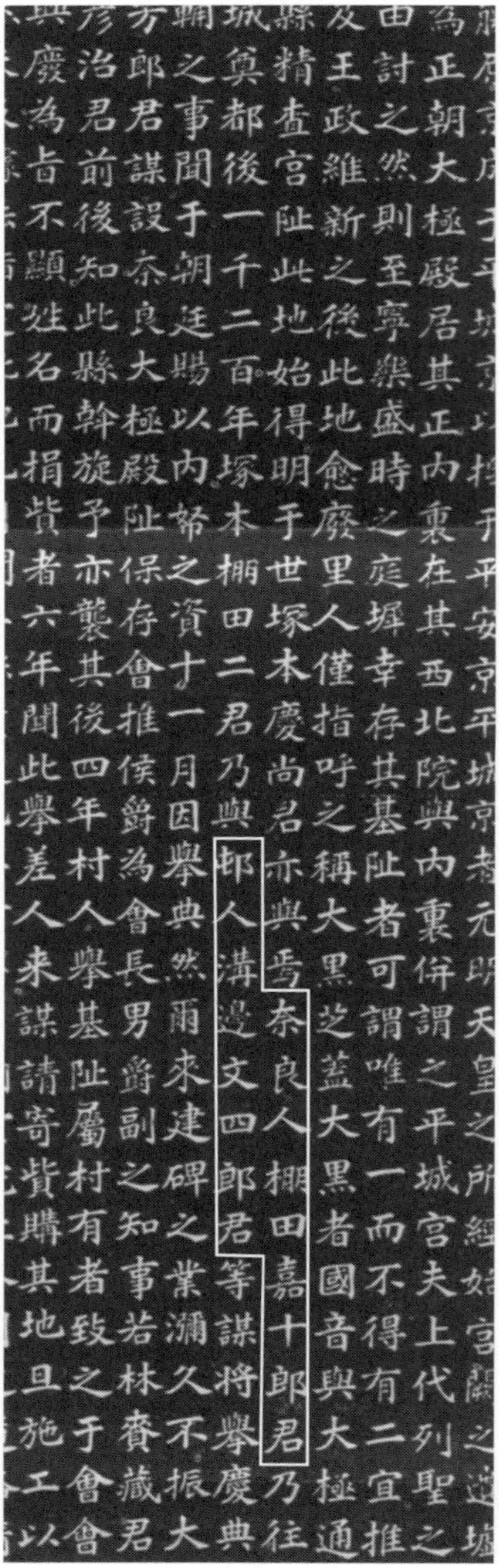

平城宮趾保存紀念碑 背面の刻文-部分、「奈良人棚田嘉十郎君　邨人《むらびと》溝邉文四郎君」の文字が見える
拓本と撮影 藤井辰三、『平城宮趾照映』より

〝あれが大極殿〟と指さす嘉十郎翁

左手に軒丸瓦をもつ。『棚田嘉十郎翁、溝辺文四郎翁顕彰会』によって、平成2年朱雀門南側に建立。彫刻は日展の江里敏明。

↑ 大極殿趾で講義する若き日の故・堀井甚一郎先生（歴史地理学、
奈良教育大学教授）　昭和８年　撮影 藤井辰三　『目で見る大和路』より

↓『大極殿趾』　昭和 32 年 11 月　撮影 福川美佐男
奈良県立図書情報館「奈良の今昔写真」WEB サイトより

↑大極殿の鴟尾、オオタカとカラスのバトル

↓大極殿暮景、ねぐらに帰るツバメ、　撮影 山田武雄

椋鳥の怨嗟（むくどりのえんさ）

山添孤鹿　　平成二八年

椋鳥《むくどり》は　群がりキュルキュル　キュルキュル　宮殿で雅楽を舞っていた　と誇る
平城京朱雀門のすぐ隣に　藤原氏一族の陰謀で自裁に追いこまれた　らしいという
長屋王の大邸宅が　その隣にも貴族の屋敷が　あちこちに雅に　競っていたと和む
そんな辺りに六十年ほど前に　警察署本部が　相談もなしに移ってきた　と愁える

椋鳥は　やがて駅前の街路樹を塒《ねぐら》にし　ジュルリ　ジュルリ　垂れ競った　と零《こぼ》す
その警察署がまた移設され　そこに今度は外資系の高級ホテルが建てられると呟く
警察署跡から永年　隠蔽されてきた貴族の広大な邸宅遺構が　露見したと目を剥く
さらに　その下層から　なんと二千四百年前の水田跡が　新たに見付かったと喜ぶ

椋鳥は　都より千年以上も前から　キュルリ　キュルリ　竜巻飛行していたと笑う
弥生時代後期には　穏やかな棚田で豊富な食物を楽しみ　共存共栄していたと説く
高度な土木技術を駆使し　畔が水利工学を熟知する阿弥陀籤模様であったと誉める
一帯に五百枚も繋がり　用水路跡と奈良時代の和同開珎が多数　発掘されたと煩い

再出土した奈良時代の遺構も　さらに古い水耕遺跡も　すぐに埋められる　と悩む
椋鳥は　現地説明会に一日中群がって　ジュリ　ジュリ　雪糞を撒き散らし続けた
観光客のため　超高速新幹線が素通りしないように　急ぎに　急いでいる　と嘆く
高級ホテルを建てるために　世界遺産よりも更に古い遺跡を　隠してしまうと悔む

調査員は　弥生時代の暮らしを生き生きと再現できるよう　研究し続けたいと言う
椋鳥は　真相を見抜き　ギャギャギャ　ギャギャ　激減する餌場を奪うな　と喚く
最初に邸宅遺跡が見つかった時には　当局はどう洗脳して隠蔽工作をしたのですか
なぜ保存状態の良い和同開珎が　二十九枚も発見されたのか　説明しないのですか

椋鳥は抗議する　糞害を撒き散らすと憤慨され　街路樹を寸足らずで切り詰めたり
先端科学を悪用し　冷静に無差別殺戮し　さらに正当化する怨《うら》みは　忘れられない
考えねばならない悲歌慷慨が　ジュルリ　ジュルリ　たくさん有りますよ　皆さん
ガギャーギャ　皆さん　ガギャーギャ　人任せでは　安らかに眠られない　と嗟《なげ》く

後記

平城の土壇が保存決定まで水田化しなかったのは、周囲の水田より2メートル高かったことと、ダイコクテンと呼ばれ、ここが宮殿の趾であるとの認識が佐紀村の人々に共有されていたからであろう。

表層の地形と風景から、足と紙と筆／鉛筆で、あるいは簡単な測量機を使って平城京を探究した北浦、関野、喜田ら先人の偉業があり、「宮址を保存することが生きること」であった異才棚田嘉十郎とダイコクテンの前に住む溝辺文四郎がいた。

棚田嘉十郎は今日、偉人との評価が固まっている。筆者は等身大の嘉十郎を索めるあまり、シビアな見方になりました。ご寛恕《かんじょ》を請います。稀有な情熱と至誠を実践した嘉十郎は、強くも弱くもあり、個性がわかりやすい。対照的に溝辺文四郎は、嘉十郎に劣らない情熱を胸に秘めて、決して激情に走らず、黒衣《くろこ》に徹した。しかも温もりのある家庭人という、苦労人である。物心両面で支えた文四郎がいなければ、嘉十郎はいつまで単独に奔走活躍できただろう、感慨深い。

現在の平城宮跡では、先人たちの比ではない大規模で先端技術を駆使した発掘調査によって、遺構がつまびらかにされ、次々に新事実が発見される。隠されていた古代の歴史が視覚化され、生き生きとした古代人の生活までも見えてくるようになった。

考古学は人類の古代史を明らかにする学問であり、考証に裏打ちされた復元模型やジオラマは、一般の私たちに解りやすく、大変興味深い。拙子とて誠にありがたい気持ちでいる。とはいえ、実際に京城の姿、建物を実地に再現する事と、歴史に学ぶ事はまったく別もの、いくら正確に再現しようと、千年前の空気は取り戻せない。あたり前だ。所詮は壮大なレプリカ、文化的レジャーランドと同じ次元である。想像力をおしつぶす夾雑物にすぎない。

歴史への畏敬を摘み取るな！目障りだ!!

それだけではない。増える一方の発掘出土品を収納するための建物、拡張される研究施設や展示館、資材置き場で宮跡の空間が狭められる……

とまあ、青々とした田んぼや、だゞっぴろい草地だった「平城旧址」を想い出にもつ拙子は懐かしむわけです。

終わりに、山田武雄氏の大極殿映像を誌面の都合でモノクロで借掲、そして同世代の共感を覚える詩、米文学者・山添孤鹿《ころく》氏の『椋鳥《むくどり》の怨嗟《えんさ》』（2016）を氏の了承を得て掲載しました。綿密に韻を踏み難解そうでいて、奈良人にはストンと腑におちます。

第三章

竹林履中斎 高行　写真提供 竹林節

孤高の仏師・竹林高行

１８６９〜１９４９

杜園没後、奈良一刀彫りに新境地を開いた名工

竹林高行

筆者口上

竹林高行履中斎《りちゅうさい》は木彫の竹林家初代、竹林薫風（薫）氏の父、竹林節（恵美子）氏の祖父である。初代高行は、明治‐大正‐昭和の戦後まで鑿《のみ》・彫刻刀を離さず、彫り続けた木彫の名工であった。少年期から誰にも教わらず、精巧な宮殿の模型をつくる異才ぶりを発揮、その模型が木彫の竹内久一の目にとまり、数え23歳のとき、師の弟子になって東京へ、師の助手を務めながら東京美術学校（現・東京芸大）で彫刻を学んだ。

高行は81歳まで生きた名工である。それにしては名が知られておらず、奈良きたまちでも高行の名を知っている住人は少なくなった。著名な二代・故薫風氏や、今も矍鑠《かくしゃく》として現役の三代・節さんをご存知でも、高行履中斎の名には首をかしげる人が多い。

高行は一刀彫りの第一人者・森川杜園《とえん》のように知れ渡った名士ではなかった。

その理由としては、

▽顧客に媚びない一徹な芸道が敬遠され、高行自身も社会的地位には関心が薄かった
▽青年期を過ぎる頃から、展覧会に出品するなどの活動に積極的ではなかった
▽晩年は世間的に奇癖、風変わりな趣味に耽り、家に閉じこもりがちだった

ことなどが挙げられる。

竹林家は、江戸時代、苗字を竹坊《たけのぼう》と称し、興福寺官符衆徒《しゅと》の家系である。明治維新後しばらくまでは、大豆山突抜町《まめやまつきぬけちょう》の衆徒三番屋敷に住んでいた。高行はここで明治2年（1869）に生まれている。この大豆山のあたりには、昭和のはじめまで、古い衆徒屋敷が二つ並んで残っていたそうだが、今はまったく面影を留めていない。

竹林高行を、誕生から81歳でこの世を去るまでの長い生涯を見ていきたい。

ただ、高行の作品が散逸し、見つけ出すのが今となっては難しい。幸運にも発見撮影できたのは、ごくわずか、複写を含めて掲載した作品は、主な作品の2割に満たないだろう。それが心残りである。

竹林家と興福寺衆徒

●興福寺築地塀の外側

　興福寺が全貌を保っていた明治以前は、築地塀に囲まれた堂塔伽藍、僧坊や子院があり、築地塀の外、南から東にかけて1000に及ぶ子院が立ち並んでいた。竹坊屋敷があった築地の西側は、大豆山《まめやま》（眉目山）と呼ばれるこんもりとした雑木林で、興北院や花林院があった。興北院は年少の村田珠光が、小坊主奉公に預けられた頃に独立、改名された「稱名寺」である。また花林院の跡地に、現在に連なる崇徳寺《そうとくじ》が建っている。この向かいに棚田嘉十郎が最後に住んだ家があり、崇徳寺の南に宮武春松園八番屋敷があった。本書の異才たちに縁のある地区である。

　築地塀の北側にある南半田中町・東町に、民家に混じって興福寺の坊官や衆徒の役宅が、戦後も長く残っていた。南半田中町の関西印刷田中家の自宅屋敷門、もと田中兵部卿の役宅が見られたものである。

興福寺西塀に沿って北へゆくと、西門（通称赤門）の前が、今の登大路の近鉄奈良駅前の交差点である。境内を囲む築地塀は、明治に入って撤去されたが、竹坊《たけのぼう》（維新後竹林に改名）が境内の一乗院へ出仕する江戸時代中期には、衆徒屋敷から直行できる築地塀の通用門「花芝脇門」があった。

●代々、興福寺衆徒の家系

木彫家／一刀彫りの竹林高行履中斎は、明治2年（1869）、興福寺官符衆徒の家系に生まれた。衆徒といえば、比叡山の僧兵や、春日神木を奉じて京に強訴した奈良法師、あるいは筒井・古市といった土豪衆徒の戦を思いうかべ、一般的に良い印象はないのであるが、興福寺官符衆徒にはそれなりの格式があって、古い歴史をもっている。

どれくらい古いか、竹林家に遺《のこ》る長櫃《ながびつ》いっぱいに収められた古文書『竹林文書』（東京大学史料編纂所が、全貌を現在解読中）が伝わっており、高行の長男で、父より著名な故竹林 薫氏が調べられた中に、系図があるという。

氏の著書『奈良の一刀彫』に――

「天正年間（1573―1592）の日記に、祖は藤原賀専《よしのり》、十五代の子孫大和十市郡（現橿原市の辺り）を領し、元和8年（1622）水坊《みずのぼう》を相続、寛永元年（1624）竹坊《たけのぼう》と改めた」とある。また別の記録には―

「世々興福寺の官符衆徒の家筋で、一乗院の宮にも兼ね仕えていたので「北面」とも呼ばれた」と書かれている。

天文2年（1533）、近くの高天《たかま》から出火した火事で大豆山突抜町《まめやまつきぬけちょう》の広壮な三つの衆徒屋敷が類焼し、家宝と共に伝承の古文書などをほとんど失った。それでも、いまなお室町時代永正年間以来の「衆徒日記」、竹坊関係の記録が数多く遺《のこ》されている。この天文の火事では、竹坊衆徒屋敷の北西、菖蒲池町にあった稱名寺は類焼を免れた。

春日大社と興福寺は、手みじかにいえば、それぞれ藤原氏の氏社、氏寺として、平城京遷都に際し、整備創建された社寺である。創建当時から春日社と興福寺の護衛を担ってきたのが大衆《だじゅう》とか、衆徒《しゅと》と呼ばれ、社寺に属する警察と軍隊を合わせたような組織といえる。都《みやこ》が平安京に移ってから、興福寺が大和の大半を支配するにしたがい、興福寺が発令（官符）する「官符衆徒」として、僧体で大和郡郷の治安にたずさわった。『興福寺官符衆徒引付』には「20名が4年1期で補任される」とある。室町時代の終わりに七家に絞られたが、桃山時代、衆徒七家が一時離散に瀕したことがある。戦国時代がおわり、大和の支配が興福寺をはなれた結果、荘園を基盤にする南都の寺院は、江戸時代になり、荘園規模が縮小。勢力が衰えて衆徒は武力を失ってゆく。治安と行政はあたらしく設置された幕府の奉行所に移ったためである。

徳川家康がどう考えたかわからないが、奈良興福寺の衆徒を再興し、衆徒20家に太刀20腰と、扶持米380石をあたえたのである。竹林家には、その際に下付された銀作り朱鞘の、銘が刻まれた太刀と、慶長7年（1602）8月と記された家康朱印状の写しが遺されている。この衆徒20家の中にいる竹坊正盛という人物が、高行の父・十一世竹林高朗《たかあき》の曽祖父だろうか。前述したように大豆山《まめやま》突抜町に屋敷があった。

太平の江戸期になると、衆徒は長刀《なぎなた》を棄て、賜った太刀を座敷に飾って、何をしていたかというと、従来からの任務であった、興福寺の法会や祭りの準備と実行を采配、もっぱら春日大社の薪能《たきぎのう》や、若宮祭（おんまつり）を差配することで、これは昔と変わらないが、まちの治安に関わることはなくなった。

官符衆徒の家系は、社寺に密接な家柄だけに、次男・三男は工芸的な技能職についた者が少なくない。仏師や塗り師、指物師《さしものし》などがいた。ただ、抜きん出た衆徒出身の工芸家は明治以前に見あたらず、内職余芸の域を出なかったようだ。想像力のある奈良人形の岡野保伯（文政）、漆工の藤重藤巖（元和）、蒔絵の土門源三郎（元禄）などの名工はみな、町人から頭角をあらわした人である。

●明治維新で衆徒は廃絶

明治移行期の「竹坊《たけのぼう》」家主人高朗《たかあき》は、姓氏改名によって「竹林《たけばやし》」と改名、のちに復名しても良いと発令されたが、高朗は自分がえらんだ竹林姓を使うことに決めた。明治までの竹坊家は代々、藤原朝臣少将と号して武家の誇りをもっていた。実際、高行の墓と並んで立つ高朗の墓石に「藤原朝臣竹林高朗 妻 富枝」と刻まれている。また、明治3年に没した高朗の父の墓石に「竹林藤原洵《しゅんかい》養墓」とある。しかし、竹坊の家系に武芸で名を残したものはなく、もっぱら技芸、美術に長じた者を輩出している。寛永頃の一族である竹坊正秀・栄秀などは春日絵所の絵師であった。

江戸末期の竹坊高朗はひとゝおり武芸学問を修め、文章がたち、趣味がひろい。当時の有産階級の家長らしく、絵を描き、刀鍛冶もやり、囲碁に強く、歌を詠み、音曲《おんぎょく》に堪能、号を「傘下翁《さんがおう》」と称した。

春日大社では衆徒に相当する者を神人《じにん》と呼び、神人は、おん祭や薪能、鹿の角切りなど、祭り事の準備と采配を、社家に代わって裏方を務める。興福寺の長は、明治以前は摂家である南の大乗院と、北の一乗院の院主が、交互に興福寺貫主に就く慣わしになっていた。

明治3年1月に発布された「神仏分離令」による廃仏毀釈の嵐は、興福寺にもっとも強く吹きあれ、被害も大きかった。註坊官たちの中には、境内の外に構えていた下屋敷を売りすて、国に帰った者が少なくない。

一乗院主は春日大社宮司に転出し、還俗《げんぞく》して春日の新神司《しんかんづかさ》となったのは公卿出身の上級僧、学僧に許された特権である。一般僧侶は一時金をもらって平民になるほかなかった。

竹林高朗は、興福寺上級僧らと共に「春日神人」に横すべりしている。神人に再就職できたのは、官符衆徒のみ、雇われ衆徒は扶持米もなくお払いばこである。

一乗院との深い繋がりがある半田や大豆山の官符衆徒は、時代により異なるが十人を超えない。ただ神人になって扶持米が激減した。そのため家族を養うためほぼ全員が1、2年のうちに辞職して自営業を始めている。

註〔坊官〕世襲的に門跡家に仕え、事務にあたる在俗の僧。

●高行の幼少時代、大江武麿

明治2年(1869)3月1日、大豆山突抜町三番屋敷の竹林高朗《たかあき》に三男が誕生した。幼名武麿《たけまろ》、のちの木彫家、履中斎《りちゅうさい》・高行である。兄二人と姉二人がいて、末っ子の武麿は姉二人に可愛がられて成長した。

親戚の大江家に嫡子がいなかったので、生後間もなく武麿に大江姓を相続させることになった。養子縁組といっても、同じ竹林家で父母兄姉と一緒に暮らすのだから形式的にすぎない。武麿は成人して後も竹林姓を用いていた。戸籍上、竹林姓に戻ったのは、父高朗の死去の際、三男の高行が竹林家を継ぐことになったためで、代わりに長男が大江姓を継承した。父の高朗は禄高15人扶持の官符衆徒から、春日神人《じにん》になって3人扶持に減俸したため、〝これしきでは家族が養えない〟と、神人を辞任したものの仕事はない。

傘下翁は趣味三昧（音曲、絵画、歌詠み、囲碁）の生活であったが、収入が途切れた状況では是非もない。屋敷を手放し、東包永《かねなが》の「かけ湯屋」を買い取って銭湯を始めたのである。この頃の銭湯は庶民の数少ない贅沢だ。

藤原朝臣・竹坊家は十一代になって民間の職業に大転回したわけだが、名利にこだわらない朗らかな人のようだ。武麿5歳の頃という。武麿は大人にまじって、水汲み、薪運びを手伝う健康優良児であった。7歳で第三尋常小学校（現 鼓阪小学校）に通う。たいへん勝気な子供で、学校ではけんかに負けたことがなかった。一度、不意打ちを食らって眉間を割られたときには、血みどろになって追いかけ、相手を泣かせた逸話が伝わっている。意志を曲げない頑固な気性は、少年時代からあったようだ。武麿、長じて高行 履中斎は、筋金入りの一徹者である。

銭湯の方は、商売をしたことのない趣味人の高朗が、さてうまくやれるだろうか？

水道のない時代、桶で水を運び湯ぶねを張るのはたいへんな労力だ。そのうえ、薪を燃やし続けなければならない。懸念されたように一年足らずで廃業したらしく、その後、高朗がどのような定職に着いたのか不明だが、明治27年（1894）に亡くなるまで東包永の家で悠々自適に過ごしていたようだ。

武麿の修業時代

●木工に神童の腕

武麿、のちの高行は、幼年より小刀《こがたな》に親しみ、7歳で大黒天を彫っていたという。武麿が13歳のとき、家の南面にあった初宮神社の社殿の模型を造って周りの者からたいへん褒められた。正確な縮尺設計図がなかったので、武麿は気のすむまで何度も社寺にでかけては建物を実測し、描いた絵図に書き込むのであった。小刀や包丁を改良して、誰に教わるともなしに、ひとりコツくナイフで模様を刻むのである。15歳のときに彫った宮殿の模型（高畑天神社本殿？）は、周囲を驚かせ、とおり一遍の褒め言葉では足りない工芸品である。ある時、これを見た[註1]指物師の第一人者で、正倉院御物《ぎょぶつ》の模作を手がけた木谷楢蔵が、父に—

「あの子を指物師に奉職させよ、指導せむ」と勧め、武麿も勇んで東包永の家から遠くない手貝町の木谷アトリエに通うようになった。

一度始め出したら寝食を忘れて熱中する性格。この頃、北御門の鍵田忠次郎よりの依頼で、鍵田家厨房に幅2メートルを超える白木の大きな神棚をつくる。釘を使わない組手で制作。(上掲写真)

後に習得した指物技術を駆使して、菅原天満宮社殿の雛形を制作した(竹林家に現存)。雛形の屋根裏に、墨書きで小さく、

「干時明治二十二年八月十五日天神社奉謹
御造営大江武麿十八年五ヶ月」

とある。木工の将来を考え、明治21年高行19歳のとき、大阪島之内の[注2]宮彫師に住み込みで弟

社殿を模した神棚、写真は右部分。高行18歳の頃の作。
幅220×高さ90×社殿内奥行9センチ 北御門 鍵田家 所蔵

子入りする。高行らしく、刻苦勉励して、欄間《らんま》、蟇股[注3]などたちまち師の高い技術を習得、半年足らずで兄弟子たちを追い越す腕前になっていた。

「無口で偏屈だが、仕事には一目おいていた」との評が当時の同僚の語り草である。

一日休みをもらうと、夜通し歩いて家に帰り、家族に会うのが楽しみだったという。大阪島之内から生駒山、暗《くらがり》峠を越えて25キロの道のりだ。電車やバスがなかった時代の人々は、ひたすら歩くしかなかったとはいえ、やはり驚く。武麿の本心は、装飾模様よりも、できることなら「生きもの」を彫って見たい。一年暇《ひま》をとって奈良に立ち帰った。

註1　〔指物師《さしものし》〕主に紫檀・黒檀など硬い唐木を用い、飾棚・茶棚・座敷机・花台等の調度品を制作。釘やネジを使わない組手で接合する。仕上げには、生漆を拭き込み、砥粉《とのこ》で磨き上げる。

註2　〔宮彫師〕神社仏閣など和風建築の柱や天井、欄間などの装飾を彫る。左甚五郎が有名。

註3　〔蟇股《かえるまた》〕社寺建築で、梁や桁の上に荷重を支えるために置く、山形をした装飾的部材、蛙股とも。

高行の師 竹内久一

●竹内久一に見込まれる

東京の彫刻家・竹内久一（1857–1916）が、明治15年（1882）

奈良に遊学して3年の間、正倉院御物をはじめ、諸方の寺社にある古仏を模刻し、研究を重ねていた。狩野芳崖と共に東大寺真言院に滞在し、古仏巡りをしたこともある。春日大社の建物の飾り物を調べているとき、元衆徒で神人の竹林高朗《たかあき》を知り、興福寺へも便宜をはかってもらった。

ある日、高朗の家に招かれて、子息の武麿がつくった宮殿の模型を見せてもらうや、竹内は腕組みして——

「15歳でこれをのう……」

と、つくづく感心する。その場で父・高朗に——

「武麿の彫りには、天賦の才がある。この子は静物に限らず、動態でもなんなり彫れるだろう。土を捏《こ》ね、塑像もつくれよう。手前はいずれ東京へ戻るが、そのときには、ぜひあの武麿を、わが方によこしてくれ。彫刻をとくと教えて進ぜよう」

と説得した。

「ありがたいお誘い、どうぞ厳しく仕込んでやってください。よくよく私どもからこそ、お願いするしだいです」

父と、尊敬する竹内久一が決めた弟子入り話に、すぐには良い返事をしなかった15−16歳の武麿少年だったが……案の定、このとき武麿は、竹内の帰京に従いてゆくのを見合わせた。

●フェノロサ、岡倉天心と竹内久一

明治13年と14年にフェノロサが私的に奈良を訪問している。特に初回は、強烈な印象を受け、ひと月近く逗泊しているが、このときフェノロサの公的な古社寺調査は、まだ始まっておらず、竹内久一が奈良に来たとき、フェノロサは既に奈良市を去ったあとだった。

明治17年(1884)、フェノロサは文部省図画調査会委員として、奈良の古社寺調査に、岡倉覚三(天心)を助手にともなって、薬師寺、法隆寺などを調査、奈良市では今小路の「對山楼《たいざんろう》」に投宿していた。竹内久一は押上町《おしあげ》に下宿していたので、同じ通り、旧京街道の転害門をさかいに隣まちである。しかも竹内の名は、奈良博覧会に出品して銀杯を授与され、一刀彫りの工匠や奈良仏師から注目されていた。

ある日、竹内がフェノロサを對山楼に訪ねる。二人は古美術の素晴らしさ、神々しい諸仏を語り、美術品の海外流出するさまを憂いて、意気投合した。もっとも通訳は、自分より6歳も若いが、先輩格の岡倉天心である。後年、岡倉天心、竹内久一ら東京美術学校の設立委員が、天心を初代校長に選んだことが久一の気分を害したのか、二人がうち解けるのは、天心が久一を教授に招聘する明治24年まで、待たなければならない。

●竹内久一に従《つ》いて東京へ

明治21年、竹内久一が、東大寺三月堂（法華堂）に安置される「執金剛神立像《しゅこんごうじんりゅうぞう》」と「日光菩薩像」の模造のため、再び奈良に滞在。東大寺真言院に起居していたが、のちに馴染みの押上町に下宿し、三月堂塀越しのしだれ桜で知られる「上之坊」をアトリエにして模刻作業に励んだ。また戒壇院の「四天王広目天」を完璧に模造して、後々まで衆目をあつめる。

そのあいだ、竹内は竹林家を訪れ、夕食をご馳走になっては、ときに遅くまで高朗と杯を重ね、談笑してゆくのであった。宮彫り修業を終えて、家に帰っていた武麿は、傍でしゃちこまって正座し、竹内久一の仏像論、芸談に聞き耳をたてる。3年前、竹内が東京に帰る際に東京行きをためらった武麿だったが、いまはぜひ教えを乞いたいと願った。

南都仏像研究と制作が軌道に乗り出したので、余裕のできた竹内は、水門町に彫刻を学習する「同修舎」塾を開いた。奈良で初めての彫塑塾である。武麿はすぐに入学、ほかには大阪から沼田一雅、広島から中谷翫古《がんこ》ら、後に名をなした若者5、6人が入塾し、竹内の指導のもとに薄肉浮き彫り、塑像、木彫などを学んだ。

竹内は奈良で創作もしたが、その一つ、大作伎芸天（像高21.5チセン）を、高行が手伝っている。竹内は豪華に彩色したこの天女像を、明治26年のシカゴ・コロンブス万国博覧会に出品し、アメリカ人を啓蒙刺激した。現在、この伎芸天は東京芸大美術館が所蔵する。

明治24年、竹内久一は奈良を引き上げ、東京に帰るがこの時、23歳の武麿は、同僚と共に竹内先生に同行してはじめて東京へ、浅草永住町《ながすみ》（現 元浅草）に住む師の家に止宿することになった。師のアトリエで雑用を手伝い、師が角木から人型を彫り出す手つき、体の動きを、つぶさに見る。竹内先生は手を取って教えてくれた。

しだいに師の助手のように遇されて働き、朝から夕ご飯まで、師と一緒の弟子生活を体験したせいか、武麿は東京に来てから著しい進歩を遂げた。この東京時代に武麿が制作した作品名は、「東京彫工会第八回競技会」で一等になった「文殊置物」など、ある程度判っているが、現物は散逸して不明である。

師・久一は、根付などを刻み、撥《ばち》を作る象牙細工師から出発しただけに、硬質の材料を彫る技術に優れていた。黒檀や紫檀に、小さく精緻な仏像を彫るための特殊な道具と技巧を、竹内師匠のもとで習得し、のちに武麿の仏像作品に開花する。

明治の中頃、わが国の仏師の最高峰として、竹内久一、高村光雲が二大作家であった。そして東京で新進の仏師はというと、竹内の門人・竹林高行と、高村の門人・米原雲海の二人だと、評判になっていた。

明治24年以来、師・竹内久一が木彫科の教授を務める東京美術学校に入学する。師の家から通いながら、木彫の創作・模造に励み、かたわら、教材作りを手伝ったり、師の代作をするまでになった。

そうこうしているうち、武麿の作品を所望する人がしだいに増えてきたこともあり、住み込み４年の学業を終えて明治27年、浅草橋の近くに家を借りて独立する。ここから近くにある師、竹内の居宅兼アトリエに通い、師の制作を助けた。一人前の彫刻師として、月給35円を得たという。平均よりはるかに高額のお給金である。

高給取りの武麿の住む借家が、同僚芸術家の溜まり場のようになり、親友の白井雨山や沼田一雅と浅草上野あたりを飲み歩いた。酒はいける方で、若い頃の武麿は付き合いがよかっ

奈良に魅せられた竹内久一

回顧録「木彫を志せる動機と奈良行きの顛末」(1916) より

明治13年の「観古美術会」には、日本全国の古美術品が出品され、奈良からも多数の名作が出展されていた。

「それを見物に行った私は驚いてしまった。ただもう目の覚めるような、今までコセコセした牙彫をしていた眼には実にただ眩惑されるのみであった。私は、上野（国立美術館）でそれを見て以来、恋々として奈良（の展示室）を去らなかった。矢も楯もたまらず、奈良へ行きたい、奈良へ行きたい！と憧れていた。ひとつ、おれが木彫を再興してやろう」

明治15年（1882）10月、30歳のとき竹内久一は奈良に向けて出発する。

たらしい。彼らの議論は仏像彫刻ではなく、新しい西欧の彫刻、ギリシャ・ローマから近代フランスの彫刻家ロダンやマイヨールの話題である。文学はロシアを含む西欧文学、西欧哲学に、猫も杓子も憧れ、酔いしれていた時代であった。

●父高朗死去、高行と改め竹林家を継ぐ

明治27年(1894)6月12日、日清戦争勃発の直前、父高朗《たかあき》死去の電報が来た。急ぎ奈良へ帰る。葬儀の後、だれが父の跡を継ぐか、一悶着あった。というのは大阪に住む長兄と、名古屋に生活基盤をもつ次兄が〝いまさら奈良へ帰れない〟という。親族話し合いの結果、やむなく三男の武麿が竹林家十二世を相続することになった。このとき、武麿は大江姓から竹林姓に戻り、名を「高行」と改めた。この日から「竹林高行」の姓名が一般的に使われるようになる。なお、大江姓は長男が継ぐことになった。

7月はじめ、森川杜園の身内、あるいは弟子筋からであろうか、杜園の名を継ぐ養子縁組の話が、家屋敷・資産を示して好条件でもたらされた。だが、高行は気が進まないと、受けようとしなかった。

このことは病気であった杜園本人が胸に秘めていたのか、どの杜園の伝記書にも書かれていないが、藤田祥光が『人物志』に書きしるし、薫風氏の著書『奈良の一刀彫』にも記載さ

れていて、竹林家にはよく知られた事実である。この話があって、半月後、明治27年7月15日、木偶《でく》奈良人形を量感のある高級美術品に発展させた名工 森川杜園は、襲名二代目を得ることなく半年後に75歳で遷化《せんげ》した。

東京浅草の家に帰った高行は竹内久一のアトリエに通い、東京美術学校の助手として月給35円の余裕ある生活にもどる。まもなく知人の世話でシンという東京の女性と結婚した。しばらく幸せな様子だったが、性格が合わず数ヶ月で破綻。高行には相当ショックだったようで、酒と遊興の荒れた生活に堕ち、とうとう体を壊してしまった。高行にも、自暴自棄になる平均的青年時代を通過した体験があったのだ。

奈良の老いた母 富枝から、「早くお帰りなさりませ」と懇願され、そこへ事情を察知した竹内師匠から「奈良へ帰って古美術を一層研究されたい」と諭された。かねがね、ギリシャ彫刻に憑かれる風潮に流されないよう、自分を見誤ってはならないとも忠告されている。

●奈良に帰る

高行としては、いま手がけている繊細で写実的、それでいて師とはスタイルを異にする自身の創作を続けたかった。自身の作風、目標が見えてきたところである。東京に顧客もできたが、竹林家を嗣ぐ自分が母を独りにすることはできない。悩んだすえ、28歳になった高行は、奈良に帰る決心をした。明治29年7月、帰ったものの父に遺産はない。二人の兄は家を出て所帯を持ち、姉二人も嫁いでいたので、東包永の家を整理して内侍原《なしはら》町に小ぢんまりした家を借り、母と二人で新生活を始めた。収入は狭まったが、その代わり彫刻刀を握る時間は充分ある。母は衆徒の妻らしく、薙刀の使い手であった。武芸も生活の役に立つだろうかと、高行に薙刀を教えようとしたのだが、高行は逃げ廻ったという。薙刀より木彫小刀が良い。

●鳥居武平、「奈良美術会」設立を導く

鳥居武平（1847–1914）は奈良殖産振興の先覚者、奈良博覧会を実質運営し、また正倉院宝物の模写・模造事業を推進した。鳥居武平は笹鉾町に生まれ、初めは地区の年寄り、戸長を務めた生粋の「奈良きたまち人」である。

奈良の伝統工芸に造詣深く、奈良で最初の美術団体「奈良美術会」結成の原動力になった。会員には奈良人形の作家たちが多く、互いの親睦をはかり、作品発表会を定期的に催す。この頃から奈良人形を「一刀彫り」と呼び、より高い芸術作品を目指すようになった。

ちなみに明治30年4月に結成された「奈良美術会」の顔ぶれは—

【木彫】岡野松壽＝13代目、26歳？　通称平三郎、古物商を兼業、西御門《にしみかど》

山本勇吉＝20歳？　杜園の親戚、のち小学校教員

竹林高行＝29歳
瀬谷桃源＝杜園門下、年長、手向山《たむけやま》麓、現在6代目桃源が継承
神箸《かんばし》林三＝東大寺仏師の家系、年長、三条通り
中条良園＝23歳　元奈良奉行所与力の家系、杜園の門弟、西半田
宝田治栄＝27歳？　古物商を兼業
【絵画】西澤對竹　和田貫水　宮崎春翠
【賛助】漢方医石崎勝蔵、井戸之矩《これのり》　漆と螺鈿《らでん》師 大西勇斎

●高行、助教授候補の推薦を断る

明治31年、東京美術学校教授であった師・竹内久一が、学生が増えて木彫以外にも造形科、図案科を受け持つなど多忙を極め、高行を彫刻の助教授選考会に推薦すると知らせてきた。ところが高行は、師の好意に背いて、選考の候補になることを拒絶―

「奈良へ帰って、古仏の研究に勤しんではどうか、と小生を説得したのは先生、あなたではありませぬか。吾人は当地で損傷仏や神像を修理し、鋭意彫刻に励んでおりますゆえ」

と慇懃に辞退した。偏屈かもしれないが、自分の進むべき道を自覚し、たとえ名誉と高い報

酬の誘いにも応じない、社会的地位を求めない。そういう高行なのである。

全国的な展覧会には極力出品しない、いきおい人に推されることもなくなった。一派のボスにならない、なる意思もない。作品の売り値を絶対まけない。それで先方とたびたび紛糾する。かと思うと気脈の通じる友人には言い値で安く、気に入らない人には高額を提示されても売らない、という名人気質《かたぎ》は亡くなるまで曲げなかった。精魂傾けた名品、十一面観音や聖観音の一躰は、手元に置いて離さない。政治的にも物事を図るなど、頭をよぎったこともない「名匠」である。ことこうなるとやはり偏屈か。そのため美術商が、奈良の木彫家・竹林高行を敬遠し、その優れた作品に見合う尊敬を得ることなく、世間一般には知られずに時が過ぎていった。筆者はそのことが無念で、口悔しいとの思いがある。

●藤岡梅菊と結婚

明治32年、高行31歳のときに結婚する。お相手は生駒郡菜畑《なばた》の高台にある円光寺藤岡住職の息女、梅菊さん。当時の生駒菜畑から奈良市までは、田畑と丘陵の森が連なる、奈良市内から遠いところである。梅菊さんの里帰りには、籠が使われた。当時、大阪電気軌道(現・近鉄)生駒トンネルが開削工事中で、迎えの籠に掘り出された「生駒石」をみやげに載せ、帰りに梅菊さんを乗せて行ったそうだ。

33年に開かれたパリ万国博覧会に、高行が『古事記』に因んで、竜と格闘する古代人物の置物（像高一尺）を出品して賞を受ける。作品は現地で即売された。この年のパリ万博に奈良から出品展示されたのは、東大寺と興福寺から国宝級仏像をふくむ多くの寺宝、中村雅真は秘蔵の如意輪観音、春日曼陀羅など3点を公式展示品として出品している。同年、大仏殿の回廊で開かれた「奈良物産博覧会」では、高行が審査員に選ばれ、自身も木地の古代人物像を出展。奈良人形を見慣れた観客を驚かせた。

代々興福寺衆徒の竹林家は、春日社との縁が深い。明治33年、水谷川忠起春日大社宮司からの依頼で、塑像着色の大黒天を制作して喜ばれたのを皮切りに、近衛篤麿家に木彫「聖観音像」を納めた。薬師寺の聖観音金銅仏を半分の高さに、台座を含めて80チセンほどの立像を彫り彩色する。木彫ながらブロンズにしか見えないという師の竹内久一から学んだ技法である。

筆者は近衛篤麿氏を祖父に持つ、水谷川忠俊氏（在東京）に、この大黒像について直接お訊ねしたところ、「ほほう、見たこともない、空襲で何もかもですからね」と仰った。

奈良美術院で仏像修理に加わる

●岡倉覚三と新納《にいろ》忠之介

岡倉覚三（天心）が学園騒動で美術学校を去り、明治31年（1898）、絵画制作と国宝修理を行う美術組織「日本美術院」を創設した。天心は国宝修理の責任者に新納《にいろ》忠之介を指名。新納が彫刻部、漆工部、木工部、彩色部から成る日本美術院の国宝修理機関「奈良美術院」のトップ（主事）として明治34年、奈良に赴任してきた。

仕組みは「日本美術院」から「奈良美術院」が仏像修理の仕事を請け負う形になる。岡倉天心が正式に日本美術院を2部制にしたのは明治39年、第1部は絵画新制作の部門として茨城五浦に置き、第2部は国宝修繕部として、奈良に本拠地を置いた。顧問に高村光雲が就く。したがって、39年までは、日本美術院の奈良分院的なものだが、詳しい経緯は端折《はしょ》って、岡倉が新納を奈良に行かせた二人のやりとりが、新納の談話にある。概略転載する。

ある日、岡倉院長が新納を呼んで—

「三月堂の仏像修理をやってくれ」

「そんな難しい仕事はわたしにはできません」

「難しい仕事をやるのが研究家の仕事じゃないか」

「研究ですか？　研究でも引き受けて失敗したら二度と奈良に足を踏み入れられない」

だが、どうしても岡倉先生は聞かない、新納も激して—

「一体先生は私を殺すつもりですか」

「ウム　殺すつもりだ、芸術の上では君を殺すつもりだ」

先生は飽くまで強い、それで私も心が動いた。

「なるほど死よりも恐ろしいものはありませぬ、そこまで言われるなら私も一つ、死を賭して行きましょう」

「オウ　いけ　いって死ね」

（『奈良叢記』より。新納忠之介の談話を編集者が筆記）


明治34年、34歳の新納《にいろ》忠之介はこうして奈良に赴任した。氏は鹿児島県人、昭和29年85歳で亡くなるまで雑司《ぞうし》町に住み、この地を故郷にして身も心も奈良きたまちの人になる。現在雑司町の旧居は、今、武蔵野美術大学の奈良寮になっている。なお、古社寺修理技師を奈良県に置くことが決まったとき、岡倉美術学校校長は助教授の新納にこの文部省への任官を薦めたが、新納は辞退。そこで卒業したばかりで、母校の嘱託だった関野貞にお鉢が回ったと新納氏が語っているので、本当とおもう。

●法隆寺にこもって仏像研究

一方、高行は、法隆寺の諸像を模刻して研究するため、塔頭 福生院に仮寓して1年以上、修理作業と創作に没頭する。筆者は「なぜ法隆寺に籠もって？」と不思議に思い、あるとき節氏に尋ねると―

「内侍原の借家に仕事場がなかったから、法隆寺の佐伯さんに頼んで……」

といともカンタンな答え、「ア、そうか」謎が解けた。中でも夢殿の救世《ぐぜ》観音（像高178㌢）に惹かれ、縮小模刻をつくって研究する。

熱心な仕事ぶりに、佐伯定胤管長がときおり立

右・新納忠之介と中央・親友Drラングドン・ウォーナー、ハーバード大学付属美術館東洋部長
左、法相宗管長／法隆寺管主・佐伯定胤

写真 神奈川仏教文化研究所

ち寄って労《ねぎら》い、「竹林、うまいな」と呟いた。

法隆寺村では、北畠治房《はるふさ》男爵、その大阪の友人・藤田伝三郎男爵の恩顧を受ける。なにしろ法隆寺の〝ぬし〟のような北畠大御所に愛されたのが幸いした。おかげで、法隆寺どこでも堂内に入って自由に仕事ができる。高行が河内高貴寺の本尊に精巧な救世観音菩薩像を木彫したのは、佐伯管長がプロデュースしたものである。（284-287ページ参照）。

高行は「奈良美術院」に38～41年のあいだ、約3年参加する。新納は美術学校で高行の先輩、仏像修理でも先輩格であり、一家言を腹にもつ芸術家たちを束ねる威厳もあった。

●奈良美術院の活動

明治36年（1903）、美術院の竣工記念法会が、岡倉天心院長出席のもとに営まれ、東大寺勧学院に表札「日本美術院第二部」が掲げられた。本格的な活動は既に34年に奈良に赴任した新納《にいろ》忠之介が勧学院を事務所兼宿舎にして、東大寺三月堂の全仏像14躰という超大物―本尊・不空羂索《ふくうけんじゃく》観音（乾漆）はじめ、日光・月光菩薩（塑像）、執金剛神立像《しゅこんごうじんりゅうぞう》（塑像）などの修理を終わり、興福寺の諸仏修理に取りかかっていた。37年に始まった日露戦争の影響は、修理事業に関しては何も影響なく、休まず行われている。

春日大社鼉太鼓《だだいこ》修理が明治38年に行われ、内部に墨書きがある。

↑明治 36 年 10 月「日本美術院」発足当時のメンバー。
前列左より一人おいて菱田春草、下村観山、横山大観、橋本雅邦、
岡倉天心、新納忠之介、増田有信、一人おいて菅原大三郎。

写真上下　朝田純一・神奈川仏教文化研究所 HP より

↓明治 39 年、日本美術院第二部が正式に発足
事務所兼宿舎の東大寺勧学院の門前で、前列中央が新納忠之介、
右隣に菅原大三郎、後列右から五番目が竹林高行か？

現代文に直すと―

「古社寺保存法」に依り行われ、鼉太鼓《だだいこ》一対を修復する

日本美術院監修 岡倉覚三　副監督 新納古拙（忠之介）　主任彫工 松原象雲」

以下助手の名が連記され、その一人に竹林高行の名が見える。

なお、この高さ6.5メートル、源頼朝が寄進したと伝わる鼉太鼓（重文）は、左方、龍火焔の再度修復がおわり、平成30年4月に奈良国立博物館で展示された。

春日大社「国宝殿」に展示されている鼉太鼓一対は、おん祭に使われるレプリカではあるが、高度な技巧が冴え、色鮮やか。華やかな舞楽によく似合う。

美術院は明治38年から興福寺の諸像を総点検し、放置されていた諸仏が修復され活きかえった。工藤利三郎が暗箱で撮影した修復前の阿修羅―腕が折れ数本欠けた写真を知る人は多い。これを修理したのが、興福寺仏師の竹林高行を含む「奈良美術院」の彫刻・工芸家たちであった。元食堂にあった千手観音（現在国宝館に安置）の修理銘にも、「明治四十年十二月、新納《にいろ》忠之介」、「竹林高行」の名がみえる。

●奈良美術院の移り変わり

奈良美術院は、仏像のある堂内あるいは、東大寺勧学院で修理を行い、初期のメンバーは

天岡均一、松原玄三、菅原大三郎、[註1]細谷三郎（而楽）、国米元俊ら、のちに光雲門下の明珍恒男が主事として赴任、非常勤に奈良の竹林高行、漆塗りの吉田立斎と堀部亘斎が加わった。

美術院は東大寺勧学院から、明治44年、水門町の無量院（勧学院の西）に新工房を増築して移転する。大正2年に独立経営となり、全国の国宝修理を引き受けてきた。新納が関わった修理仏、国宝の仏像や若干の神像は、2,631躰と記録される。昭和10年、明珍恒男が2代目を継いだが、急性肺炎により就任5年で惜しくも他界した。

奈良美術院は、彫刻家が一度は経験すべき「通過儀礼」ともいえる側面があり、西村公朝（美術院国宝修理所所長）、辻本干也《かんや》が通り抜け、先述した竹林高行、[註1]細谷而楽、福井庸賢（高行の門下）、鷲塚与三松（大英博物館にある百済観音は氏の模作）、吉川政治（明珍恒男を継ぐ三代目主事）、仏師で石仏研究の太田古朴、氏は竹林家の隣町、油留木《ゆるぎ》町に居られた。他、絵画の久留春年らが数年在職している。

明治41年、南大門前の[註2]超然亭や興福寺堂内に寝泊まりして独りで夜遅くまで仕事に打ち込む高行の姿が見られた。その後も断続的に古仏修理を10年ほど手がけているので、思いの深さがわかる。なお、この奈良美術院は、現在京都国立博物館内に移され、「美術院修理所」となって、伝統を受け継いでいる。

註1　〔細谷三郎 而楽〕は、ドラマチックな法隆寺吉祥天像の発見者として夙に知られる。氏は奈良水

門町のアトリエ兼居宅に長く住んだ。この家は、もと興福寺摩尼珠院が明治に正法院氏の私宅になったのを、氏が大正期の増新築（現吉城園の本館）に際し、私宅を水門町に移築された。最初は正法院氏の親戚が、次に細谷而楽が入居し、昭和17年而楽没後、写真家の入江泰吉が立地、佇まいをたいそう気に入り譲り受けた。現在この入江邸旧居が公開されている。
また而楽が県内の仏像修復以外に奈良に残していった作品に、奈良カトリック教会のヴィリヨン神父の胸像(行方不明)、奈良女子高等師範初代校長・野尻精一先生の像(佐保会館所蔵)がある。

註2 〔超然亭〕 南大門跡築地塀沿いの公園地にあった茶室。猪川《いかわ》和子氏が、専門誌『史迹と美術』に発表した弥勒菩薩立像修復について「明治41年9月25日奈良公園地超然亭修理竹林高行」と書かれている由。『奈良公園史』に―明治43年、県が興福寺に売却、水門町に移築する―とあるが、場所の特定できず。

高行 独立する

高行は、明治41年の暮れ、在職3年余りで奈良美術院を辞し、以後自力で仏像ほか、古代彫刻の修理を行った。国宝はじめ古代仏像に手を触れ、前後左右、頭の頂から胎内仏まで、

竹林家の法蓮格子、安政年間の造り

大陸渡来仏や、わが国の仏師たちの造形手法をつぶさに見て学び、試行した。いったい何躰の仏像修理を手がけたであろう―

「この修理体験が吾れの仏像制作にどれだけ役立ったか、歳を重ねるほどわかるものだ」

と後年、子息の薫氏に漏らしている。

●鍋屋町に移住

明治41年、内侍原《なしはら》町の借家から、同じ旧平城京二条通り、鍋屋町の角地にある家屋敷400坪を譲り受けて移り住んだ。同41年、美術院に在籍中、ロンドンオリンピックに合わせてハイドパークで万博が開かれたが、高行が独自に制作した作品を出品し、銀牌を受けたという。

引っ越した家は、江戸安政年間に建てられた法蓮格子の平屋民家で、敷地400坪と広い。奉行所が近く、2階なら一段低い奉行所の中が見通せ、具合がわるい。不敬だ。

そういうわけで、江戸時代に建てられた奉行所前の民家は、どれも平屋建て、奉行所向かいの与力の棟屋敷も平屋であった。高行が入居した角地の家屋には、塀の中に畑地があり、その東側は竹薮が生い茂っていた。安政のころ建てられた太い格子の頑丈な建屋が、履中斎―薫風―節、三代の彫刻家の住居となる。

さてこの古めかしい家だが、農家でも商家造りでもなし、先住者、田村氏とはいかなる人物か。節さんに尋ねたところ、漢方薬などを研究する本草学者が住んでいたようで、そういう道具類が残っていたとのことだった。すると家畑では薬草を栽培していたのかも。

●自宅に工房を建てる

鍋屋町の広い家に引っ越したのを機会に、妻の姉 武井コウの長男 賢造を弟子にとり、独立する。武井賢造は秀才の誉れたかく、彫り物にメキメキ上達、一人前の木彫家になった。親戚筋の期待を背負って精進したのもつかの間、急性肺炎で早世する。高行は、甥の早すぎる死にショックを受け、その後は住み込みの内弟子をとらなかった。

まもなく家の裏畑に広い工房を建て、やっと落ち着いて制作に打ち込める環境ができた。各所より依頼される仏像、置物を彫刻し、社寺から依頼される仏像修理も従来通りにつづける。殊に興福寺の未修理仏像を多く引きうけ、奈良市や県下の骨董商、大阪の大林春琴堂などからも古仏修理を頼まれる。また、佐伯定胤法隆寺管主（法相宗管長）、北畠治房男爵、藤田伝三郎男爵（実業家、藤田組／藤田観光などを起業）、水谷川春日大社宮司、公的贈答品として、知事や市長からの依頼や紹介によって彫った新作が多い。

なお、高行の工房から、建て直された現在のアトリエは高い三角天井の広い空間がある。高行の長男・薫氏が、昭和23年、伊勢神宮の鼉太鼓一対二基、高さ4メートルを制作するに際し、すっぽり収まるよう工房を、高いトンガリ天井にして改築した。その後昭和43年、氏が皇居新宮殿に納める火焔太鼓（高さ4・5メートル）を制作するときにも、この高い天井が役立った。

敷地内東の竹薮は、大谷家がその薮地を平《なら》して邸宅を建て、大谷家が去った後に共済会館「やまと」ができ、現在は地上4階建てのマンションに様変わりした。安政の家屋はまだまだ丈夫だが、こうも環境が変わってはアトリエも落ち着けません。心配です。

主な作品

●作品と解説（明治41～44年）

▲法隆寺　聖観《しょうかんのん》音像修理　明治41年

当時は金堂に客仏として祀られていた註聖観音像を修理。

註〔聖観音像〕秘仏　正称は「九面観音菩薩像」　重文　高さ38チセン内刳《うちぐり》のない桧の一木造り

▲聖観音像制作　興福寺大西良慶貫主依頼

▲帝室博物館　聖観音像を補修

宮内大臣渡辺千秋の用命により、奈良帝室博物館所蔵の聖観世音像（正称・十一面観音菩薩立像、像高45・5チセン　平安時代）及び文殊菩薩像を補修。

▲賀陽宮邦憲王《かやのみやくにのりおう》殿下　聖観音像　明治43年

奈良帝室博物館が収蔵する唐請来の聖観音像を精巧に縮小模刻、像高7寸。

明治43年（1910）、久邇宮《くにのみや》多嘉王《たかおう》伊勢神宮祭主より「大仏師職《だいぶつししき》」の称号を贈られる。

▲**九面観音像　明治44年**

小松宮彰人《あきひと》親王殿下ご下命により、法隆寺の九面観音像（唐請来　像高38チセン）を模刻、法隆寺に伝わる香木白檀を拝領し一木《いちぼく》彫りする。小躰ながら、九面冠と耳輪以外は、持物や体から浮き上がる瓔珞《ようらく》（胸飾り）、蓮華台も全て一木造りに仕上げる。この法隆寺九面観音をのちに十一面聖観音に彫った像が気に入り、注文を受けて数躰制作した。特に精魂込めて彫りあげた一躰、十一面聖観音像は、人に譲らず自宅に安置する。（287–288ページ参照）

▲**大阪四天王寺安置　如意輪観音（明治44年）**

精巧を極めた渾身の力作、惜しくも大阪大空襲で伽藍の大半が全焼。

▲**法隆寺「橘夫人念持仏」を厨子ぐるみ模刻**

厨子は263チセン、内の釈迦三尊像は像高60チセン、これを同寸に木彫した…と、伝わるのだが。こんなに大きな作品が一体どこへ？　注文主も納入先も文献になく不明のまま。

●**円光寺欄間（明治44年）**

妻 梅菊の生家、佛生山・円光寺（浄土宗）本堂新築に際し、欄間3面に天女奏楽の姿を透

↓　左面　　↑　欄間中央

し彫りにする。一面約３００×60チセンと、本堂の正面の欄間だけあって大きい。これをそっくり寄進した。

裏面に銘―

「奉円光寺寄進奈良市興福寺大仏師竹林清節

明治四十四年十二月」とある。

翌年大正元年の本堂落慶に際して設置された円光寺への寄進には、号を清節と称し、また幼名の武麿を用いて親愛の情を表した。

生駒菜畑の円光寺山門

●高貴寺 救世観音像（大正4年）

大阪府南河内郡河南町《かなんちょう》平石の高貴寺に、講堂の本尊として制作された。法隆寺夢殿 救世観音（像高１７８チセン、国宝）を、ほぼ⅓に縮小して模刻した白檀の一木造り、細部を驚異的な緻密さで彫り切った。金の透し彫りを施した頭冠と、紙のように薄い火炎光背の浮き彫りは、桧の別木に、彫っている。

法隆寺福生院に寝起きして、仏像の修理や模刻に励んでいた青年時代、佐伯定胤管長が高行の彫りに惚れこみ、便宜をはかってくれた。高貴寺戒心禅師が、聖徳太子と当寺の如意輪

高貴寺講堂本尊　救世観音像　像高約5ｍ

観音の縁《えにし》から、夢殿の救世観音が太子の尊像であると会得された。そこで法隆寺の佐伯管長と相談のうえ、夢殿の救世観音を新造、厨子に納めて高貴寺講堂の本尊に奉ることになった。佐伯管長は、彫刻を竹林高行に、厨子を吉田立斎（辰之助）に依頼、自から制作監督になって進行を見守り、完成をみた本尊である。

高行は法隆寺の一院に泊まり込み、夢殿に日参して、美しく正確に彫り上げた。

←高貴寺 救世観音像 側面

←救世観音を納める黒漆の春日厨子 作 吉田立斎

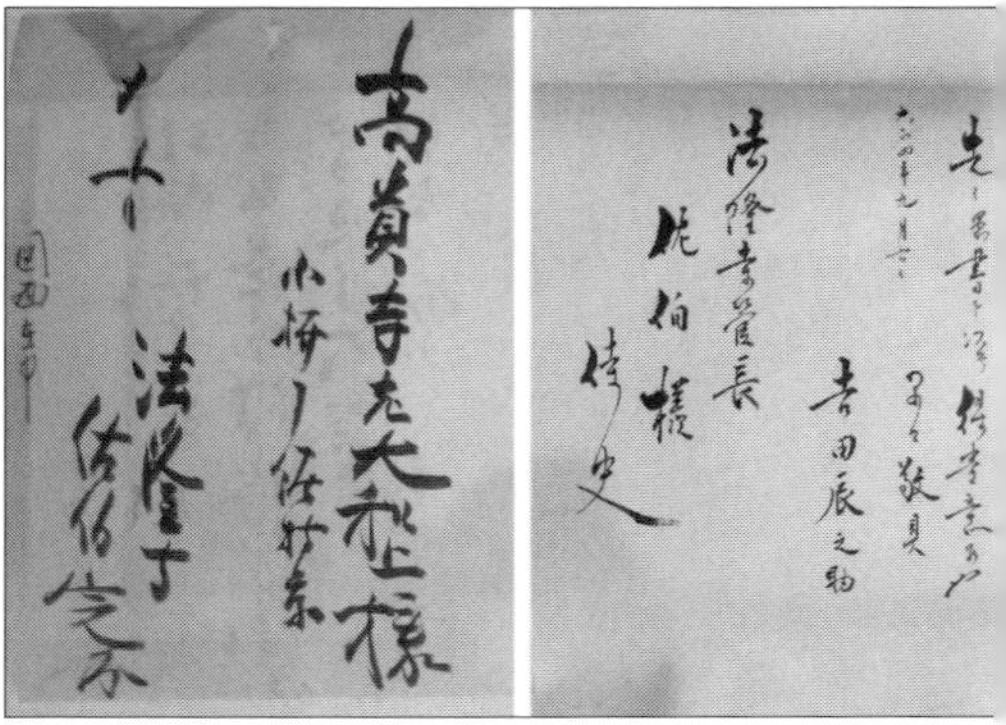

大阪府南河内郡河南町深い木立に、春は樹齢百年を超える枝垂桜、秋は楓が美しい。

↗佐伯管長に厨子完成を知らせる吉田辰之助（立斎）の書簡。

↑佐伯定胤から高貴寺大和上（戒心）宛に、厨子の図面を同封して転送された封筒。　高貴寺 所蔵

●高行、畢生の十一面観音像（大正4年）

大正3年（1914）には、高行が修理あるいは修理に加わった仏躰500、観音像の新作は33躰を数えるまでになっていた。これを記念して翌大正4年、男盛りの高行46歳のとき、挑戦するかのように香木 白檀の残材を使って、十一面観音を、像高約38センチに彫りあげた。かつて修理に携わった奈良帝室博物館所蔵の平安仏「十一面観音像」（像高45・5センチ）も参考にしてい

るが、法隆寺大宝蔵殿に安置されていた唐代の「九面聖観音像」（国宝 白檀の精緻な一木彫り、像高38㌢）が、実際のモデルである。しかし一見して、少女のように若くふくよかで清らかな顔立ちと、腰のひねりを抑制しているのが特徴といえる。水瓶を持つ左手の仕草も、柔らかだ。数珠を持つ伸ばした右手が短めで、より人間にちかい。目元は探るような薄眼ではなく、半睡のよう。高行が人手に渡さない、と手元に置いた心が解るような気がする。

明治29年秋から、法隆寺に1年余り寄寓して、天平仏を模刻して研究し、明治41年に佐伯管長から「九面観音」の修復を依頼された。この観音の容姿は頭に刷り込まれている。同年、興福寺に「十一面聖観音菩薩像」を納めたのを皮切りに、注文に追われて聖観音を彫り続け、33躰に及んだ。

山田鬼斎の薬師寺聖観音の模造（東京国立博物館所蔵）、ならびに森川

十一面観音菩薩像　像高約40㌢
『奈良の一刀彫』竹林薫風より

杜園が宮内省の依頼で、忠実に模造した法隆寺九面観音像（明治29年）が、高行の脳裏にあった。二人の先達に劣らない観音像を念じて心を鎮め、〝高行の十一面聖観音〟を創りだした。

光背と台座の縁には、

「南無大慈悲大悲観自在菩薩」と、真言を一面に細かく連複して刻字。

台座裏に記された墨書―

「明治三十二年三月一日　國恩感謝発願破損御仏繕直五百体成立

大正三年十一月七日　奉彫刻十一面観音自在菩薩

大正四年九月十八日　南都興福寺大仏師竹林高行正法妙心有無をはなる」

左手に水瓶を胸に持つ姿の十一面観音を、塗師吉田立斎が造る厨子に収蔵し、門外不出・自家安置とした。ある日、師の竹内久一にお見せしようと、東京へ持参したところ、師はしげしげ検分、国宝級と言ったきり。ウンウンと感心するばかりで、その日は返してくれない。

〔閑話休題〕　竹内久一が宮内省の依頼で法隆寺　九面観音を模刻するに当たり、多忙のためこの仕事を森川杜園に依頼するように取り計らったのである。杜園は完璧に模刻して法隆寺や、東京国立博物館に展示された。観客がエッと息をのみ、驚嘆した作品だが、竹内は喜ばなかった。

「そっくりに彫っても意味がない、芸術品の香り、作者の息吹がなくて、どうして菩薩が生きようか」。

そういえば、焼けた法隆寺金堂壁画の修復は、日本の代表的な日本画家に委ねられ、職人技の修復模倣ではない。最近は仏像の周囲から光線を照射し、3Dコンピューター映像から樹脂でクローン像を作れるそうです。本物は別に収蔵されていて、公開されている仏像は樹脂に彩色したレプリカ、という事態はますます多くなるのでしょうか。

〔閑話休題〕おわり

話を戻して、竹内は高行が持参した聖観音を検分し、「国宝級」と折り紙をつけ、よくできたと褒めてくれたのは良いが、そのまましばらく竹内宅にあずかり置かれた。その後高行が取り返して手元を離さず、自宅に安置した数少ない作品の一つである。

高行は、仏像を刻むとき、いつも線香を焚き、「南

竹林家 一刀彫り道具の一例、鑿・小刀と木槌

無阿弥陀仏」、「南無不可思議光《コウ》如来」と称名を唱え、経文、特に般若心経を口ずさみながら、邪念を排し集中する。例えば仏像修理において、寝かせた仏像に膠《にかわ》で欠損部を継ぎ足す作業では、仏像を「モノ」と見る。しかし相手は「ホトケ」様なのである。模刻、創作にかかわらず、鑿を手にすると念仏を称え、手を休めずに一心不乱に彫った。

祖父の仕事を見てきた三代目の節さんが、「仕事の早いこと、早いこと、あれは真似できません」と溜息をもらしておられた。

●作品と解説（大正4、5年）

▲皇室献上品「太平楽」彩色一刀彫り　大正4年

大正天皇即位大典に際し、「太平楽」の一刀彫りを奈良市より献上することになり、市長から高行に依頼がきた。さてどのような姿、ポーズにするか。高行は、まず春日大社楽人に装束をつけて、この舞楽を実演してもらい、鉾に持ち替えて舞う勇壮な武人の姿を一刀彫りに顕した。

翌大正5年、天皇・皇后両陛下が畝傍陵参拝の折にも、市から献上するめでたい「翁」の一刀彫りを頼まれている。その後しばらくは、万歳楽、延喜楽、蘭陵王、納曾利《のそり》など舞楽人形を多く制作。能楽狂言物も昭和初期までよく作り、春日龍神、翁や高砂、末広

↑ 大正天皇に献上「太平楽」大正4年　　履中斎作　『奈良の一刀彫』より

↓ 古代雛　高さ20㌢×幅27㌢　　履中斎作　奈良 慈眼寺所蔵

がり、羽衣、邯鄲《かんたん》（「夢の枕」の盧生《ろせい》）、鉢木《はちのき》、道成寺《どうじょうじ》ほか大小様々の置物を、注文に応じ切れないほど彫刻し、細密な古代模様の衣装彩色は、履中斎の作と一目でわかるといわれた。

生き生きとしてキレ鮮やかな一刀彫り、また刀痕を見せない滑らかな曲面の置物を、この頃から多くつくるようになり、高行の木彫は一形式にとらわれず、広く自由である。彩色に、截金《きりかね》や貝殻象嵌《ぞうがん》、玉虫の羽張りなども加え、没頭すると、いま何時ごろか、今日は何日かも頓着しなかったという。大正5年頃から昭和6年頃にかけてが、履中斎一刀彫りの最盛期といわれる。

▲石崎家依頼　大日如来　大正5年

神道の石崎勝蔵が如来を……まさかとは思うが、氏は唐招提寺北川智海師に請われて同寺檀徒総代を引き受けた人、ありえないことではない。筆者は石崎家が所蔵する美術工芸品を数年前に、故石崎直司氏の案内で一巡拝見したが、この楠材一木造りの高さ約60㌢という「大日如来坐像」は終《つい》ぞ見ていない。発見できたら神道の勝蔵翁に新しい一面が開ける。

▲森田一善堂依頼　釈迦三尊　大正5年

高村光雲が登大路の森田一善堂に立ち寄り、偶然、高行の制作した「釈迦三尊」法隆

296㌻へ

奈良人形と一刀彫り

行末も猶《なほ》あをによし奈良人形
尉《じょう》と姥《うば》にも色どりをして

奈良人形師 二皓亭松寿画　文化十年、『五畿内産物図会』

奈良人形は、平安末期に始まる春日若宮おん祭りに用いる島台や笛を吹く奉仕が被る花笠の錺《かざり》に尉姥《じょうば》三大臣 猩々《しょうじょう》などを刻んだのが始まりと伝わる。信長、秀吉、家康へ献上品が全国各地から贈られた。奈良からで有名なものは江戸時代の「奈良晒《さらし》」だが、盃台が筆頭にあげられ、その盃台を飾るのが、檜物師《ひものし》が作る能人形だった。

天正十年五月、安土城へ来る徳川家康をもてなすために織田信長が興福寺へ命じて盃台を献上させたところ、家康が激賞、豊臣秀吉に二十六の盃台を作らせ聚楽第《じゅらくだい》に納めさせたという（『多聞院日記』）。また、春日若宮祭式絵巻物に盃台、花笠が見え、村井古道の『南都名産文集』に、奈良人形を飾った盃台が、挿絵付きで紹介されている。

春日有職《ゆうそく》檜物師・岡野松寿の初代は寛永5年に没し、代々西御門《にしみかど》に住んでいた。もちろん他にも奈良人形を彫る檜物師はいたので、岡野家の専有ではない。寛政・文明のころ、九代目岡野松寿保伯《やすひろ》（二皓亭）が、能人形や鹿の香合、根付置物類を彫刻して名を成し、大坂、京都ほか地名を冠した人形に伍して知名度をあげた。彼が絵を添えて詠んだ歌は右ページのほか、同年（文化十年1813）に出版された『大日本名産図会』にも次の二首がみられる。

「銘物はさっと彫たる奈良人形
　これぞ春日の作といふへし」
「根付にも奈良人形の手かるさよ
　ほっても外に此かたはなし」

さらに文政の名人、十代松寿 通称万平がいる。この人の作には必ず「恥」の一字を花押に刻んでいるため、骨董屋さんの知るところ。

岡野家と関係のない才人 森川杜園（文政3－明治27）が出るに及んで、お株を奪われた岡野家は、明治末に十三代で閉じた。

森川杜園の多芸ぶり、花、書、画、和歌、音曲、狂言、どれを取っても一流で人形彫りは神業《かみわざ》。下絵、アイデアスケッチが絶品である。ズングリモッコリした量感のある能人形は、杜園の体躯に似て、すぐそれとわかる。杜園が言い出したことではないが、この頃から「木偶《もくぐう》」とか「奈良人形」の呼び名では物足りない。次第に「一刀彫り」と呼ばれるようになった。水谷川忠起春日大社宮司は、しばしば高行に、「刀の彫りあと、鑿あとを簡潔に美しく一刀彫りを心がけよ」と助言していた。

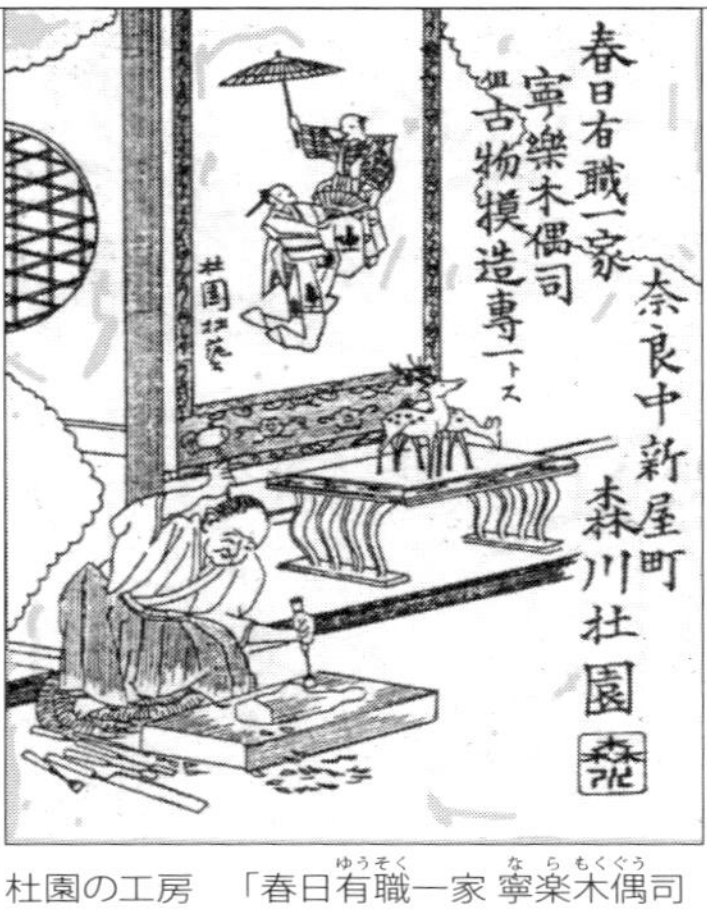

杜園の工房　「春日有職《ゆうそく》一家 寧楽《なら》木偶《もくぐう》司
但古物模造専一トス」と為書き。
『大日本名勝豪商案内記』

寺国宝の模刻（縮尺約½）を見て、

「何人の作なりや、この技巧、凡人に及ばず」

と賛美した。この言葉を聞いた一善堂主人は、いまさらのように驚き、自費を投じて漆工・堀部亘斎に厨子をつくってもらい、庭に一堂を建て安置するのであった。昭和初年、この一件を聞き知った東京の小泉策太郎（新聞人、政治家）の懇望により、同氏に譲渡されたと伝わる。

目利きの森田一善堂さんだが、時にはうっかり見落としもある。ボストンに発送する手筈の毘沙門天像を、岡倉天心が、それはならぬと、日本に留めるため無理やり自分に売り渡させたら、これが肥後定慶作と墨書銘のあることが判明した逸話もある。

履中斎を名のる──主な作品

大正6年、世のなかの中庸《ちゅうよう》を履《ふ》むとの意から、号を「履《り》中《ちゅう》斎《さい》」と称する。

●作品と解説（大正6〜10年）

▲杜園の蘭陵王を模刻　大正6年

かつて、美術商玉井太閤堂の主人、玉井久次郎が、森川杜園作の「蘭陵王」を高行に示し──

「この通りにひとつ、お作りしてもらえまへんやろか」

と訪ねてきた。

杜園作のそっくりさんを彫れとは失礼千万な⁉　だが高行は自信満々、挑戦する価値あり、と引き受けた。そしてたちまち依頼の作品を仕上げたところ、玉井久次郎は、なんど見比べてもいずれが高行か杜園か見分け難い。着色絵の具の新しいか、古いかによって判断する他なかったという。

高行は人形彫りではなく、仏像彫刻から出発したが、杜園の作品や杜園の門人で近く

「蘭陵王」　いずれが杜園か、高行か？

←米俵の上で踊る「走り大黒」個人蔵

↓「鹿」　個人蔵

の西半田に住む中条良園の彫り方を見て、実は自分でも試作していたのである。高行が独立した明治34年のころから時折彫っていたのである。初めは鹿や狗《いぬ》などの動物から、中年の頃になると、写実的な人物像、特に大黒像や走り大黒、槌を振りあげる踊り大黒、万歳楽や、軍鶏《しゃも》など、動態を捉えた一刀彫りを作り、蒐集家に次々買い取られてゆく人気の木彫品になった。

▲嘉納治兵衛に白鶴を彫る

大正6年の暮れ、神戸灘の白鶴酒造社長・嘉納治兵衛氏から白鶴の彫刻を依頼された。高行はまずツルの姿態を観察研究するため、水禽舎《すいきんしゃ》（現奈良国立博物館・仏教美術資料研究センターの東にあった）に行ったが、ここの鶴はマナヅル。真鶴というのは白くない。そこで天王寺動物園に毎日、商標のモデルになった丹頂鶴のスケッチに、納得いくまでせっせと通いつめた。苦労は厭わない高行である。数か月後にやっと彫刻刀を手にしたが、なお彫る手の動きに迷うところがあり、制作中に天王寺動物園にしばしば出かけた。完成までこの一作に2年を費やしたが、高行にしては珍しく呻吟した作品だった。

白鶴社長 嘉納治兵衛は、興福寺執事・中村堯円の四男で雅真の弟、中村正久という。中村家から神戸灘の白鶴 嘉納家に、家長を継ぐ婿養子になった人である。興福寺執事の中村家と、同寺官符衆徒の竹林家は代々交わりがある。旧知の関係で正久改め七代目治兵衛氏から依頼された。

この鶴の木彫は氏が創設した神戸の白鶴美術館で展示されたことはなく、同館の所蔵リストにも載っていない。しかし存在します。片足を上げて鶴首をキュッと正面に曲げ、こちらを見る鶴、どうやって彫ったのか、細い一本足で立つ丹頂鶴である。

その一本足が高行の没後、取り扱い不手際で折れてしまった。嘉納家でも代替わりし、修理できる彫り師がわからず、長らく放置されていたが、人づてに聞いた処によると、紆余曲折を経て現在修復中とのこと。

▲藤田祥光に彫った双鶴　大正8～10年

藤田祥光氏（郷土史家）が、皇室に献上したのと同じ「太平楽」を、高行名人に依頼するため、鍋屋町の竹林家を訪れたところ、仕事中の犯しがたい気を漂わせて、工房から出てきた履中斎が―

「灘の嘉納さんに頼まれた『白鶴』があと一息のところでして、今はこれに心血を注いでかかりきっております。もちまして、ご所望には応じかねます。ぜひ『鶴』を注文願いたい」

「それならば是非もない。雌雄『双鶴』の彫刻をお願いします」

と応じて、早々に竹林家を退出した。待つこと3年やっと成功、彫り終えたとの知らせにさっそく藤田氏が、丁稚に荷車を引かせて受け取りに来られた。藤田家に納めた双鶴は、祥光氏亡きあと、蒐集美術品のすべてが骨董商数軒に渡り、その骨董商も廃業あるいは代替わりしているため、消息が途絶えた。

▲春日若宮夫婦大国社 御神体を新造　大正8年

若宮の手水舎《ちょうずや》に安置されていたご神体が、傷んできたので新調を承った高行は、手水舎の一室に参籠して、元の像よりやや大きめ、27チセンの「大国主命」と「須勢理毘売命《スセリヒメノミコト》」の神像をヒノキに彫刻する。神像は白木の厨子に納められた。

若宮手水舎は、現在「夫婦大国社」と改称され、6年に1度だけ厨子が開かれる。

▲菅公座像 25躰を達成　大正9年

高行は10代で菅原天神の宮殿模型を作っている。竹林家の遠祖は菅原道真とされ、天神の縁日、毎月の25日には欠かさずお参りしたという。近辺には高畑、尼ケ辻や、京都、大阪、吉野と天満宮はいくつもある。神仏に信仰篤い高行は、ゆかりの25日に因んで、6寸(約20チセン)の菅公坐像を25躰達成しようと発願した。彫っては敬神の知人に配布してきたが、白鶴制作のため中断していた菅公坐像25躰を一年後に達成、これを記念して、明治神宮へ一躰を奉納する。

▲東京凮月堂 大住省三郎氏 依頼　白檀木 聖観世音像 大正10年？

上野凮月堂に問い合わせたところ、懇切な手紙で返答をいただいた。社が保管・保存している所蔵品になく、現存するか確認が取れない状況とのこと。大住家にも伝わっていないようで、消息不明。

▲奈良絣・富松氏　白檀九面聖観音像

▲奈良 仙田家　白檀九面聖観音像

▲須磨 藤田彦三郎家 依頼　如意輪観音像

彦三郎氏は藤田伝三郎男爵の三男、藤田財閥の一翼を担う

▲東京 松本修氏 依頼　白檀に彫った5チセン《チセン》の護持観音像

●大正11年冬、腰痛に悩まされる

奈良盆地の冬は冷える。55歳の高行履中斎は、来年の干支の彫り物「亥《イノシシ》」のため毎夜おそくまで工房にいた。さて今夜はここまで、と仕事を終え、座布団から立ち上がろうとすると、腰に鋭い痛みが走った。今朝から天王寺動物園で寒風の中、猪《いのしし》をスケッチしていたのが堪えたのかもしれない。数年前にも一度同じ症状が出たが、その時はしばらく安静にして

いると、普通に歩けるようになった。それで今度もそのうち良くなるだろうと、我慢して仕事を続けていたら、後生、悩まされる持病になってしまった。

しかし、座して彫るぶんには堪《こらえ》られる。70歳ぐらいまで彫刻刀を放さなかった。

●作品と解説（大正12～13年）

▲近衛公母堂に御持仏・十一面聖観音像　大正12年

近衛篤麿公母堂の希望で御持仏、3寸3分（13チセン）の十一面聖観音を白檀に彫る。共木で作った厨子に納め、厨子の扉に緻密な天部像の浮き彫りを施した。この作品が履中斎の悲願、観音33躰達成の最終の一躰であり、精魂込めて胸元に抱くように彫り進めた。この持仏聖観音は惜しくも昭和20年、東京戦災で失われる。

近衛公の没後、後室（貞、水谷川忠麿・春日大社宮司の母）

高行 刻、干支の彫り物 左から　酉―古代臼の杵に乗る鶏と雛、巳―初水桶に這う白蛇、卯―桃班の兎、戌―立ち上がる犬、辰―柱に巻きつく天龍。
2016年「やまとの匠」展 於 奈良国立博物館、図録より

が昭和天皇即位大典のとき、竹林家に一ヵ月あまり、翌年も同じ季節に続けて滞在された。話はかわるが、竹内久一は「模造は、あくまで技量修行、研鑽のひとつの手段」と断じていた。初期の奈良美術院でも財政不足のため模造を注文制作していたが、本物として売るのを防ぐため、時代を変えて古色塗りするなど、鑑別個所を必ずひとつ残した。

高行作の飛鳥仏模刻が某家の美術品競売に出品され、間違われて法外な値で落札されることがあった。それを聞いた高行は、贋造品を作った覚えはないと、たいそう憤慨したことを、薫氏が書かれている。（『奈良の一刀彫』）

▲恵比寿大黒の年、大正13年甲子

60年に一度キノエネが巡り来るこの年、全国の彫刻家がこぞって恵比寿大黒、特に大黒天を制作。履中斎も小物の大黒天と子《ね》（ねずみ）を、多数作った。

▲恒例になった干支《えと》の彫り物

円照寺・文秀女王へ献上する干支の彫刻が、12年で一巡りすると、また新しい意匠と趣向で干支を彫った。亥年の作品構想を練るため、天王寺動物園で極寒にイノシシを見ていたものだから前に述べたが、坐骨神経痛をかかえる身体になってしまった。

●神峯寺《こうのみねじ》二十七番札所　仁王像（大正13年）

四国八十八ヶ所札所の一つ、難所で知られる高知県安芸郡安田町の神峯寺《こうのみねじ》に高行の姉・竜円尼がいる。姉の依頼で山門に像高7尺、2メートルを超える阿吽の仁王像2躯を、乏しい予算で大正10年に引き受けた。3年がかりで仕上げる。履中斎の作品では最も大きい木彫であり、一刀彫り作家で、仁王像を彫れる人物を筆者は知らない。

孤高の匠は弟子を持たず、手伝いを頼まない。途中、発症した神経痛をいたわり宥めて、2像同時進行で彫り進んだ。

↓阿像の実寸習作

↓吽像の実寸習作

←仁王像のある神峯寺山門

↑ 神峯寺 阿像

↑ 神峯寺 吽像

撮影 永本憲二

よく一緒に遊んだ姉、宿題を助けてくれた優しく懐かしい姉を「神峯の山門で護《まも》れかし」と祈りの念仏に助けられ、「赤仁王」に彩色し、阿吽の2像を完成した。

四国第二十七番霊場・神峯寺は標高400～450メートルの所にあり、太平洋側海岸から急坂を上る「お遍路ころがし」の難所であった。

数部に分けた仁王をトラックで山門に運び、高行が山門で組み合わせ設置したのだが、腰痛に耐えて、さぞ大仕事であっただろう。尚、近年新しく塗り直された。

●高行が愛顧を受けた人たち

彫刻に関しては竹内久一に住み込みで、また師が教える東京美術学校で学び、師の技法と精神を学び取った。愛顧を受けたというよりも、竹内久一は最も深い恩顧のある師であった。

文秀女王は、多くの芸術家を支援し、高行にも何かと気にかけ盛りたてて、大正中頃に、鍋屋町の竹林高行宅を来訪された折には、「壽山萬丈高」（じゅせんばんじょうたかし）の横額と、高行の好きな観音に因み、「慈眼視衆生」（じげんしゅじょうヲみル）及び、浄土宗名号のご染筆を賜った。文秀女王は「有栖川流」の書を能《よ》くし、和歌一万首を遺している。

水谷川忠起春日大社宮司の邸宅が一乗院の北西角にあり、竹林家と目と鼻の先にあった。もっとも水谷川家の南門から迂回するので、歩いて5分はかかるのだが、高行を話し相手にと、度々男爵からお招きの使いがきた。忠起氏とは一乗院門跡と竹坊衆徒、春日社と神人であった父との繋がりもあるが、誰よりも高行を盛り立てた教養人である。

また恩顧を受けた法隆寺の**佐伯定胤**師とは、師が興福寺の学僧だった頃からの知りあいである。師の口ききで彫った作品がいくつかある。ひょっこり竹林家を訪れるときもあれば、話し相手に喚《よ》ばれたものである。

高行は、仏教知識に精通している定胤師の講話を聞くのが好きで、いくら忙しくても佐伯管長の招《よ》び出しがくると、いそいそと出て行くのであった。

●本居宣長坐像　樹敬寺《じゅきょうじ》（大正14年）

本居宣長《もとおりのりなが》には多くの画像を見るけれど、彫刻は少ない。松阪の「本居宣長記念館」に比較的新しい坐像（塑像）がひとつ展示されている他、地元の人が周辺の各学校に配ったという「万古焼き」の小さな坐像がある。しかし他に聞かない。

大正14年、本居宣長ゆかりの松阪妙楽寺（浄土宗）から高行のもとへ思わぬ依頼がきた。聞い

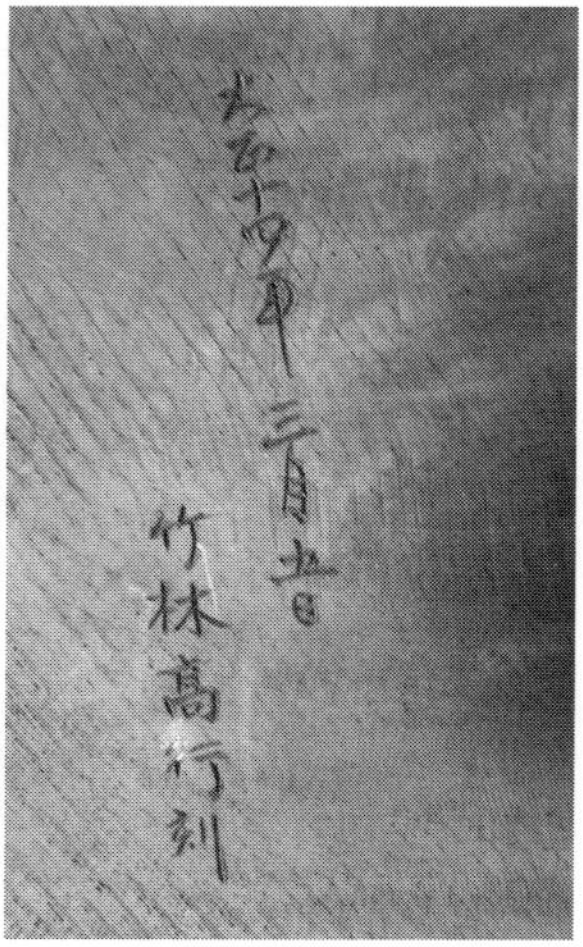

坐像底裏の銘「大正十四年三月五日　竹林高行刻」

本居宣長坐像、　像高約 50㌢　頭髪、眼、唇に彩色、桜材に彫る。
底裏の銘：大正十四年三月五日　竹林高行刻
三重県松阪市 樹敬寺 所蔵　撮影：角山　明

てみると同寺は町から少し離れた山室山にあり、千年の歴史をもつという。松阪の町なかに、宣長夫妻ほか本居一族の菩提寺である樹敬寺《じゅきょうじ》（浄土宗）があるが、妙楽寺には宣長の奥墓《おくつき》があるという。境内の桜の木から坐像を彫ることに話が決まった。

妙楽寺は、鎌倉時代の頃から、町なかの樹敬寺を引退した住職が移り住む隠居寺であったが、現在は樹敬寺が管理する無住寺となり、妙楽寺から宣長の奥墓《おくつき》への参道は松阪市の林業振興課が管理する「ちとせの森」ハイキングコースに整備された。

宣長坐像は現在、妙楽寺本堂から、本居一族ゆかりの樹敬寺本堂に移して安置されている。因みに、樹敬寺の開山（建久6年・1195）は、奈良ゆかりの僧、東大寺大仏殿復興に際し、大勧進僧として落慶にこぎつけた俊乗房重源《しゅんじょうぼうちょうげん》である。

●木彫制作の佳境、昭和初めの5年間

昭和になってから、観音像をのぞいて仏像制作が見られなくなり、かわって、能狂言に題材をとった一刀彫りをよくつくった。仏像は小さくても体力がいる。座って彫れる置物が多くなるのは自然だろう。従来の定型からの脱却はもちろん、杜園作品の後塵を拝することなく、創意工夫を凝らした動的な姿を探求した。

七福神、布袋《ほてい》など、世俗的な置物に芸術性を加味した柔らかく滑らかな彫り、ほとんど刀

跡を残さない置物を作る。これらの一刀彫りのジャンルから逸れた華やかな作品は、人づてに知られて、仕上がらない先から買い手がつくような人気の置物になった。

一方で、高行の信仰は、今に生きる人間的な教えを一層強く求めるように変化したようにおもえる。観音菩薩像に加えて、新しく弘法大師、親鸞聖人像をいくつか彫刻していることでわかる。

●神峯寺《こうのみねじ》の姉・竜円尼が死去

昭和5年、高知霊場神峯寺にいる姉が亡くなった。あれは6年前だったか、姉の頼みで、断れず腰痛に苦しみながら阿吽の六尺仁王像を彫った。仁王は姉を護ってくれなかったが、姉に喜んでもらえたのがせめてもの慰めか。幼ない武麿は二人の姉に可愛がられて育った。想い出深い姉が他界した喪失感は、殊の外大

布袋置物　履中斎65歳の頃
個人蔵　『奈良の一刀彫』より

きく、彫りかけた太子像に手をつけようとしなかった。たまに彫刻刀を持つ日もあったが、終日、仕事に打ち込むようなかつての元気な履中斎ではなくなっていた。

しかし時の流れは悲しみを癒す。断れないような意のある依頼に後押しされ、再び制作を始め、周りを安堵させた。

●作品と解説（昭和7～9年）

▲七福神を白檀に彫る

昭和7年、春日社家 富田氏還暦記念の依頼で、8寸の七福神の置物を極彩色で何組か一刀彫りにした。なお、高畑の志賀直哉邸は、もと富田禰宜所有の畑であったところ。

▲徳富蘇峰に高砂を彫る

昭和9年に徳富蘇峰が喜寿を迎え、大阪蘇峰後援会の依頼で「尉姥《じょううば》」（箒をもつ高砂）の一刀彫りを島台と共に制作。これには伊勢神宮の残材を使った。喜寿を待たずに亡くなった姉を無念に思いつつ、めでたい「尉姥」を7月に仕上げて、ホッとしていると……。

●妻、梅菊先立つ

昭和9年、寝込みがちだった妻が、とうとう10月19日、息を引きとった。

妻　梅菊の遺影

夫のわがままに角立てず、よく尽くしてくれた梅菊に先立たれ、高行は火が消えたように意気消沈、しばらくは食事のときも黙りこくっている。喜寿を待たずに亡くなった姉の死から4年、やっと戻ってきた気力が、いっぺんに萎《しぼ》んでゆくようだ。

正月、大好きな雑煮の朝も塞ぎ込んでいた。春になって、気分の良い時にはボツボツ鑿を手に、無心に観音菩薩を彫り出した。だが依頼は断っており、昭和9年に納めた、老夫婦のめでたい「尉姥《じょううば》」が依頼制作の最後となる。

老境に入った高行は70歳に届くころから、痼疾《こしつ》の神経痛が疼き、歩行すら困難になりつつあった。昭和12年、興福寺五重塔まえの巨木、初代「花の松」が、ついに枯死した。

「吾れも枯れ木になるときか」

と呟き、この頃からめっきり彫刻刀を手にしなくなる。

自作を整理するかのように、家にある旧作を彩色したり、箱書きなどをして、日々をおくる風だった。それが一段落すると、墨絵日記を書き始める。また、枕元に半紙と筆を常備して、経文や名号を書き連ね、81歳で天寿を全うするまで、名号、称名やお題目を枕元で書き連ねるのであった。

晩年、観自在菩薩行深

●風変わりな一事に熱中する

晩年、歩きながらも

「観自在《カンジーザイ》菩薩《ボーサー》行深《ギョージン》般若《ハンニャ》波羅蜜多《ハーラーミーター》時《ジ》照見《ショーケン》五蘊《ゴーオン》皆空《カイクウ》……」

と般若心経を唱える姿が見られた。工房にいる時は〝観音菩薩の様々な姿、百態を描くのだ〟と畫筆《えふで》をはなさず、半紙や、画仙紙などに描いては順次、世話になった人々や知己に配布、欲しい人があれば無頓着に進呈した。滝の滸《ほとり》に佇む「滝見観音」、岩場に立つ「白衣観音」、「如意輪観音」など、各種の観音像を大小様々な紙に、墨絵や大和絵風に彩色した自由な高行の画法である。

佐伯定胤・良謙の両師や歌人・荻原巌雄《おぎわらいずお》の画賛を受けた半切和紙もある。観音のほかにも、日の出、波、蓮、伎芸天、鍾馗《しょうき》など、昭和15~16年頃に数百枚に及んだという。観音百態を、描いた人、描こうと挑戦した人は、古今少なからずいた。仏教的な祈りを込めて、観音さまの姿を様々に描き、百態を達成した時の霊的な感動と高揚感は想像できる。絵が苦手な人は写経が良い。般若心経一巻を写経し、菩提寺に奉納する人は少なくない。高行が観音百態を描こうと発心したのは、もちろん信仰心の発露であるが、百態成就を目指す「行」であり、達成することで心身の浄化、新生を期したのであろう。所有するためでも

掛け軸「日の出」 昭和 18 年
武麿 79 歳 と幼名で署名
生駒市菜畑町 円光寺 所蔵

売るためでもない。描いた画紙を知人に配布したのは、信仰をわかち、自分が生かされているありがたさ、感謝の念を表すことに他ならない。

●画家 岡田為恭と竹林高行

高行は、大和絵が好きで、若い頃から絵師について学んだこともあった。一番好きな画家は岡田（冷泉）為恭《ためちか》である。東京にいたころ、為恭が模写した鎌倉時代の「春日権現験記」を上野の美術館でみて感激、高行が畏敬して止まない画家だった。

為恭は、誤解から佐幕派と疑われ、長州倒幕派に追《つ》け狙われる。逃亡中の文久2年、大豆山町の竹坊《たけのぼう》（竹林と改姓前の苗字）衆徒屋敷に、短期間匿《かくま》われていたことを、父から聞かされていた。だが為恭《ためちか》は、元治元年（1864）天理市丹波市で斬殺される。享年42歳。

高行は、歌人荻原巌雄《おぎわらいずお》、仙田寅松らと、現場［鍵の辻］（現JR桜井線横の草地）に「史跡岡田為恭遭難之地」と刻んだ記念碑を建て、大正11年9月、篤農家 中村直三の仲介で、天理の善福寺に墓碑を建立し弔った。高行の腰痛が激しくなるのはこの年の11月である。

●畳の居室に吊り瓢箪

昭和20年（1945）、終戦の前後から立ち居が困難になり、書斎の居室に寝具を敷いて寝起きするようになり、天井に瓢箪を吊るして愉しんでいたという。

初めてこの瓢箪の「寝そべって瓢箪を見ていた」逸話を耳にしたとき、瓜棚の下で夕涼みする夫婦と幼児の和やかな絵、久隅守景の「納涼図屛風」を思い浮かべた。だが高行が、畳の居室に吊り下げた瓢箪棚の下で寝ている光景はどうだろう。

瓢《ひさご》を乾かしては、居室に縄を巡らせ、無数の瓢箪を吊り下げて、その数360個に達したという。鈴なりの瓢箪を臥して飽かずに見上げていた。

様々な形のものを鑑賞用に収集する人は多く、酒と糠《ぬか》でこすってツヤを出すなど、凝り性の趣味人はいる。これまでも、高行が中年のころ、庭に瓢の苗を夏に植え栽培し、乾燥させて瓢箪作りに熱中していたことがある。しかし今、敷き放した布団に寝そべって、瓢箪を見上げる高行……。

自身は愉しくても、傍《はた》から見れば、決して和やかな風情ではあるまい。それにしてもなぜ「履中斎《りちゅうさい》」（世の中庸を履《ふ》む）と己を揶揄《やゆ》するように号したのだろう。自戒のためだろうか。

●仏教的短歌を一万首詠む

この一途な歌作は数年持続し、数冊の大学ノートに一万首を超えた。

高行の和歌は、水谷川忠起春日大社宮司、関藤次郎、中村雅真に奨められて、そこかしこの歌会に出席した経歴があり、歌人荻原巌雄《おぎわらいずお》に添削を受けたこともあったという。高行の歌は、自然風物を詠むより、人間修養じみた言葉を五七五 七七に綴ったもので、仏教に寄せる歌や阿弥陀仏に寄せる歌、日に5～10首をノートに書き留めた。重複する歌もたくさんあるが、数えきれないほど、計一万首ともいわれる歌を筆書きしたのである。

仏師なら、仏に寄せる歌を読むことは自然であり、高行には当たり前のことであるが、日に5～10首を詠む。歌を嗜《たしな》むくらいでは気がすまず、行《や》るならトコトン行《や》る激しい性格がほとばしる。他事を忘れて一事に熱中することで、深く精神を鎮め、普通では到達できない新境地に至る……とはよく耳にすることで、科学上の新発見に至る突然の閃めきも、他事を忘れて研究に没頭したことが前提にあるといわれる。高行の閃めきは悟りであろうか。

●数千の小石に経文を墨書

小判形の丸く平らな小石を、行く先々の道路で拾い、子達にも集めさせて石の表面に観音頭部を描き、あるいは経文、般若心経や妙法蓮華経、また自作の語句を記し、裏に石の由来「○年○月○日 何処其処で拾う」と書き足した。当時は舗装道路がなく、川床は自然のまま、小石はいくらでも拾えたので、石そのものを集める苦労はなかった。しかし絵や経文と場所日付を書いて、数千個に達するとは生易しい作業ではない。およそ20年ほど断続的に観音の顔も描いた。

世間が見た彼の奇行は高行にすれば、文字と絵による念仏行である。仏師として、人間の業に思いをはせ、祈りの絵と文字を書き付け、救いと救世を仏に願った。石を前に無私の作業中、高行は自然に声なき念仏を唱えていた。時代を遡れば、治承・寿永の戦乱にあけくれた平安時代、京都三条河原の名と経文を記し、鴨川に投げ入れては合掌する日観上人の逸話がある。野ざらしの雑兵、火焔《ほのお》に呑まれた民衆、田畑を蹂躙され餓死した農民、渺渺《びょうびょう》たる風景の中に諸行無常を弔う上人の姿が見られた。だがそれにしても視力がおとろえた老年の履中斎が、布団にうっ伏して極小の文字を面相筆で書き記すとは……。狂いのない手の確かさはどうだ。

晩年は極楽往生を願い阿弥陀仏を深く信じ、仏教講話を聞くため諸寺に出かけ、自宅で法話の会を開くこともあった。いまはただ念仏を唱えては、一文字〳〵を確かめるように小石に経文を書きつける——無 意 識 界 無 明 盡 至 無 老 死 亦 無

●般若心経28石を慈眼寺に奉納

小石に般若心経を書き始めたのは昭和のはじめだった。

竹林高行

晩年、観自在菩薩行深

▲般若心経28石

↓
5×3センチほどの小石に般若心経を筆書きした28石。

←箱書き
般若心経 完　昭和二年正月七日
施主　竹林高行
奈良市北小路町慈眼寺 所蔵

いま、葛城28経塚に因んで、28石に経文を筆書きできた。知人に見せるとみな一様に感心し、ただ家に置くだけでは勿体無いから懇意の寺に御納めしてはどうか、と勧めてくれる。高行はこれを桐箱に納め、菩提寺である慈眼寺に奉納することにした。箱書きには昭和2年正月7日としたためた。昭和2年といえば、履中斎が多様な木彫に佳境を迎えた頃である。体力が衰え腰痛のため、木彫は昭和9年の「尉姥《じょううば》」が最後だが、昭和20年を過ぎたころまで断続的に、小石や紙に経文を書き付け、和紙に観音を何枚も描き続けた。

●履中斎、81歳の大往生

高行には五男二女がいて、子福者と言われていた。長女・浅江と次男・章に先立たれたが、長男真行、後の薫（号薫風）氏は既に著名な彫刻家で名手一家を成している。老高行に後顧の憂いはなく、病床にあって「長生きし過ぎてしもうた」とニコニコ顔で機嫌が良い。

看病、食事とシモの世話は、薫がしてくれる。円熟した薫風氏はこの頃、仕事でも社会的にも、もっとも多忙を極めたが、父を看病して最期を看取ったのである。筆者はキュッと口を結んで、足早に歩いておられた薫氏を、よく見かけていたので、気難しい人と思っていた。後年、今になって聞き知ったことだが、町内旅行に八百屋さんや酒屋さんと一緒に気さくに参加されたと聞き、それらのアルバムを見て知らなかった人柄に心底愕《おどろ》いたものである。

昭和24年(1949)9月25日、履中斎は居室で眠ったまま息絶えた。享年81歳。明治・大正・昭和の三代、半世紀を超えて、その作品によって奈良彫刻界に特異な存在感を示し、しかも斯界《しかい》の表に出ようとしない異才。「奈良きたまちの異才」は、ひっそりと、梅菊の待つ浄土へ旅立った。

←竹林高行と妻梅菊の墓（高行自筆）
奈良市北小路町の慈眼寺・竹林家菩提寺

←やすらぎの道に面する慈眼寺山門
「やくよけ発祥の寺」といわれる

高行の工房に出入りした彫刻家

高行は、住み込みの内弟子にとった妻の姉の長男、武井賢造が早世して以来、弟子を持たなかった。

しかし、出入りした者は少なくない。青年期、壮年期に、自身が木彫するところを見せて指導した彫刻家に、中条良園（杜園の門人）・熊谷興慶・鏑木紫雲（多門町大経師の生まれ、高村光雲に弟子入り後、高行の指導を受ける）などもいたが、いずれも高行より先に没した。

大正6年以降、履中斎が指導した人物に熊谷笠山、一木輝彦、現代彫刻の故 福井庸賢がいる。庸賢は山村御殿（円照寺）に住みついて制作に没入。春日大社手水所の神鹿ブロンズ像や、牡牛の木彫で知られる。奈良カトリック教会聖堂正面の「十字架」もこの人の作品である。

そのほか、一刀彫りの名手・今西杏林を手ほどきし、木彫の坂口晴風（三重県の人、平櫛田中にも学ぶ）なども竹林高行 履中斎の工房に出入りしていた。

後記

高行が没した昭和24年9月といえば、拙子は小学校2年生である。同じ町内であり、角の竹林宅で右に曲がった小学校（奈良女の向かいにあった）へ通っていたが、高行老人のことはまるで記憶にない。当時は薫氏が高名な人とは知らなかったが、風貌も歩き方もよく覚えている。しかるに恵美子（節）さんは私より年代が上の女性でもあり、成人してからも言葉を交わしたことがなかった。今回おじゃまするると、恵美子さんは拙子をしげ〴〵と見て、「マサオキちゃんか、面影あるな」と微笑まれた。これは話が聞けそうだ。その通り、多忙な氏から制作時間をもぎとり、実に面白く、生き生きとした語りを数日かけてうかがった。いつもアトリエにこもって仕事中の氏は、頭も心も体も若々しい。

竹林履中斎に興味を持ったきっかけは、5年ほど前、別件で藤田祥光の手稿を見ていると、氏の『人物志』（明治36年）の中に、「竹林履中斎」の項がある。活字にすれば、原稿用紙2枚半ぐらいだが、次の一節に仰《のけぞ》った。

「明治二十七年森川杜園自己の二世を嗣さんと高行に交渉すれとも信する所あり且つ他家の嗣となることを好ます招に應せさりき」

とあり、さらに「杜園門人」の項をみると、杜園嗣子・和蔵杏園が一刀彫りを習わず象牙彫刻や象嵌あるいは衝立の浮き彫りに進み、身体も壮健ではないので—

「明治二十七年秋、竹林高行ヲ嗣トシ二世杜園ヲ襲名サント希望セシカ高行他家嗣トナルヲ欲セス辞退セリ」

?¿……な、なんと勿体ない、高行とは何者ぞ！

森川杜園は多くの弟子を育て、その流れをくむ一刀彫り作家は多いが、門人ではない高行に襲名と家督継承を望んだのであった。高行の辞退後3年余で、杜園は明治27年に逝去した。したがって、森川杜園の名は一代かぎりである。襲名を拒んだ一件は、どの杜園評伝にも書かれていないが、竹林家にはもちろん、史家藤田祥光が書きのこしているところから、明治の一刀彫り界では広く知られていたのだろう。

竹林薫風氏の著書『奈良の一刀彫』（後日、節氏から贈られる）を図書館から借り出し、氏の詳細で客観的な厳父 履中斎の評伝を閲《け》みし、この一冊に縋って史料を索め、実作品を探して異才高行の人物像を思いめぐらしたのが本書である。

竹林高行の彫刻は、殆どすべての作品が買い取られていった。戦災を経て、行方のわからない作品、所有者の没後、何も知らない親族にわたり、持ち主がわからなくなった作品が少なくない。もっとたくさん、履中斎の作品を見たいと切望している。

第四章

天理外国語学校初年生、18歳の宮武正道　『追想』宮武タツエより

夭逝した語学の天才・宮武正道

1912～1944

30冊ものマレー語学書・辞典ほかを著した33年の生涯

筆者口上

宮武正道は良家のボンボン育ちである。

幼少より何不自由なく、自分の好きな道を進める自由があった。誰にも覚えがあると思うが、どの小学校にもこういう「ええとこのボンボン」が学年の上下に一人はいたものだ。パリッとしたサージ（ウール）の誂え学生服を着て、まばゆいほど。おのずから上流のオーラが漂い、「後光さしとる」と陰口したものである。ボクら昭和20年代の学生服は、ギャバジン（木綿）の出来合いだ。兄のお古か、新しい既製服なら来年も着れるようにと、ダブダブの大きすぎる不恰好なものをあてがわれる。小学校低学年の時はゲタばきで登校する生徒が多かった。ボンボンは靴下にズック靴を履いている。

正道のときから30年近く後に、小生も幼稚園から18歳まで、氏と同じ学舎《まなびや》に通ったからであろうか、宮武正道なる人物にどこか親近感がある。

宮武正道は奈良中学校（奈良高等学校の前身）の時代から丸い黒ぶちの眼鏡をかけ、端正な面立ち。小柄だが炯々《けいけい》たる眼光で凝視する。炯眼《けいがん》の生徒・正道は担任だろうと校長だろうと、物怖じしない。正道は整理整頓ゆき届き、勉強も良くできた。天理外語での註マレー語学習は、しかし3年生で病気のため、中途退学しなければならなかった。

中退後は、自宅の書斎にこもり、獅子奮迅の勢いでマレー語とミクロネシアの民俗研究に没頭する。マレー語の新聞雑誌から生きたマレー語を研究し、驚異的なスピードで様々な辞典ほか、語学書、南洋文学、随筆など、全著作30冊以上を、10年余りで書き上げるという超人ぶり、それも病身を抱えてである。

独学で偉業を成し遂げ、そして33歳で天国に召された。

註〔マレー語学習〕当時の三大国際語は、英語、アラビア語とマレー語であった。当時南洋に進出した日本政府は、オランダ領の呼び名である「インドネシア」を良しとせず、現地人の呼び名「マレー」を「馬来」と表記した。

宮武正道が生まれた家

●製墨業「春松園」、西御門八番屋敷

家系を辿《たど》ると、宮武家は旧家の例にもれず、藤原朝臣《ふじわらのあそみ》の系統である。朝臣盛永二十一世の孫、宮武権三郎が江戸享保年間（1730頃）に讃岐高松から奈良に移住してきたとされる。奈良宮武家の初代・権三郎は、墨作りの見習いから始めて、奈良市中筋町で製墨業を始めた。代々墨作りを営み、近くの西御門《にしみかど》八番屋敷に移ったのは、１００余年を経て弘化３年（1846）、五代目・宮武佐兵衛が、中西光三郎なる人物から、代銀一貫25目でこの広大な市中屋敷、敷地約2,740平方メートル《メートル》を買い取った。

昭和に生まれた宮武正道はこの屋敷で産声をあげるのだが、こういう老舗の歴史を辿るとキリがないので、父の代から始める。

父は宮武佐十郎、製筆・製墨業「春松園」の八代目当主である。明治元年（1868）におけ

↑ 東京世界月報（明治 36 年）に 掲載された「春松園墨舗見取図」
正面を登大路に面し、右端の道は中筋町。　『追想』宮武タツエより

↓ 八番屋敷 本店 宮武春松園製墨所　　『大和豪商名勝記』より

る奈良の墨屋業者は37軒、新入り9軒と、かなり乱立している。明治初期、奈良市にはまだ銀行制度が発足していない。一般には両替屋・質屋が金融業に従事し、老舗の商店では互いにお金を融通しあっていた。こんな逸話がある—

「一刀彫りの名人が借金のカタに作品をだしたところ、節季が来ても払えず、質屋は作品を取り上げて、ほくそ笑んだ」

明治15年（1882）、佐十郎は近江の製墨業者に貸付けた金が焦げ付き、この店の諸国への販売得意先を受け継いで棒引きにした。せっせと貸したり借りたりしながら事業を伸ばし、業界1、2といわれる「春松園」を維持発展させた。八代佐十郎は、明治35年、遠縁の〝てる〟と結婚する。結婚後10年目の大正元年（1912）に九代目が誕生、〝正道《まさみち》〟（成年してセイドウと漢読みを用いる）と名付け、大事に育てられたのはいうまでもない。ただ体が弱く、幼少の頃からよく風邪をひく子であった。

大正9年に元気な妹〝孝子《たかこ》〟が生まれる。佐十郎の祖父母、七代佐十郎と〝ふじゑ〟も健在で、八番屋敷には一家6人と下男や女中、4室ある別棟には、住み込みの番頭と墨の練り職人が住んでいた。

春松園が市内の各小学校に無料配布した固形墨「神童」

春松園若草山山麓の売店と脇に立つ佐十郎氏
明治36年『追想』宮武タツエより

父・佐十郎は業界の重鎮として、大正2年、奈良県製墨同業組合創立に際し発起人総代、のちに副組合長に選ばれて業界再編成に尽くした。

その後の組合変遷、および大日本製墨会社の設立（大正9年）と春松園の廃業、大日本製墨の解散（昭和9年）、については後述するが、奈良の名士として、奈良実業協会理事、奈良共励会総務、明治34年（1901）から市議会議員に2回当選している。

佐十郎はその他、いくつもの名誉職についているが、なによりも能楽に打ち込み、金春流謡曲に長じていた。号を「鶴斎《かくさい》」と称し、西御門八番屋敷に本格能舞台を造築したほどの凝り性で、金春流の謡《うたい》と太鼓を得意とした。また師である金春家の世話をよくしたので、金春流のパトロンの一人と云われていた。

さて能舞台を併設する奈良の屋敷は、宮武家の他にもあったらしい。らしいというのは実際に私邸にある能舞台を見たことはないが、豪商の旧家には茶室と能舞台があったものである。たとえば、能狂言が本職でもあった一刀彫りの森川杜園は、中新屋の家に練習舞台を持っていた。戦後、奈良のお屋敷は、たいてい占領軍に接収されていたが、戦後10年くらいまで、お祝い事があると、襖を開き放ち、能狂言の一座や、浪曲師、漫才師を呼んで客をもてなした。洋館邸宅では、広い洋室に一段高い板間のあるミニ劇場に芸人を呼んでいたものである。

●春松園の沿革

西御門八番屋敷の春松園は、明治43年（1910）、大阪電気軌道（現・近鉄）が春松園の目の前に終点奈良駅をつくったこともあり、繁盛していたが、製墨業界は乱立気味で、過当競争に直面していた。大正に入ると、政府の方針に従って自治体が業界の再編制を奨励し、奈良市でも乱立する個人商店を株式会社に統合することになった。老舗の宮武春松園の宮武佐十郎がリードして、坂倉文賞堂・大森玉翠堂・中村篤老園・上田令光堂・符坂玄林堂・符坂玄勝堂・祐岡栄松園、松煙業の宮武佐兵衛（佐十郎姉の夫）が合併し、大正9年（1920）7月「大日本製墨株式会社」、屋号「春光園」を設立、今辻子《いまずし》町に本社を置いた。

佐十郎氏も新設株式会社の重役として商取引を継続している。だが、大日本製墨株式会社は伝統的な屋号で知られた個人商店の合併だ。それだけでもう危惧するタネは十分あった。しかも創立者の得意先と、発起人各自の営業権を株に当てたので、流動資金の不足に苦しい経営を余儀なくされていた。資本金70万円を30万円に減資、1株30円だったのを1株20円に

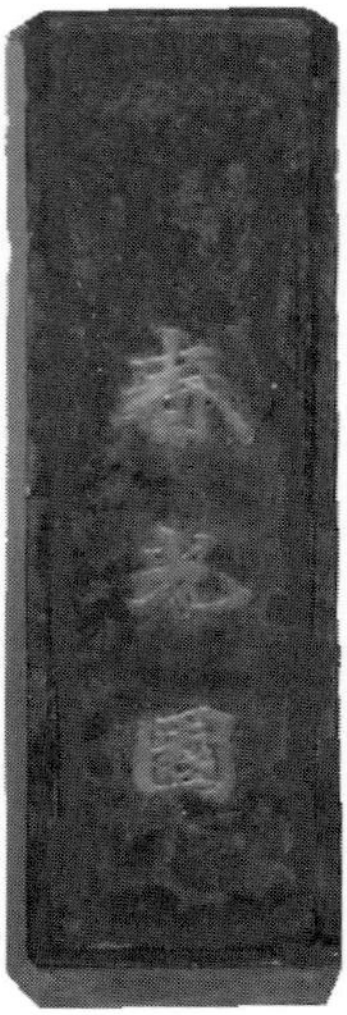

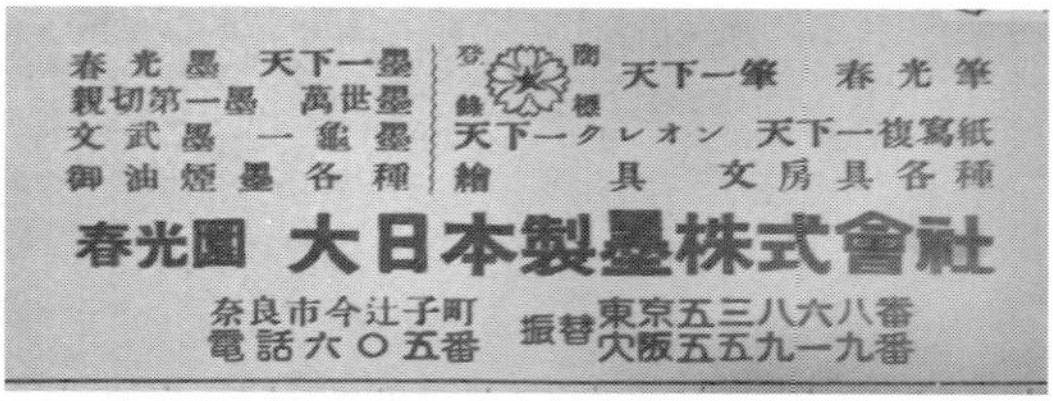

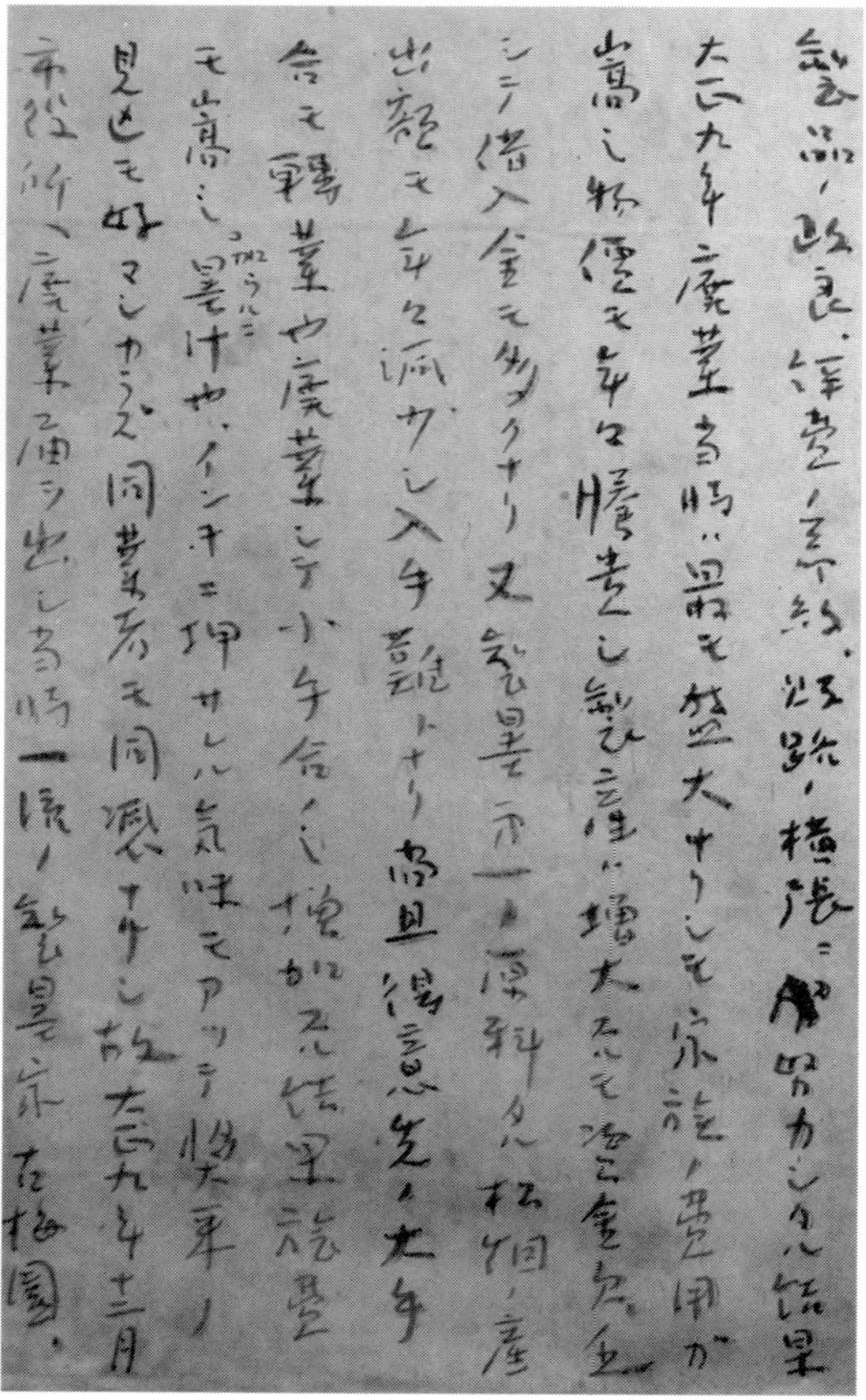

→大正9年12月、市役所に家業・春松園廃業届けを出すにあたり、経緯を述べた覚書、八代・佐十郎の直筆
↗合併設立された「大日本製墨会社」の封筒差出社名
いずれも奈良市史料保存館　所蔵
↑新会社の商品名「春光園」大正時代の墨

下げ、全額払い込み済みとして経営を糊塗してきたのである。

昭和8年（1933）5月「大日本製墨会社」は解散を決定、監査役だった佐十郎によると、解散の清算方法は、旧社の債務、営業権動産不動産その他の権利義務一切を坂倉文五郎、大森徳兵衛、中林嘉助、祐岡忠七らが新たに設立する「日本製墨合資会社」として継続するというものである。そして同年8月、坂倉文五郎を社長に合資会社が発足、屋号「春光園」を継承した。この解散と新会社設立のてんまつは、当時の新聞紙上をにぎわし、株価は半分に減って買ったものだけがバカを見たなどと、内幕ものスキャンダルになった。しかし、監査役・宮武佐十郎の弁明も大きく紙上に取り上げられ、沈静化に効き目があったようだ。

ところで、老舗「古梅園」の松井元淳は、大正4年、既に会社組織にしており、大正9年の合併に参加していない。この騒動を横目に、高品質を維持して業績を伸ばしたばかりか、松井元淳は市の政界でも活躍、奈良市長も務めた。

大日本製墨の解散後に、新しい合資会社に加わらず、統合前の製墨業を再開する業者もいたが、佐十郎は製墨業「春松園」をいったん廃業、筆から万年筆、墨は墨汁が主流になって製墨業は全国にごく数社あれば足りる時勢になっていたのである。そこで佐十郎は、全国にわたる春松園の顧客名簿を一流の「古梅園」に譲り、晴れぐしたように、上得意だけを顧客に残して、妻と謡曲道楽に励み、余生を謳歌した。

春松園を閉じたこの年、正道は満20歳だったが、父佐十郎は—

「マサミチは病弱で生真面目すぎて商売には不向きだ、だいいち損得の話は聞こうともしない。好きなことをしながら養生すれば良い」

とひたすら優しかった。母てるも同意見である。先行き閉ざされた家業を、妹の孝子に婿養子をもらって、というのも言外だ。ただ、祖母ふじゑが、春松園が八代で絶えるなんて……と悔やんだが、孫に言っても詮無いことはよくわかっている。

明治の後半に市の各小学校へ、墨３００挺を寄付する余裕があったあの頃の春松園は、２度と還らないのである。

●父佐十郎、温厚な粋人

かくして家業を縮小した、性来[註]親譲りの趣味人である佐十郎鶴斎は、能謡曲を愉しんで生涯を終えた。いかにも大雑把な人物にみえるが、几帳面な人のようだ。宮武家の写真整理を手伝った写真家の藤井辰三氏は—

「焼き（焼き付け印画紙）の裏に、日付や人物名など克明なメモを残していた人は、溝辺文太郎さんと宮武佐十郎さんです」

と語っておられる。佐十郎は少年の頃から能をはじめ、子方に出演、立方《たつかた》も学んでいた。太

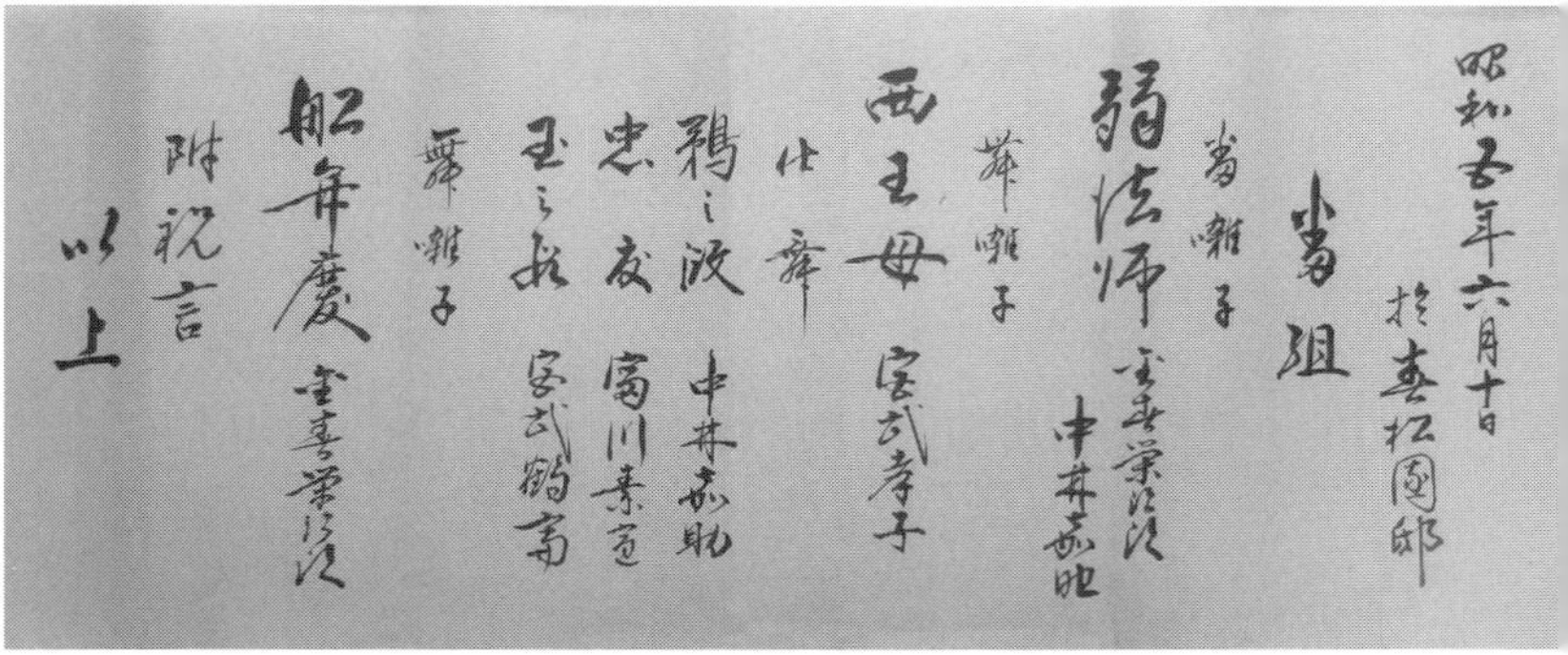
昭和五年六月十日　於春松園邸
番組
弱法師　金春栄治郎
　笛囃子　中井[illegible]
西王母　宮武孝子
　笛囃子
仕舞
鵜之段　中井[illegible]
忠度　富川[illegible]
玉之段　宮武鶴斎
舞囃子
船弁慶　金春栄治郎
附祝言
以上

鼓の名手で、妻てるも小鼓を打つ。屋敷で能、お囃子会を催し、薪能にも出演していた。

註〔親譲り〕佐十郎の父で正道の祖父・七代佐十郎は、「白玉」と号し、笛の上手。

ところで、九十九《つくも》豊勝氏（後述、351ﾍﾟｰｼﾞ）が能楽をされるとは想像もできなかった。母から観世流の手ほどきを受け、氏の茶亭を「蝸牛亭《かたつむりてい》」、号はもちろん黄人。鶴斎と流儀は違うが親交があり、宮武家の舞台で共に謡ったこともあるという。

鶴斎の筆になる『薪御能記』（昭和12年、天理図書館所蔵）に、佐十郎が参加した明治薪能の記録がある。金春流を学び、前述したように金春家のパトロンの一人であった。また、おん祭り薪能を世話してこられた中村雅真の没後、継子正格《まさのり》氏と共におん祭り薪

春松園能舞台の番組（演目案内状）　昭和五年六月十日　於春松園邸
奈良市史料保存館 所蔵
この日の演し物は謡「弱法師《よろぼうし》」で始まり、「西王母《さいおうぼ》」に妹の孝子さん、「仕舞」に父鶴斎が出演。切りの演目は「船弁慶《ふなべんけい》」を金春栄治郎が舞う。附祝言の地謡で終了。

能の世話を、戦後引退するまで続けておられた。

大正5年に「奈良雅楽会」が水谷川忠起春日大社宮司を会長に設立され、幹事に春日社家の千鳥佑順《すけのぶ》、松岡茂樹、役員名簿に氷室神社の大宮守慶《もりよし》、古梅園の松井元淳、大軌取締役で県議の鍵田忠次郎らにまじって宮武佐十郎の名が見える。

自宅の登大路に面した土地家屋を若干分譲し、大きな鉄柵の赤門を中筋町側（東側）につくった。鉄門横手のにじり口から入って砂利を敷いた通路の先に木造大門がある。そこを入ると表玄関にたどり着く。外庭のほか内庭がいくつもあり、土蔵と大きな倉が二つ、井戸が三カ所、能舞台は、西面にあった舞台と座敷を取り壊し、新しく南面2階に客座敷12畳をもつ舞台を新築、昭和5年6月10日には、金春栄治郎を迎えて「舞台開き」が盛大に行なわれた。（前ジペー演目写真）

●幼稚園からエリートコース

宮武正道が産声をあげた大正元年に、奈良で初めての幼稚園、奈良女高師附属幼稚園が、もと興福寺一乗院の敷地内である花芝町に開設された。現在、奈良カトリック教会が建つ場所である。東向き北通りに面した門から、いまも両側に植え込みがある坂道を上ってゆくと、この幼稚園があった。一乗院の宸殿が裁判所に使われ、水谷川邸もそのまま、中西弁護士の蔦が張った緑の洋館がすでにあったか定かでないが、実に閑静なところであった。
幼稚園は、宮武家から歩いて園児の足でも5、6分のところにある。正道は一人で通ったであろう。この幼稚園では女子高等師範（奈良女子大学）保護課の女学生が実習にくる。優しいお姉さんたちに園児は無邪気に喜んだ。幼稚園で一緒だった荻原九二男氏の文章に—

奈良墨

固形墨は主な原料である煤《すす》の違いによって「松煙墨」と、「油煙墨」に分かれる。奈良墨は平安時代の806年に、空海がその製法を持ち帰り、室町時代に興福寺二諦坊で造った「油煙墨」が始まりとされる。実際「興福寺」銘の墨が販売されていた。菜種や胡麻の油、種々の植物油や、のちには重油や灯油も利用された。

一方、「松煙墨」は松ヤニ含む木片を燃やして煤を採る。藤原時代に始まり、奈良では主に紀州産の松片が使われたが、原料枯渇と価格高騰のため漸次衰退し、現在は使われない。そのほか、膠《にかわ》の調合も難しい営業秘密である。

奈良の製墨（墨汁を除く）では松井道珍の「古梅園」が最も古く、宝永年間（1704-1711）の創業、現在なお業界全国一である。老舗《しにせ》の次が「春松園」（廃業）と数年後に「玄林堂」が、享保年間に始めた。そのほか、老舗と呼ばれる昭和以前に創業された奈良墨の製造業者は、江戸文化年間の「松井墨運堂」がある。明治中期に改名した「日本製墨書友」は、かつて大日本製墨株式会社「春光園」に参入し、解散後引き継いだ日本製墨合資会社を経て「春光園」を復活、現在に至る。そのほか明治後期に創業された「呉竹」、大正時代に創設された「一心堂」がある。

「大正7年に、着物の上にエプロンを掛けて砂いじりしている姿や、木馬に乗っている写真が、いまも私の手元に残っています」

とある。（『宮武正道 追想』編集・発行 宮武タツエ 1993、以後『追想』宮武タツエと略す）

8歳になった正道は、一年制保育を終え、女子高等師範附属小学校もあったが、奈良師範附属小学校に入学する。当時の校舎は、旧興福寺延寿院の跡地にあり、登大路町、今の県文化会館の場所にあった。写真家の北村信昭はこの奈良師範附小で正道の6年先輩である。のち校舎は奈良学芸大学（現教育大）の男子寮に使われていた。

正道と幼稚園、附小、奈良中と一緒だった尾田組の尾田利一氏は—

「君の家に遊びに行き、遊び疲れた時お母さんから焼きたてのホコホコのあんパンのうまかったこと、いつも焼きたてのホコホコで、こんなうまいものをいつも食っている君が子ども心に羨ましかったこと、裏の倉庫の辺りでかくれんぼに打興じたこと、……が思い出され、懐かしくてなりません。小学校当時はデルター（組立式電動玩具）とか電気機関車とかの玩具《おもちゃ》が売り出された初めの頃で、よく君は手際よく組み立てたり分解して見せてくれたものでした」（『追想』宮武タツエより）

『奈良茶粥』（宮武正道 山本書店 昭和7）のあとがきに正道が、小学校3年の時のエピソードが語られる。少し抜粋する—

「男子師範附属小学校に地理の時間だけこられる三村信男という先生がいた。その先生が〝諸君はなぜ奈良というか知ってるか？　なぜそこを奈良というかといえば、西には大阪という大きな坂をひかえ、その坂を下ってきた平たい大和平野の中心、つまりナラッとした土地という意味からだ〟

僕の記憶はこれだけだが、不思議にもこのことが僕の脳裏からはなれない。小学校を卒えた後は、先生の顔を見ることも名前を聞くことすらなかった。昭和5年4月4日の新聞は大々的に郡山中学山岳部一行の十津川渓谷遭難を報じた。7名のうち3名が死亡、不幸にして先生はその3名の中に数えられていた。いたましき山の犠牲者三村先生！　今このささやかな拙著の最後に奈良の語源―もっともそれは民間語源流ではあるけれど―を掲げて故先生を偲ぶのも決して無意味なことではあるまい」

●旧制奈良中学時代、切手・古銭蒐集

小学校6年を終えて旧制奈良中学（県立奈良高等学校、現・ホテル リガーレ春日野＋奈良総合庁舎の所にあった）に通学。中学時代に切手と古銭集めに熱中した。切手蒐集といっても、封筒、ハガキを湯気に当て、消印のついた切手を剥がすだけではない。古銭をその道から買うのである。海外の古切手商に注文して、同好の同輩を羨望させた。

昭和19年発行の謄写版誌『大和収集家人名簿』（乾 健治編 山本書店）宮武正道の項に―

雅名　性洞山食人寺（註日本我楽他宗奈良別院四番札所）

住所　奈良市西御門町（大軌終点前大毎支局横赤鉄門の家）

職業　無職

簡単なる履歴　蒐集并に世界各地の言語及土俗学の研究に趣味を有する若い男

収集物の名　古銭、古墨、絵葉書、切手、切符、語学に関する書籍

収集の範囲　古今東西にわたり、すこぶる洽汎《ごうはん》なり

凡そ収集点数　筆舌に尽くし難し

収集品の珍品　皇朝十二文銭、至元通寳

註〔日本我楽他宗〕九十九氏が自宅で主催する土俗研究会「いつもの会」の別名

旧制 奈良中学校3年生の宮武正道　『追想』宮武タツエより

語学の芽生え

●エスペラントを独学で習得

旧制奈良中学時代の正道は、エスペラントを1年でマスターした。英語の森三郎先生がクラブ顧問だったが、独習である。教本で学ぶだけで、聞き・書き・話すまで独学で習得する15歳児童は、やはり語学の天才だ。エスペラントは息の長い人工語で、現在もエス語の演説コンクールがあると聞く。いまや趣味の域を出ない言語だが、宮武正道がこれを学んだ大正、昭和初期は、実用になったらしい。エス語を自由に操り、海外エスペランチストが奈良に来ると、通訳は宮武正道があたる、奈良で宮武にかなうエス語話者は他にいない。

のち、天理外国語学校（現 天理大学国際学部外国語学科）一年生のとき、自宅に奈良エスペラント会を設け、週に1～2回、夜7時に正道を先生に、彼の書斎に集まって学習を始めた。最初はなかなかの盛況で、当時の文化人が大勢参加している。この話は後に回して、さて中学時代の正道である。数学は得意でなかったと、学友の回顧談がある。数学が好きでなかったことは、子息のテラス氏からも伺った。

蒐集趣味から語学の方に興味が移り、中東の共通語であるアラビア語を始める。英語のアラビア文法書をひもとき、アラビア語の動詞変化を自分で表につくったりしている。アラビア語は学科として大阪外国語学校になかったが、松本重彦教授がマレー語科の学生に少しアラビア語も教えていたのを聞いて、独習していたのである。しかし正道が奈良中学を卒業する前に、教授は中国京城（首都北京）へ赴任して行ってしまった。

仕方なく、旧制奈良中学を終えると大阪無線学校に通い出した。鉱石ラジオを作っていた延長で、短波通信やＢＢＣ短波放送を聞くためか、しかるにこの学校はモールス信号も教えるが、主に船舶無線技士を養成する専門学校である。遠洋航海に出てツーツートンなど、蒲柳の体質であるボンボンにできる仕事ではない。２週間ほどで早々に退学し、天理外国語学校の馬来語部《マレーごぶ》に入学した。マレー語にはアラビア語の単語が多く、当時のマレー語教書は、右から左に書くアラビア文字を使った印刷物も少なくなかったが、正道は奈良中時代にアラビア語をかじっていたのでたちまち上達、独走する。

●エスペラント学習会

話をエスペラントに戻す。昭和5年（1930）、正道は「奈良エスペラント会」、通称「奈良エス会」を主宰した。場所は西御門八番屋敷の宮武家、いまの近鉄奈良駅前、国道３６９号線を中筋町に入った西側の所に赤格子の鉄門があった。が、これは開かずの門で、普段は横の通用門から入る。集会のある正道の書斎は2階にあり、広さは約十畳ぐらい、四方ガラス窓の明るい洋室である。父がゆっくり勉強できるようにと、正道の望み通りに2階の和室を改装させた書斎である。北面に机を置き、青いシェードの洒落た卓上灯の下で研究、執筆に勤しんだ。東の窓から若草山がよく見えた。

ハツハル　ノ　ワカクサヤマ　ヲ　ナガメツツ

昭和11年1月1日　書斎の窓から

会員はソファーに座ってお茶や[註]コーヒーを飲みながら勉強、正道は書斎机の回転椅子に座り、19歳に満たない最年少の宮武正道が指導した。

明るい自宅の書斎で　昭和12年1月『追想』宮武タツエより

テキストには『エスペラントABCの読み方から』（石黒修、太陽堂書店 昭和6年1931）を、辞書には『新撰エス和辞典』（日本エスペラント学会、大正15年1926）を用いた。テキストを買い求め、あるいは筆写して勉強するほど熱心な新参者は少なく、学習会は程なくエス語の勉強から、集まって談笑するサロンに化ける。

註〔コーヒー〕父佐十郎氏は、自宅でも本格的にコーヒーを嗜む通人であった。大正元年、浅茅ヶ原の「円窓亭《まるまどてい》」にできた「マルマドコーヒ」に開業資金を貸し付けている。「円窓亭」は現在重文で、当時も特別保護建造物に指定されていたが、ここに長岡某が奈良県最初のカフェーを開業した。後に市内に開業したカフェーのように女給さんがいなかった。そのためかどうか、数ヶ月で閉店、長岡某はゆくへを晦《くら》ましたという。なお、このもと経蔵であった「春日大社板倉」即ち「円窓亭」は、2020年に「万葉植物園」に移築されることが決まった。

【当時の会員（順不同）】

田村復之助　大阪電灯社員、同社は大同電力、大阪送電を経て一部関西電力に継承。
笹谷良造　旧制郡山中学教師／民俗学者
森　三郎　旧制奈良中英語教師、正道が所属した文化クラブ・エス語の顧問、のち奈良学芸大学教授
北村信昭　奈良新聞の記者／文芸作家、「奈良の稗田阿礼」と形容される奈良通
浅井恵倫《えりん》　日本エスペラント学会創立者の一人、当時大阪外語学校言語学教授、

京都の人

加藤宣道　奈良外科病院副院長

美旗達一（吉田竜太郎）　水門に下宿し大阪の運送会社に勤務、同人誌『浅茅』の会員

吉川清太郎　奈良謄写印刷の草分け「同胞者工房」主人、同人誌『浅茅』、会誌『EL NARA』の印刷を奉仕した。（南半田西町、夫人が小間物屋/化粧品店を経営）

早味久子　天理小学校訓導

鈴木克英　奈良電灯会社勤務、文芸青年で登山マニア

アテム・エラケツ　南洋パラオから天理教校留学生として滞日。宮武、特に北村はエラケツ君に大きな感銘を受ける。

樋泉《ひいずみ》荘平　正道より2年遅れて大阪外語でインドネシア語を学ぶ。法蓮町に下宿。

【会員ではないが、ぶらりと立ち寄る客人】

九十九《つくも》豊勝（黄人）　あやめ池「東洋民俗博物館」館長

新藤正雄　落書きと大和方言研究家、旧制金鐘中学（現東大寺学園高校）教師

石濱純太郎　関西大学教授。大阪の自宅に東洋学研究のサークル「静安学社」（宮武、田村も参加）を主宰する。

川崎直一　大阪外語学校言語学教授でエス語の達人（後奈良大学教授）

オレスト・プレスネル（*Orest Viktorvich Presnell*）　天理外国語学校の露&仏語教授
泉井《いずい》久之助　京大文学部教授、など多士済々である。

●会誌『EL NARA』を無料で発行

奈良エス会の機関紙として、中だるみの頃もあったが、昭和7年（1932）9月、入会したばかりの若い会員・長谷川テルと長戸恭《やすし》が、当局の活動家一斉検挙で嫌疑をかけられ逮捕された。奈良エス会は衝撃を受け、まもなく自然消滅する。昭和14年（1939）「エスペラント書キ日本語文法」（岡崎屋書店）執筆発行を最後に、宮武正道のエスペラント活動も終わりを告げた。

吉川清太郎のガリバン切りと印刷は奉仕でやってもらい、会費は無料。毎回の茶菓子と会誌発行料も主宰者・宮武正道が、御曹司としては端金《はしたがね》だろうが自費でまかなった。また自費で懸賞金100円のエスペラントクイズを掲載して、会員を募ろうとしたほどである。

執筆寄稿者は毎回書き綴った正道のほか、田村、森、北村の4人。田村復之助は大阪人で職場も大阪の電気技師だが、法蓮の親戚方に下宿していた。「貿易と国際語」とか、ラテン英仏西語とエス語の語彙比較を2回連載するなど「エス語わ一番よくできた」と、発音式仮名遣いで正道が書いている。また森は、アメリカの言語学者による英文法の古典名著を抄訳し、掲載している。晩年の森教授は、左門璃晃《りこう》氏が主宰する「寧楽歌人会」に所属し、短歌三昧の生活だったという。

●プロレタリア北村VS保守リベラル宮武

北村の寄稿は、氏らしく善意の人道主義、国際平和を目指す一手段として―

「歴史に汚れた各国の言語ではなく、汚れざる、支配されざる言葉はないか。有る！ エスペラントだ」(「エスペラントとその歴史的役割」北村信昭)

と、生涯汚れなき青年であった北村信昭氏である。

しかし戦前のエス語学習者の傾向がプロエス(プロレタリア エスペランチスト)であり、そもそも北村は正道を知る前から、秋田雨雀らが監修した「プロレタリア・エスペラント講座」を発注し、独習していた。*Esperanto* とは「希望する人」を意味する。

当時知識人がエス語にどれほど期待し没入していたか、エス語の著名人がなんと大勢いたか驚くばかりだ。もちろん時代の推移とともに離脱した人も多いが、例えば、二葉亭四迷、宮沢賢治、、柳田国男、新渡戸稲造、村山知義、大杉栄、長谷川テル(後述)、日本語とエスペラントで童話を書いた在日ロシアの盲目詩人 ワシリー・エロシェンコ、日本留学中の魯迅、文豪トルストイもエス語を話した。近年では梅棹忠夫、井上ひさしがいる。余談だが二葉亭四迷の『世界語エスペラント』の第一版(1906)を、故北村信昭氏が後年古書店で見つけ、氏が所蔵する稀覯本《きかんぼん》に加わった。

第二次大戦が近づくとプロレタリア系はロシア、欧州、日本でも弾圧され、戦後ようやく細々とエス語が復活するが、宮武正道は昭和19年、戦後のブームを知らずに亡くなった。プロエスの北村と異なり、正道は遺された短い生涯を学究ひとすじに貫き、非政治的言語学者として、大東亜政策に南洋語学者として関わってゆく。彼によるエス語とは―

「近時このエスペラントの国際性を利用し、世界各国プロレタリアートの武器として使用せんとする運動、即ちプロレタリア・エスペラント同盟(略してプロ・エス)が結成されたため、とかくエスペラントといえば赤い物の様に誤解していられる方が多いので一言付言する。エスペラントは一種の人工語である。国際補助語である。英国人と語るのに我々が英語を使うのは一種の屈辱であって、共に自国語ならざる国際補助語を使ってこそ真の公平な会議が出来るのだ。エスペラントは言語、単なる言語である。言語である以上、ファッシズムの宣伝にも、商店の広告にも利用されるだろうが、エスペラント語そのものは本質的に如何なる思想も含んでいない」

とし、言語に思想を持ち込まない主義であった。晴天明朗な正論とおもう。

会誌『EL NARA 第6号』(昭和6年12月)に「ロンピスト(論駁者)の宣言」を寄稿。仮名を発音通りに記した原文のまま引用する。

「近時インテリと称する不徹底なイデオロギーに侵りて浅薄なる理論お知れるも、実行能力と特殊技能お有せざる失業的存在いちぢるしく増加せり。現今世にはゞかる講談社会主義者・机マルキスト先生皆此の部類にして、エスペラント語お以て世界平和お確立せんとする人道主義者また然り。そもそも自己の手に負えざる事に手お出すわ之れ馬鹿の初めなり。実行し得ざる寝言のかけらお蝶々喃々大語する者は、世お乱し人お惑わすの甚だしきものなれば、すべからく自ら死を選びて失業者お救済せば、これこそ誠の人道主義者と言うべし」

いやもう手厳しいどころか、滅多斬りだ。会員限定の会誌と雖も、今では許されないヘイトスピーチですが、当時の弁論大会、政見演説は、文書で読むと凄まじい。

では「エスペラントの拡大運動それ自体が国際平和運動」であるという北村は、どう反応したか。北村は宮武より6歳も年上である。「この若造、何をほざくか」、と怒って絶交したかというと、全然反応なし。北村はどこまでも篤実な紳士である。人の悪口を言わず、非難中傷に論争を挑む人ではなかった。「ロンピストの宣言」があってからも、氏は宮武と共著『パラオ童話集・お月様に昇った話』を出版し、また正道もハガキをやりとりして屈託がない。北村は宮武正道を回顧して「畏友」と呼んだ。

宮武サロン

●寂しくなった奈良エスペラント会

会員のほとんどが、エスペラント学習についていけず、学習はやめて、談笑する集まりに変貌したことは前に述べた。いつしか正道の書斎は「宮武サロン」と呼ばれ、先述したような客員文化人、南洋語学者・石濱純太郎らが大阪から来訪、九十九さんやエラケツ君らがいて、サロンの話題はもっぱら南洋民俗学、マレー語、文芸論に移っていった。

あるとき日本エスペラント学会から、アンケート用紙が送られてきた時のこと、用紙に「会の目的」という欄があり、主宰者正道はそこに「社交機関」と書いた。事実そうなんだから…としても、こんな回答を寄せたのは「奈良エスペラント会」より他にないだろう。正業や勤め人に就いたことがない正道らしく、よく言われるように率直・直言、平然として悪びれない人だ。

会誌6号が直接影響したのではないが、会を重ねるごとに参加者が少なくなり—

「近所に住む加藤は滅多に顔を見せず、鈴木克英は退会、休みになれば登山にいく。奈良電灯の鈴木は大阪で謡曲師になり、奈中英語教師の森三郎は家庭教師に忙しいのか、久しく出て来ない。印刷屋の吉川は時々しかこない。郡中の笹谷は尼ケ辻から郡山に引っ越したあと出て来なくなった。北村君だけは暇だから大抵欠かさず出てくる」

と書いている。（会誌8号「奈良エス会近況」）

北村をヒマ人とは大それた言葉、誰にでもヅケヅケ物言う毒舌家に、北村信昭、九十九豊勝（黄人）もお手上げの様子だ。しかし悪意を含まない直言は憎めない。北村が初めてエス語研究会に正道宅を訪れた時の印象を、

「会を主催する彼は天理外語馬来語部1年で、私より6、7歳年下、白皙小躯ながら、眼光炯々、意気盛んな青年で、なかなかの毒舌家でもあった」

と氏の著書『奈良いまは昔』（奈良新聞社）に書かれている。

●長谷川テル

そんなとき、昭和7年（1932）の春5月、奈良女子高等師範の女学生5人が入会してきた。その一人に長谷川テル（本名・照子）がいた。テルは女子高等師範に文学・新劇とエスペラン

トの同好会を開いていたが、エスペラント学習について天理外語の先生に相談すると、宮武正道を紹介され、さっそく仲間5人と宮武家を訪ねた夕べ、そこには北村信昭と正道の二人がいた。

奈良エス会の先細りを心配していた両氏は喜んだに違いない。けれどもブッキラ棒な正道は、どこか侮《あなど》るところがあったらしく、テルが東京の姉に送った手紙にその日の出会いを―

「会を主宰する宮武正道は威張っていて、〝君ら女の子〟と呼ぶのが可笑しかった」

との感想が記されている。テルはこのとき奈良女4年生で20歳、正道と同じ年齢だが、半年早い3月生まれなので、クラスは正道より一級上だった。顔合わせの日はクラシックレコードをかけてサロン風に終え、勉強は次回から。宮武は、一番易しい井上裕の『初等エスペラント講座』をテキストに選んだが、

「実際やってみると恐ろしく熱心で前言を取消さねばならなかった」

と会誌に書いている。

すぐ夏休みに入ったので、宮武家での学習は2、3回にすぎなかっただろう。

夏休みに帰省したテルは、東京のエスペラント講座で勉強を続け、宮武のエス会でただ一人、使えるエス語をマスターした人であった。

この年、昭和7年は宮武にとっても節目の年である。7月に単身神戸からジャワ島へ旅行、

8月29日に帰国した翌日のこと、左翼の一斉検挙（8・30事件）が始まった。疑いをかけられたテルと学友の長戸恭《やすし》が9月11日警察に呼び出される。そのまま拘禁され、1週間警察に留置されたのだが、あと1学期で卒業というのに、逮捕されたことで退学処分になってしまった。

東京女高師と奈良女高師を受験して両方合格し、強度のメガネで見つめる秀才テル、万葉集や古事記への興味から奈良を選んだテル、それで女高師では「国漢コース」を選んだテルだったが……。大正デモクラシーが終焉し、思想統制が厳しくなった昭和前期、治安維持法の犠牲者である。

突飛な余談だが、女優の吉永小百合さんは、長谷川テルの遠縁にあたるとされる。

劉仁《リュウレン》と長谷川テル　奈良大学図書館 所蔵

昭和11年（1936）、テルは大阪の姉と川崎直一、奈良に宮武正道をたずねているが、それとなく別れの挨拶のためだろうか。同年、テルは日本に留学生として来ていたエスペランチストの満州国留学生・劉仁《リュウレン》と結婚する。テルの父は皇国派の公務員で、籍に入れないとカンカンになり、娘を勘当同然にした上、彼女のために掛けていた保険金も取り上げた。

テルは東京NHKアナウンサーの1次試験に合格するが、逮捕歴があるため無理とわかる。国内ではまともなところに就職できない。先に帰国した夫・劉仁のいる上海へ、横浜から出発する。故国と別れる彼女を見送ったのは、茨城から上京した母の妹と、大阪にいた姉の西村幸子の二人だけだったという。

すでに昭和6年、満州事変が勃発、長期の日中戦争に及んだ。その間、長谷川テルは「国民党中央宣伝部国際宣伝処対日科」で抗日プロパガンダ放送に従事する。テルは、日本語で放送、日本国民から「売国奴」となじられたのだが、少し残っている放送速記録を読むと、内容はもちろん検閲、赤字を入れられたペーパーであろうが、自身で書いたらしく、日中友好と世界友好を使命感に燃えて訴える反戦活動家、反ファシズム国際統一戦線を目指したエスペランチストの顔が見える。石川達三の発禁処分になった『生きてゐる兵隊』をエスペラントに翻訳、著書にエスペラントで書いた自叙伝『闘う中国で』、その他がある。手術の感染症により（異説もある）、35歳の若さで中国で死去、正道に数年遅れて天逝した。

●海外エスペランチストを歓迎

昭和6、7年に来日したエスペランチストで、奈良を訪れた者は多くないが、UAE世界エスペラント協会というところに、世界各国のエスペラント協会のリストがあり、当時から特殊なネットワークが存在していた。エル・ナラ誌や、北村信昭の著述をもとに正道の訪日エスペランチストとの交流のみを略述する。

▲昭和3年、自転車で世界一周途中のフランスの青年ペレェル *Perere* が、シベリアを走破して来日。彼は故郷リヨンを出発以来、カンパを募りながら6年かけて日本に到着した。宮武は彼を天理丹波市に連れて行って案内し、自宅に泊める。この青年、単なる冒険と放浪の男ではなかった。さらに日本一周を続け昭和5年、多摩のハンセン病全生《ぜんしょう》病院（現国立療養所多磨全生園）を訪ね、患者たちのエスペラント会と交流している。看護者も患者も療養所のみんなが感動したのはいうまでもない。ペレェルがのちに刊行した旅行記にもこの訪問のことが記され、患者たちが直接エスペラントで語りかけてきた驚きが語られている。まだ隔離されていた当時のハンセン病患

奈良エスペラント会誌『エル・ナラ』、自転車世界一周青年ペレェルを紹介
奈良大学 図書館所蔵

者にとって、エスペラントは事実「生きる歓び」であった。
▲昭和6年、ハンガリー人ヨゼフ・マヨール *Josef Major* 来寧、北村と宮武が奈良公園を案内し、宮武宅で一泊。朝顔型ラッパの蓄音機／吹込機兼用にエス語とハンガリー語で録音する。駅前の高島屋に入り、20銭コーナーでネクタイを2本じっくり選んでご満悦だったという（北村随筆）。翌日宮武の母校 奈良中を見学した際、美しい鉄筋コンクリート、カマボコ屋根の講堂を見て、ここで話がしたいと言い出した。
「ハンガリーと日本」と題してエスペラント語で講演する。それを宮武が通訳することで古川校長の承諾を得、当日午後2時半から開催と決まった。ふたりは定刻まで大仏殿と春日大社を観光に回っているので、宮武はぶっつけ本番である。独学できちんと通訳をこなしたというから、大したものだ。マヨールはその後ニュージーランドに住み、同国の経企庁技術顧問を退職後、夫人を伴っ

右から宮武、J・マヨール、北村、奈良中学での講演後、北村写真館で撮影
奈良大学図書館 所蔵

て昭和44年（1969）年、30年ぶりに来日し、宮武を偲んで北村らと旧交を温めた。

▲昭和7年、ドイツのカール・マイエル *Karl Mayer* が大阪エス会の人たちと来寧。この日は宮武とエラケツ君が大阪で講演することになっていたので、奈良駅で迎えて大和日報社を訪ねてから北村宅まで案内、前の猿沢池で記念撮影して別れる。奈良公園の案内は北村にまかせて、エラケツと宮武は急ぎ大阪へ向かった。

（北村信昭随筆及び「奈良エス会近況」より）

●正道の録音機

前述のJ・マヨールが吹き込んだ録音機は、おそらく日本製のビクター蓄音機と思われる。この蓄音機は逆に使うと録音機になる仕組み。10インチ吹き込み用アルミ円盤をかけ、朝顔型のラッパ・スピーカーの方から、歌などは顔をラッパに突っ込んだり、離れたりして音量を調節する。

ビクター蓄音機を前に、5歳の北村信昭少年と祖母。明治42－43年頃。宮武家の吹き込み蓄音機はこれと同型機と思われる

奈良大学図書館 所蔵

この蓄音機に宮武家で吹き込んだ人は、「ヴォルガの舟歌」を歌唱した天理外語の露仏語教授プレスネル。日本各地で蘭領インドネシアの独立を訴えていたグループの団長で、スカルノ（のちの初代大統領）の側近ムハンマド・ハッタがいた。彼が奈良を訪れたとき（昭和8年）、宮武家では一家をあげて料亭で歓迎。そのあと屋敷にもどり用意した蓄音／録音機にハッタ氏は「我が祖国大インドネシアの大地よ」（独立後国歌「大いなるインドネシア」となる）を朗々と歌ったという。その様子を同席した樋泉荘平は――

「苛斂誅求《かれんちゅうきゅう》のオランダから独立を克ち取る悲壮感に溢れ、私ら若い人々の心を打つに充分のものがあった」

そのほか、エラケツ君はじめ、宮武家を訪れた南洋の訪問者たちの話すマレー語の発音が録音された。

正道没後、タツエ夫人が、正道の集めた語学関係の外国書を含む全書籍を、思い出に取っておきたいものだけ遺して、東京外国語大学に寄贈された。遺品などは、蔵に移した家財道具を整理した1962、3年ごろ、音盤といっしょに処分されたようだ。（『追想』宮武タツエ、樋泉荘平 回顧文より）なお、樋泉は大阪外語で馬来語を学び、宮武の協力を仰いで最初の「日馬小辞典」を作った人である。

天理外語マレー語部での活動

●クラスの様子

天理外国語学校に入学した年に、正道は「奈良エスペラント学習会」を自宅で主宰しており、時系列が前後するが、正道の学業、学内での様子を書き加えたい。

馬来語を日本で初めて教えたのは、明治政府から東京外国語学校に、5代続いて招聘されたマレー人たちである。その中の一人、バチー・ビン・ウォンチと平岡潤造（海軍語学派遣生）が本邦初の『馬来‐日本語字典』（昭和2年1927）を著した。

正道は、昭和5年（1930）4月に天理外国語学校馬来《マレー》語部に入学し、3年生の二学期を終了して病気中退するのだが、その間の様々な彼の活動を追って見よう。

新入生約10名、先生は佐藤栄三郎（後に天理大学教授）、講師として前述した東京外語のウォンチ先生も出張講義に来た。正道が珍しく「恩師」と呼ぶ先生である。マレー人、ウォンチ氏は大阪外語、神戸外語でも教え、神戸に住んでいた時に、天理外語へ講師として来ていたのである。学生が少ないので大変親密な教室であったという。佐藤先生の宮武評は―

「1年が終わると、語学の成績は群を抜いて他の学生を引き離していた」

である。同級生10名は、ややこしいアラビア文字に学習欲を失い、漸次、歯が抜けるように他の学科に去って行き、3年生に進級したときはわずか4人に減っていた。級友は正道のノートを借りて丸写ししていたそうだ。でなかったら正道一人になってしまうかもしれず、ノートを嫌な顔一つせずに貸してあげたのだろう。米人教師がくる英会話の時間、英語で授業する内容を聴き取り、質問を英語で答えられるのは宮武一人だったという―

「(先生に当てられて) まごまごしていると宮武くんが助け舟を出してくれる。会話の時間はいつも君の一人舞台だった」

と学友の植本春雄氏が書いている。(『追想』宮武タツエより)

●教材を佐藤先生と共編

正道はこの時からマレー語の日本式アラビア綴りと、当時も併用されていた英式とオランダ式の綴りを統一して、日本式ローマ字綴りを用いることを考え、一方で外国人の日本語学習に漢字がネックにある、と発音通りにカタカナ表記を用いるよう提唱した。実際にカナ書きタイプライターを使って実行し、この方面の全国大会に何度か参加している。

天理外語に入学した翌年1月、佐藤先生の教材『馬来語読本《まれーごとくほん》(一)』を共同編纂する。1月ならまだ正道は初年生だ。歳でいうなら今の高3である。天理外語が使う馬来語教材を、一年生が担任の先生と一緒に作るのだから世話はない。こういう10代を「神童」という。

●マレー語劇「ジャバの月」

天理外国語学校では、各語部が競演する恒例の語劇大会が、天理教会館で行われていた。昭和7年1月、第3回外国語劇大会に、正道は自作の脚本「ジャバの月」にヒロイン（巡査の妻アンニー）に扮して出演。同級生に女性がいないのを幸いに、小柄で華奢な正道がジャバの腰巻をつけ、薄化粧してヒロイン役になった。

ホントにもの怖じしない正道である。舞台装置を『淺茅《あさじ》』の吉川に押し付けて描いてもらった。馬来語脚本の和訳が奈良エス会の機関誌『淺茅』に掲載されている。

同人雑誌『淺茅』
奈良大学図書館所蔵

●大和の話『奈良茶粥』を発行

宮武著作の中で、オヤっと思う意外な著書が一冊ある。ジャバ、セレベスへ出航する前に書き上げた『奈良茶粥』（344-345㌻に前述）という比較的新しい奈良の蘊蓄《うんちく》十話を集めた随筆、謄写版印刷による35ページの小本がある―

「天理丹波市の友人の山本君から大和の話をなんでもいいから50枚ほど書いてもらいたい、とあまりに頼むので引き受けた。大和のことは何もわからない。来る友人を捉まえては〝何か面白い話を知らないか〟」と攻めつけていたそうだ。そして本のはしがきに―

「ともかく山本君の希望を成しとげ得たことを奉とする―　実のところを正直に言えば、こんなくだらない事を書き上げさせたのは、實に僕の若さに支配された名誉心だった」

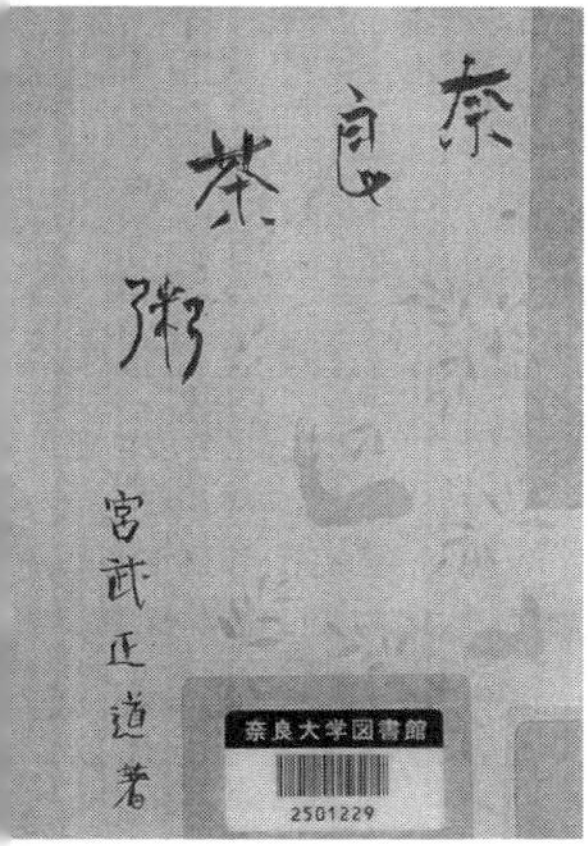

『奈良茶粥』宮武正道　昭和7年
奈良大学図書館所蔵

と赤裸々に公言する。正道は病弱だったが、恵まれた環境でウラのない人間のまま、温室栽培の新芽のように成長、自分にも相手にも正直である。憎悪の感情が薄いのでズケズケ言われても人は怒れないのだろう。そして大輪の花を咲かせる途中で落命した。

「尼が池」のぬし、『奈良茶粥』より

正道が書いた宮武家にまつわる昔話

中筋町の、通称米市場と称する所の付近に、尼が池という小さい沼がある。昔は今よりも広く且つ深かった。昔、このほとりに、一軒の尼寺があった。その寺にいた若い尼の一人が、ある武士と不義に陥ったので、その身を恥じて、この池に身をなげた。そして、その身は蛇と化して、この池の主となったと云う。

今から三、四十年前、地続きの宮武家下男が、その家のヨノミの木から、尼が池のそばにある藤の木に、一匹の大蛇がぶらさがっているのを見て、気が遠くなり、三日間程気絶していた。それで、宮武氏の家で、池畔に石碑をたて、名僧を招いて、護摩をたいて貰ったら、その煙の中に、一匹の大蛇の姿があらわれたが、その後は再びあらわれることがなくなった。

（終わり）

江戸時代の『奈良名所八重桜』によると中筋町西側、人家の裏に洪大な尼が池があり、平忠盛の側室・池尼御前が、平家都落ちの時にここに逃れ住んでいた。この池の辺りで亡くなったが「いかなる執心の今に残りけるにや、四方の屋敷主に祟らぬはなし」とある。さらに『奈良坊目拙解』－大豆山町の項にも詳しく記されている。

現在この池は跡形もないが場所を見返し地図に記しておいた。

ジャバ、セレベスに単身旅行

南洋郵船チェリボン丸、船上の宮武正道
奈良大学図書館　所蔵

●神戸出港、盛大な見送り

『奈良茶粥』を書き終えて2週間後には、神戸港から南洋郵船チェリボン丸（*Tjirebon Maru*）の甲板に立っていた。昭和7年（1932）7月21日、20歳に満たない青白い青年の初船出、天理外国語学校の夏休みを利用しての洋行である。とはいえ、往復とも一等船室の客だ。いくつかの紹介状をもち、肩書きもあった。奈良名産、蚊帳の輸出の可能性を調査する奈良市の嘱託、及び旅費の一部を提供した東洋民俗博物館の嘱託という肩書きと、エスペランチストであることも大いに幸いした。

出航した7月21日、猛烈な酷暑の中を、恩師のウォンチ先生、森田市長、九十九館長、担任の佐藤先生、洋行のスーツを誂えた田中洋服店の主人、友人の田村復之助君と大井光吉君、その他数人の知人や友人、父と妹らの見送りをうけて午後4時、ドラの合図が響いた。実は出発の1週間前になって正道が熱を出し、案じられたが、矢追秀一医師（菩提町 現高畑の 矢追病院二代目）のおかげで出発前にすっかり良くなって、旅行中も病気にならず5週間後、8月29日に無事帰国する。

●**旅行日誌『爪哇《ジャバ》見聞記』**（扉『爪哇の旅』）

帰国して2ヵ月後に紀行文を自費出版する。「5色のテープの綱が貼られ、〝ボー〟とあの寂しい汽笛がなる。「万歳〴〵」と叫ぶ声が段々と遠ざかっていった」（『爪哇見聞記』）

往復とも一等船客、高級ホテルに宿泊してジャワ島を一周した正道だが、長引く昭和恐慌で円通貨が暴落した。そのため予定が崩れる。当時のジャバ通貨は、領主国オランダの為替レートである。バタヴィアでアイスクリームが2円もした。日本の倍近いパラオ市街部の物価高にはまいったという。北村信昭氏宛の絵葉書にもジャワの物価高についてー

「本日（30日）無事スラバヤ着。帰りはシンガポールにまわって九月四日頃に帰るつもりです。絵葉書一枚 10.5 銭、郵便は 12.5 銭かかります。これはジャバの金でですから邦貨にすれば35銭位になります。馬鹿くさいから来《これ》からわ《ママ》出さないようにします。」

と知らせている。

長引く昭和恐慌で、日本円は暴落、オランダ領インドシナの市街部物価が2倍近くになっていた。それでスマトラ、シンガポール行きは、旅費が嵩《かさ》むので諦め、帰りにセレベス島マラッカスに立ち寄っただけで、帰港せざるを得なかった。

筆者はこの旅行記『爪哇見聞記』をパラパラと一瞥するつもりが、おもしろくて一気に読んでしまった。語学書では伝わらない、正道の観察力、状況把握と判断力、ユーモアを交えた文章がまた好い。自身の船酔いについて—

「船に酔わない薬だとか、まぢないとか色々あるが、寝ているのが一番良い。どんなに船酔いで苦しんでも酔って死ぬということはない。船に酔って3日や4日食わずにいても大丈夫だ。昔から食い過ぎて病気になった人はいるが未だ（船酔いで）食わずに死んだ人の話は聞かぬ。だから僕は気を確かに持って、ボーイが親切にもってきてくれたお粥を僅か許《ばか》りすゝっていた」

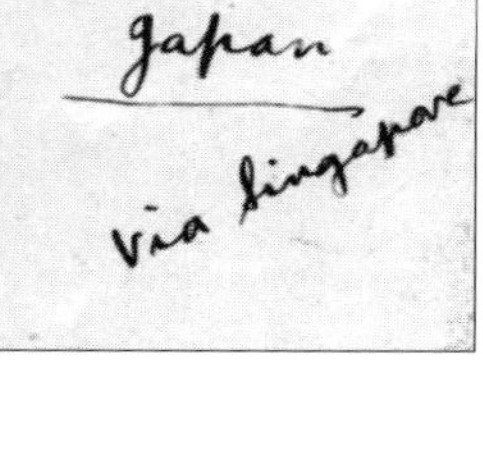

北村信昭宛のハガキ、シンガポール経由で送られた　奈良大学図書館所蔵

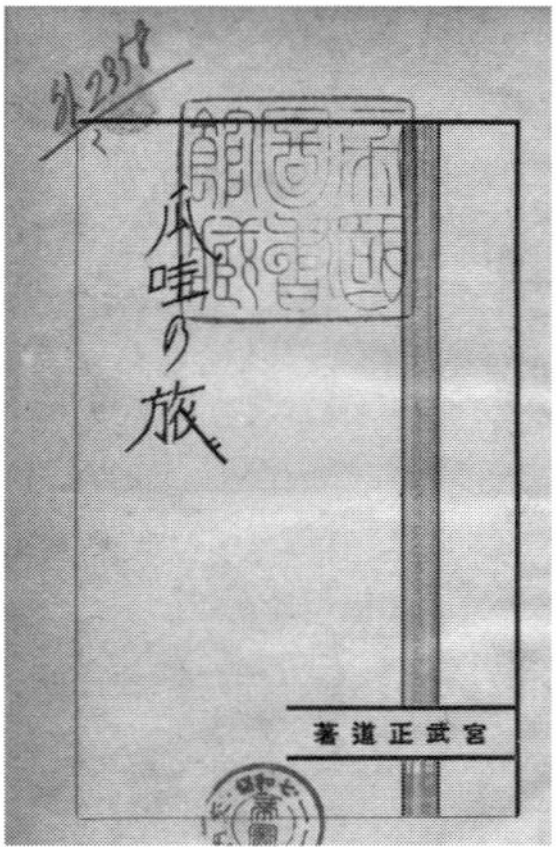

旅行日誌『爪哇見聞記』の扉
国立国会図書館所蔵

宮武正道が旅行した経路と日程
『爪哇見聞記』より

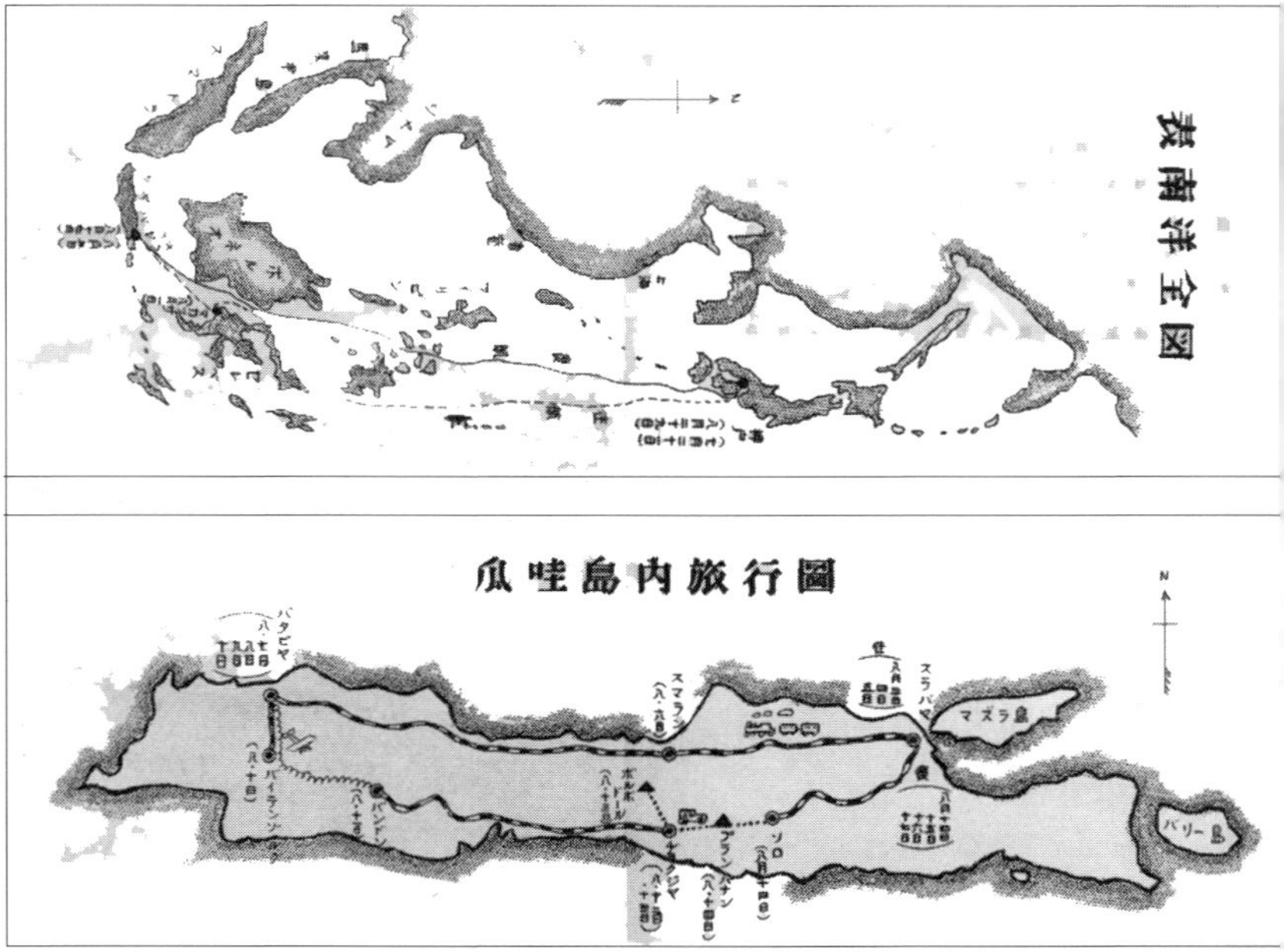

▲旅行日誌『爪哇見聞記』の自序

自序

僕は外語学校に入る前から、言い換えれば奈良中学在学当時からエキゾティックな事物に対して非常な憧れを抱いていた。

先づ其の第一歩が郵便切手の蒐集であった。続いて起こったのが絵葉書のコレクティングで、エスペラント語の研究が其の第三歩目であったのだ。天理外語の馬来語科に入学してから語学道楽が初まった。パラオ語の研究、アラビヤ語をかぢる。獨乙語の講習会に顔を出す。各種言語の文法と辞書を集め出す。そしてとうとう今回の南洋旅行に迄進んだ。

実のところもっと長く、もっと広く旅行する積もりだったが、未曾有の為替の暴落は之を許さず、僅かにセレベスの一部と爪哇を一周したのみで、ボルネオの島影をのぞみ、フィリピンの島々の間をぬって走りながら、こゝに足を踏み込む事が出来ず僅か四十日で引き上げねばならなかった。いづれ又機会があったらまあ一度もっとこまかく調べて廻りたいと思っている。

このささやかな一編は、今回の旅行日誌の様なもので、初めての外遊の記念として出版するものである。巻頭の写真は大部分自分でとったもので、素人の仕事だから余り良く出来ていないのだが、お許しねがいたい。

それからまあ一つ断って置きたいのは、本書のカナ遣であるが、之れは、はをへの三種以外は全部発音式にした。明年度から国定教科書に新しく使用される筈の臨時国語調査会の案にだいたい従ってあるから、慣れない方には少し読みづらいかも知れないが御心棒ねがいたい。

本書はもっと早く出す筈であったのだが、原稿の整理や蒐集品の整理等に意外に手間取られ、其の上、下耳腺炎で十日もねこんだりしてますますおくれてしまった。

昭和七年十月九日全稿成る

●華僑たちの排日にあう

8月1日、セレベス島のマカッサに寄港、上陸しての様子を、いまは差別用語になっている単語も当時そうではない。原本通り概要引用する。

△　　△　　△

「危ぶみながら話す馬来語が大抵通じるのでゆかいだ」

スラバヤでは宗主国和蘭《オランダ》人の官吏に親切にされ―

「日本の官僚のように一般に官僚的な所が少ない。その代り賄賂なども平気でとるらしいが、世の中と言う物はとかくうまく行かない物らしい」

訪れた街々でもよくあったことだが、支那人の反日態度に閉口している。

「街は華僑商店がほとんどでその中に、日本人やインド人が住ませて貰っているといった方が正しい」

最初に入った本屋で―

「店に入ると『いらっしゃい』と、非常に愛想よく迎えてくれた。支那人の店員の一人が『ジーペン』とかなんとか言った。すると其の店の主人であろうか、青白い顔のヒョロヒョロした男が何か大声でどなった。僕は誰れを叱っているのか知らとビックリしていると、前より一層大きな声で而も二人して、僕の方をにらみつけて、どなられたので恐ろしくなってその店を飛び出した」

「僕はよく支那人と間違えられて丁寧に挨拶されたことがあったが、日本人とわかると支那人は非常に無愛想で、買うものを買ったら早く出て行け！　という風な態度に出られたものだ。もう一つ支那店で叱られた話、支那人の写真屋で絵葉書を買ってその説明を求めたが一つも知らない。あんまりひつこくこちらが尋ねるので怒って『知らないポコペン』とやられた」

スラバヤのホテルで─

「八月三日の午後、いよいよ目的地のスラバヤに入港した。旅券の検査が簡単にすむと、日本人ホテルの客引きがやってきて、それに荷物をあづけ、トランクの鍵を渡しておいて自分は体だけを自動車で運べばよかった。待っている間、動物園へタクシーで行く。荷物の税関はホテルでやってくれる。

ホテルのベランダでコーヒーを一杯のんで、荷物の来るのを待っている間に自動車でスラバヤの動物園を見学する。入場料が九十銭、邦貨にすると一円六十銭ぐらいになる。（中略）オーラン・ウタンが4、5匹檻の中にはいっている。よく絵で見る酒飲みの猩々《ひひ》そっくりな姿をしている。オーランは馬來語の人の意、ウタンは森のことを言う。つまりオーラン・ウタンは森の人の義である」

「ホテルから家族宛に到着の電報を打つと、翌朝父から『ベンキョウ セヨ』と返信がきた」

▽　▽　▽

スラバヤでは、奈良市から嘱託された蚊帳の輸出可能性について、日本の「南洋協会商品陳列所」に出かけ、所長に会って調べている。

アフリカや南洋では亀甲形に一枚切れの蚊帳を吊る。年中使うので安くて何度も洗濯がきくことなど、根本的に違いがあり、麻を使う必要がない。ということで、もし輸出するなら織機から変えねばならず、輸出の可能性はたいへん低いと結論づけている。

●エスペランチストを訪ねる

スラバヤに上陸した時、手紙をくれたジャバのエスペラント会本部のリエム・チョン・ヒー君に会うため、汽車で7時間かけて、スマラン市の支那人街に彼を訪ねる。

「今まで遭ったことも文通した事すらもない、一介の日本人旅行者を、日支間の紛争などを全く度外視して、10年の知己の如くにもてなし、なんのわだかまりもなく語り合う事のできるのは、全く国際語エスペラントの故なのだ。国際エスペラントの名簿から、旅行先地方の会員に一本の手紙を出しておきさえすれば、もうそれで我々は迷子になる心配がないのだ」

その夜は同君の案内で年一回の夜市バッサール・マラムを見ることができ、非常に幸せだったと述懐する。だが、人口16万の商業地スマラン市内は見物の場所に乏しく〝ツマラン〟とか言って翌朝鉄道でバタビヤに向かう。ところでこの30歳くらいのリエム(林)君は宮武同様、土俗方面に趣味があり、土地の伝説をエス語に翻訳した本を出していた。宮武に一冊進呈する。のちに宮武はこの本から「ジュワナ村の伝説」という一話を日本語に翻訳し、『爪哇見聞記』に掲載、リエム君に謝意をあらわした。

●天理教とバタビヤ原住民

スマランからバタビヤまで鉄道で８時間あまり、旅のハイライトといえる４日間を、バタビヤの「ホテル箱根」に滞在する。これまでもホテルは日本人経営の高級ホテルを利用し、馬車や車をふんだんに使って人々と交流してきた。ここバタビヤでは天理教布教師のモーリスン夫人や天理外語の先輩たちに会っている。

「土人に対しては天理教のお助けはよく上がるそうであるが、病気の時以外は滅多にお参りに来ず、こちらから出掛けて行くと、〝今日は病人がありませんから御用ありません〟と門前払いを食わせる」

と、これはモーリスン夫人から聞いた話の一つである。

●バタビヤの４紙が宮武来訪を報じる

バタビヤでは在留日本商社や、銀行、領事館、市の著名人やエスペランチストなど多くの人に会い、旅の収穫を得た。

オランダ汽船会社に電話してエスペランチストのウイレム・イケン（*Willem Eiken*）氏にホテルまで来てくれるよう告げた。若干20歳前の正道の押しの強さに、小心な筆者は呆れるのだが、事実、老紳士のイケン氏が二人のオランダ人エスペランチストを連れて夕方、箱根ホテルにやってきたのである。自動車で夜のバタビヤをドライブしたとある。で、その中の一人が日本語を話し漢字も読む。正道の差し出した名刺、東洋民俗博物館嘱託の漢字を間違いなく声を出して読んだ。そしてもう一度勉強し直さないと駄目ですと謙遜していうからには、日本育ちではなく、学習した人だ。オランダ語は欧州言語のどれでも容易《たやす》くマスターできる融通のきく言葉だが、北東アジアの言語にたいしてはそういうわけにいかない。このオランダ青年も語学の才人ですね。

バタビヤでは招待に応じ切れないほど人に会い、エスペランチストの青年と市内の新聞社を回り、その日の夕刊にバタビヤの４紙（オランダ語３紙とマレー語１紙）は、一斉に「日本の少壮言語学者、土俗語学者の来訪」を報じる。

「日本の新聞『爪哇日報』の社長がわざわざホテルに電話をかけて問い合わせにきたの

には、さすが厚顔の僕もいささか顔敗けの呈であった」

と、あまりの人気に、正道も狼狽する。

特にマレー語紙ビンタン・チモール（*Bintang Timoer*）の主幹は大変な親日家で、宮武の流暢なマレー語に驚き、この社の日本駐在記者に懇願される。氏の話では—

「支那新聞が今までに報道した満州における我が軍の戦死者の総数は、日本国民の総数8千万より多いだろうと言っておられた」

とあり、白髪千丈の国らしい支那の報道であると、正道は鷹揚に感想をのべる。だがいまこれを読んで筆者は、中国の日本認識について、今日の現状を思えば誇大数字が当時からのさばり、不可逆的歴史に定まる怖さを思い知らされた。

バイテンゾルグ植物園は世界一との評判につられて、バタビヤから汽車で行く。森林の中に「立て札あり」との評判通り、園内には南洋の巨大なハスや食虫植物、奇妙な鳥の鳴き声、

SEIDO MIYATAKE.

Bestudeert inheemsche folklore en talen.

In het Hakone-Hotel alhier is afgestapt de heer Seido Miyatake, *charge commissioner of Nara City and the Oriental Folk Museum* te Nara, Japan.

De heer Seido Miyatake maakt op verzoek van de gemeente Nara en voor het Ethnografisch Museum aldaar een reis door Java, met het doel een studie te maken van de Musea speciaal op het stuk van de ethnographica; tevens stelt de heer Seido Miyatake zich voor hiertelande een intensieve propaganda te voeren voor Esperanto.

Onze gast spreekt, behalve Japansch, Esperanto en de taal van Palao, zeer goed Maleisch en Engelsch. Hij is de auteur van een studie, in de Japansche taal, over Palao-sche folklore en volkszangen etc. Het boek is reeds ter perse.

Verder interesseert de heer Seido Miyatake zich, naar hij ons verzekerde, voor de inheemsche talen, en zal hij zich daar voortdurend mee bezig houden, als hij in Japan zal zijn teruggekeerd.

Morgen vertrekt de geleerde naar Bandoeng.

Een bezoek zal worden gebracht aan de Boeroeboedoer, terwijl verder op het program staat een bezoek aan de kratons van Djokja en Solo. Daarna zal de Japanner zich naar Soerabaia begeven om zich daar in te schepen aan boord van de „Cheribon Maru", die hem naar Japan terug zal brengen.

バタビヤのオランダ語紙に報じられた宮武正道訪問の紹介記事。昭和7年8月9日の夕刊。冒頭に「ホテル・ハコネに滞在中の Mr Seido Miyatake はインドネシアの民話と言語の研究のため、奈良市と東洋民俗博物館から派遣された」と書かれている。

国立国会図書館所蔵『爪哇《ジャバ》見聞記』より

美しい蝶々が飛んでいて、植物には一々説明の名札が立ててある。正道曰く―

「奈良公園に一々立て札を立てたようだ」

●バンドン、和蘭《オランダ》軍司令部

バタビヤに戻り8人乗りプロペラ機でバンドンへ、「こんな結構な気持ちの良い乗り物をなぜ人は恐れるのか」、と空中から見下ろす地上の景色を眺め、山脈の上から眼下に浮かぶ雲を見て―

「富士山に登ったことのない僕は、富士山に登ったらこんな様だろうなどと想像美しい景色に見惚れつつ、病弱な正道の悲哀がふっと顔を出す。飛行機内からの撮影は禁止され、正道のカメラは機内預かりとなる。続けて正道が記す―

「途中の山野にポツ〱と不時着用に作られ滑走路が造られているのは、独立戦争でも起これば、島内の全オランダ人が避難できる設備がバンドンにあるためである。」

と、書いているのは、正道に前知識があったのだろうか。初めて機上から見ての感想にしては、非常に鋭い眼識というほかない。バンドンでは当時市内一の大ホテル「ブルンゲル」に宿泊する。バンドンは陸軍司令部のあるところで、兵隊がむやみに多い。土人の兵隊はすこぶる呑気で空気銃の様な鉄砲を持っている。

「あんな鉄砲と態度じゃ戦争できそうにない。あれは国防というより土人の独立運動に対する一種のオドシで案山子《かかし》的存在。兵卒は土人だが、将校は全部和蘭人であった」と機敏に観察する。

●ジョクジャ、水の宮殿

バンドンから汽車でジョクジャへ。ここでは前日同泊になった団体の臨時通訳として、共に暑くてやり切れない汽車に乗る。駅で「富士洋行」支配人の出迎えを受け、夕食後に王宮前広場の野外劇を見る。終わるのは夜の3時までと聞いて早々に引き上げる。この辺りは体を労わり、体調を崩さない様にじゅうぶん注意している正道である。

富士洋行の工場で手描き更紗「パテック」を作っているところを一行と見物したり、タマン・サリー離宮跡を見物に行く。水の宮殿と和称されているが、タマンは国とか庭の意味で、サリーとは花のこと。パラオ語では形容詞が後にくるので「花園」という意味になる。一名「水城」というのは城の周囲に河濠があって、樋を抜くと城の周囲が水浸しとなり、城だけが浮き残る仕掛けになっているからだそうだ。敵に攻められ、負けそうになるともう一つ中の樋を抜いて城全体を水の中につけてしまい、その間に王様は抜け穴から逃げ出すという。

そのほか、妾の選定に全裸で泳がせた池、その姿を王が覗き見する窓、などなど詳しく

『爪哇見聞記』より
国立国会図書館所蔵

セカイイチ ノ イシヅクリ ノ オテラ ボルボドール
（チュウオウ ニ タッテ イル ノワ ワタシ）

聴き書きするのは、この旅行のスポンサーである九十九さんへの返礼か。

タマン・サリーで更紗を手描きしている女の横で、出来上がった更紗を売っていた。同行の富士洋行の支配人は、手描きの女は囮《おとり》で、売っている染め上がった更紗は全部機械染めで偽物とのこと。観光旧跡の傍で手作り名産品と騙《かた》る押し売りは、世界中で今もかわらぬ風景である。

ホテルから車で1時間の石造寺院ボルボドール仏跡を訪ねる。ここで同行の人にシャッターを押してもらった記念写真（上掲）が掲載されていて、まだ自然のままの遺跡と白ズボンに白シャツの宮武が小さく写っている。

●ソロを経てスラバヤに帰還

14日、ジョクジャから車でソロ（スラカルタ）に向かう。途中、発掘中のヒンヅウ教遺跡、プランバナン寺院に立ち寄り―

「僕の見たところではボルボドール以上であった。ここから遠くメラピーの火山が見え、その山からは盛んに黒煙が上がっていた」

とある。余談だが、地震とメラピー火山の爆発による降灰で埋もれた遺跡の修復は、今も続けられている。ジャワは日本以上の活火山の国である。アグン山は最近も大噴火をおこした。ソロには王城があり、回教寺院がある。当時は王城内へは王様に対する礼儀として男女共上半身裸体で入ったそうで、この様子を正道が目撃している。そして次の国王とオランダ政府の関係について、宮武流解説がウマイ、戦前の日本人ならたちどころにわかる喩えだ。

「爪哇には二人の王様がいる。即ちソロとジョクジャの両市におられるのだが、お二人とも御血族の間柄で、和蘭政府との関係は朝鮮総督と李王朝の様なものだ」

ソロ市内観光を終えて、汽車でスラバヤで馴染みの東京ホテルに到着、最後の南洋気分を楽しみ、こゝで3泊する。出港前日、天理教布教師モーリスン夫人の娘婿・波井氏が―

「天理教管長さんへのおことづけの品と、僕には爪哇文字で木の葉（揃えた木片の小穴に蔓を通して束ねたもの）に彫りつけた古文書を下さった」

150年前の貴族の恋文という木簡を束ねた貴重品である。よくこんな価値あるものを呉れる方もなんですが、貰う正道も相当素直で度胸がある。

「今の所この貴重文献は猫に小判だが、いづれ近いうちに之れを読破して、折角の御好意に謝するつもりだ」

と贈り物をちょうだいしたのだが、実際、後に一話を和訳した。

●帰路につく

8月17日、往路と同じ南洋郵船のチェリボン丸で帰路につく。

船上でスンダの音楽と踊りの一行が演じて見せてくれた。一番若い踊り子と仲良くなり、写真を撮ってやったりした。

「ハンカチに香水をふってやるとすっかり喜んで、手を合わせ合掌の形で感謝の意を表した」

微笑ましい逸話、この写真は残念だが正道は公表していない。

「28日の正午まえから四国の山形がかすかに見えて、夕方の7時頃日本八景の一つ、室戸岬を通る。漁船のイサリ火が点々として、3千哩の彼方から故国に帰った喜びを一層大きくしてくれた。明日は神戸入港だ。この日、家に電報を打った。

『アスアサ6ジスギコウベック、ニモツオイ、アカメシタノム』」

息子の帰港を迎えるため、朝の6時に奈良から神戸港へ？　前日から神戸泊まりだろうか。

親御さんも大変ですが、赤飯で無事帰還を祝う一家の団欒が眼に浮かぶ。

奈良の各紙と、大阪毎日新聞奈良版に宮武正道帰朝の記事が出る。

天理外語を病気中退

●自宅でマレー語を研鑽

昭和7年（1932）12月、天理外国語学校3年生2学期終了後、正道は肺患いのため中途退学する。パラオ旅行の疲れがあったかもしれないが、入学した頃から肺機能が弱まるのを自覚していた。また、正道のマレー語知識はすでに卒業レベル以上にあり、無理に進級しても意味がない。入学時10名いた学生も、3年に進級できたのは宮武を含めてたった4名に減っていた。

このまま続けるのは人生の浪費、残されたかけ替えのない命を無駄にはできない。

病身の正道は余命を自覚していたのだろう。中退してからは、家にあってどこへも勤めることなく、八番屋敷の明るい2階書斎で、彼自身がいう「語学道楽」に励む。父佐十郎も、子息の弱い身体を気遣い、家でゆっくり勉学研究すれば良い、勤めなど考えないようにと諭した。

こうして正道は生涯、勤め人にならずに、自宅の書斎で研究生活を送る。

●エラケツ君との出会い

エラケツ君は、天理教本部に第一回留学生としてパラオ島から昭和4年（1929）に来日、天理教と日本語を学んでいた。正道は天理で見かけていたが話をしたことはなかった。エラケツ君が、マレー語劇「ジャバの月」の楽屋に、宮武を訪ねてきたのが、言葉を交わした最初である。

彼は日本の委任統治下にあったパラオ島コロル村の酋長の養子、将来パラオのどこかの村長を継ぐ青年で正道より数ヶ月若い。本名*Ngíraked*は、日本人には発音できないのでエラケツと呼び、〝偉傑〟と漢字を当てる者もいた。知り合って間もなくエラケツ君にパラオ語の民話、伝説、童話などを話してもらって口述筆記し、家に帰ってから単語を調べて和訳するのであるが、いつのまにか話の方に興味が向いて―

「最初の目的であった言語研究が姿を消し、最悪な方法を取る土俗趣味家に堕落してしまった」

と述懐している。しかしながら、二人の名でパラオ語テキストと会話の『パラオ叢書』、及び宮武正道著『パラウ語概畧《りゃく》』をガリバン刷りで自費出版できた（昭和6年）。翌7年にはエラケツ君から聞き取った資料を和訳して、九十九《つくち》氏の「東洋民俗博物館」から発行したのが『南洋パラオ島の伝説と民謡』（昭和7年）である。

と、ここまでは天理外語を中退する前の出来事である。

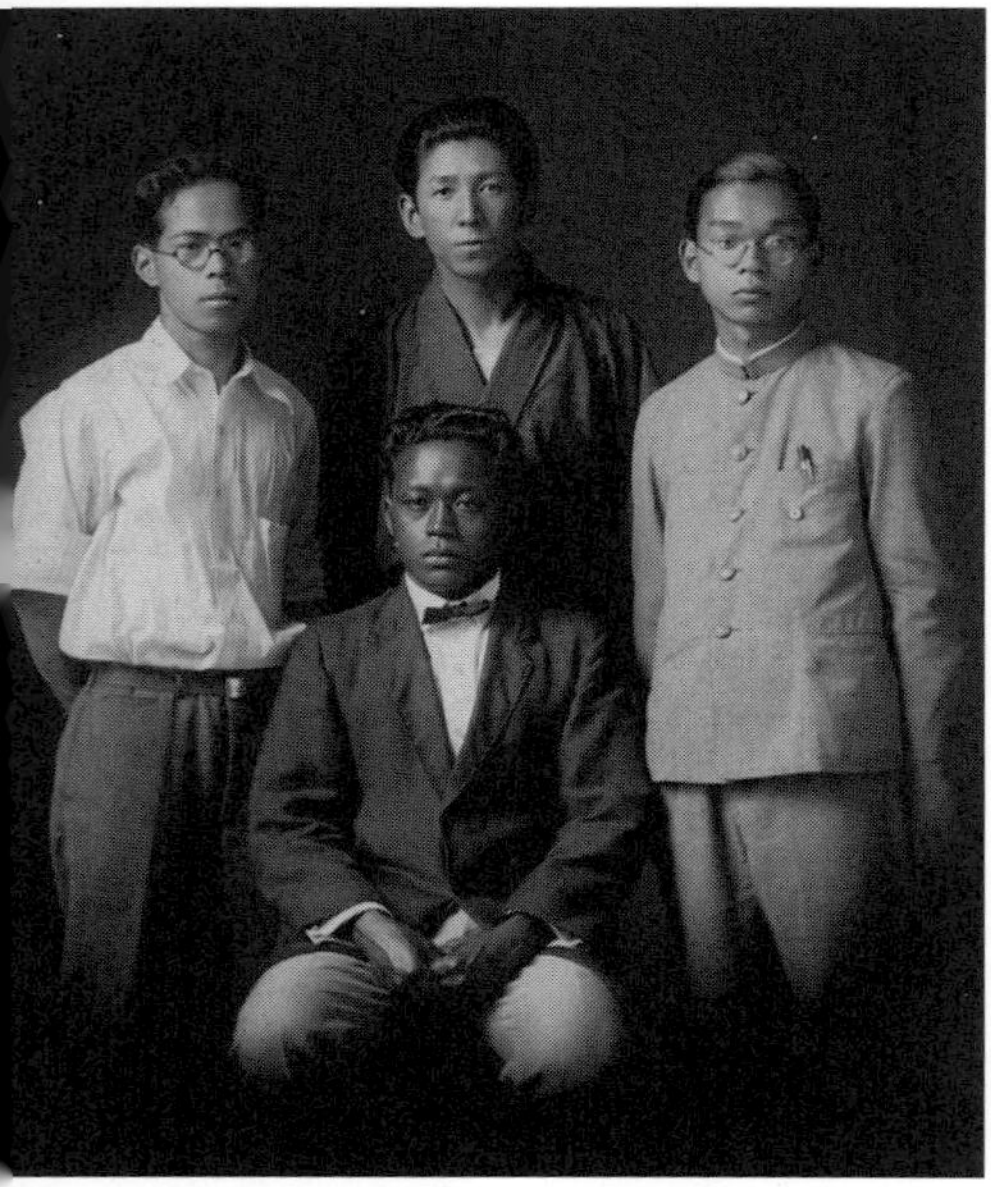

エラケツ君を囲んで、右から宮武正道、北村信昭、吉田竜太郎の諸氏
奈良大学図書館 所蔵

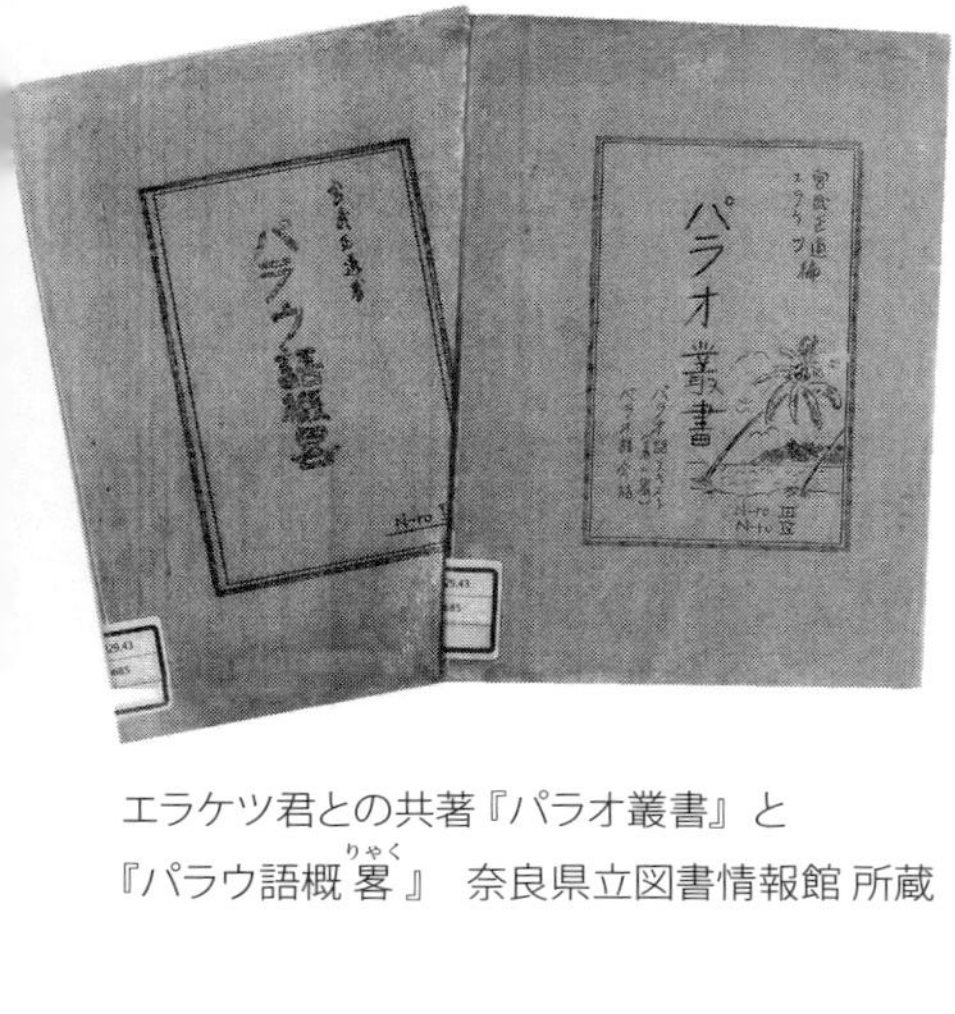

エラケツ君との共著『パラオ叢書』と『パラウ語概畧《りゃく》』 奈良県立図書情報館 所蔵

北村信昭は宮武サロンで初めてエラケツ君と遭遇、深い友情に結ばれるが、本題から逸れるため割愛する。

正道は、アテム・エラケツと共著で『パラオの土俗と島語テキスト』（昭和8年）、『馬来語書キ日本語文法ノ輪郭』（昭和10年）を出版し、親友は語学研究の上でも良き協力者であった。エラケツ君は天理教布教師の資格を得て神戸で布教活動し、昭和8年に帰国したが、日本語の読み・書き・会話が堪能だったという。その後2度来日している親日家である。

●結婚、長男生まれる

昭和11年2月22日、奈良県高市郡の人、吉井タツエと結婚する。

奈良ホテルに87人の客を招いて豪華な披露宴が開かれた。出席者集合写真を見ると、礼装モーニングの客に混じって、北村信昭とエラケツ君が並んで立っている。宮武サロンの客員各氏や高田十郎氏もいる。九十九《つくも》黄人さんもおられる。披露宴ではエラケツ君が、日本語で胸を打つ長い祝辞を述べ、大きな拍手を受けた。

さて宮武家に嫁いだタツエ夫人の新婚生活はどうだろう。正道は語学のことで頭がいっぱい、ちっとも家の面倒を見ない。

「家のことは一切無関心。直ぐ〝勉強でけへん〟の一点張り」（『追想』宮武タツエ　より）。

両親といえば、墨の商いを縮小して再開していたが、家事は嫁に任せたとばかり、謡曲三昧である。〝えらいとこに来てしもた〟。そんな思いを持たれたことだろう。

12年3月、長男テラス誕生。テラスと片仮名が本名である。

昭和10年前後から正道は「カナモジカイ」に入会し、カナ文字タイプライターを使い出した。理由は、当時の政府の南進政策に関連して、日本語教育の簡素化と日本語の国際化など、政府が進める指針に沿った面もあるが、正道自身がカナ文字と発音表記に将来性を抱いていたからである。正道は「親が自分の子に対して絶対の権利を持つのは、生まれた子に名前をつけることだけだ」と九十九《つくも》豊勝・黄人氏に語ったという。九十九さんも長男に千万樹《ちまき》（近畿大学英語教授）、つまり〝九十九千万十（樹）〟だから、一度聞いたら絶対忘れない稀有な名を付けておられる。

平成29年（2017）、81歳のテラスご当人にお名前の由来をお聞きすると——

「母の名『照《てる》』から来たテラス - 照らすや」

とサバサバした声が返ってきた。正道は、名前には動詞がいいという持論をもっていて、動詞を選んで片仮名にした所以である。父の正道氏について尋ねると——

「知らん。学校へ行く朝は、親父は寝とったし、帰って来たら書斎に閉じこもっとる。晩ご飯に出て来てもあんまり話しせんわ、わしが寝るときも書斎におるから、遊んでもろたことないわ」
と、飾らず朗らかに父を敬愛されている様子。父とは性格が違うのか、体力が違うからか、大柄で豪快な人である。

●最初の辞典『日馬小辞典』を出版

この辞書を最初に思いついたのは、大阪外語でマレー語を勉強していた、樋泉荘平である。「馬・日辞典」はあっても「日・馬辞典」がなく不便でしょうがない。いっそ馬日を日馬に組み立て直したらどうか、と、このアイデアを拓殖大学の宇治武夫先生に手紙で相談すると―

「逆は必ずしも真ならず、誤りを犯すからお止しなさい」

という尤もな返事。旧知の宮武さんに相談すると―

「何だかだと理屈ばかり言い合っても始まらない、とにかく小さなものでも一応作って、それから書き足してゆけば良い。それには『馬日辞典』のような大きなものでなく、小型の手引書でも分解、組み立てして見ないか?」

という意見であった。そこで樋泉も考えていた案、宇治武夫拓殖大学馬来語教授の『マレー語テキスト』巻末にある語彙集を、

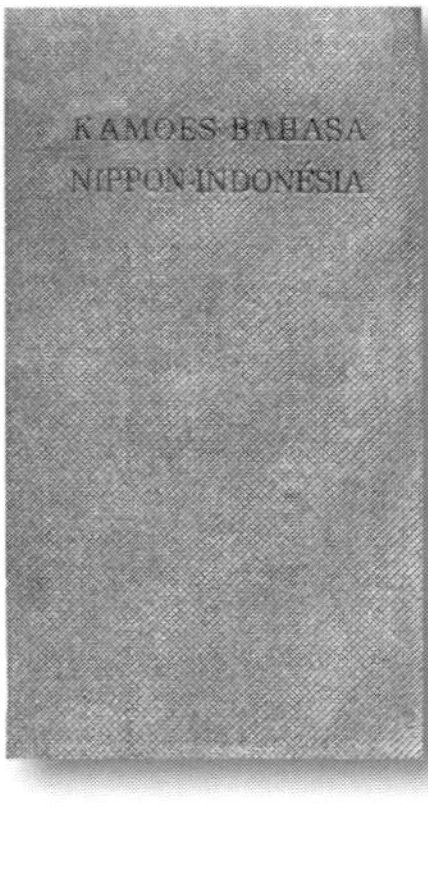

宮武正道編『日馬小辞典』
KAMOES BAHASA NIPPON-INDONESIA
大阪大学附属図書館 所蔵

逆転するアイデア、すなわち一語ずつカードの片面にローマ字綴りのマレー語見出しと、裏面に日本語訳を書き写し、そのカードを宮武がＡＢＣ順にノートに写しなおして整理する。

こうして、２ヶ月後に、日馬辞典第１号が出来上がった。これに宮武正道が新語を追加した30ページほどの『日馬語彙集』を、大阪外語の南洋研究会が買い取る約束ができた。それで『浅茅』の吉川さんのところで２００部を謄写版印刷し、大阪外語の在校生や卒業生に売れたので、一応モトは取れた。

このような試行の積みかさねの上に、宮武正道著『日馬小辞典』（岡崎屋書店、昭和13年6月前ページ写真）が刊行された。

その序文に「蘭領印度デ現在使ワレツツアル単語約6000語ヲ収録シ、古文ヤ古典ノミニ使用サレル様ナ語ハ全部コレヲハブイタ」とあるように、今日の実用を旨とした。

大正から昭和にかけての南洋における鉄鉱石鉱山開発時代に、南洋に行った日本人の多くがシンガポール、マレー半島やジャワ・スマトラへ住み着いた。〝からゆきさん〟が陸続と出稼ぎ？に渡り、虎狩りで名を馳せた殿様がいた頃である。

この小辞典は、太平洋戦争が始まる４年前に刊行され、ちょうどその頃、オランダ領インドネシアの日本人社会では、実用マレー語辞典を求めるニーズが強くなっていたのである。宮武の『日馬小辞典』が彼らのニーズに応えたわけだ。

●大東亜共栄圏と宮武辞書

昭和17年、陸軍報道班員としてジャワに渡った小説家の武田麟太郎が、平民として留まり、戦後帰国して新聞紙上に、「一番役に立ったマライ語辞書は、宮武氏のものだ」と書いた。氏の言う宮武辞書は次の3冊であろう。

『日馬小辞典』昭和13年、岡崎屋書店

『コンサイス馬来語新辞典』昭和17年初版、5版を重ねる。興亜協会編纂／愛国新聞社出版部発行

『最新ポケット・マレー語案内』昭和17年、大和出版社、前年に大阪府商業報国聯盟より刊行したものに軍用語や宣撫の例文を加えた増補版。

『コンサイス馬来語新辞典』昭和17年大判初版
上左-再版、中-第4版、愛国新聞社出版部、
右-第5版 岡崎屋書店
佐々木重次 HP「インドネシア語の中庭ノート」より

宮武正道は、あくまでも語学者である。しかしながら、ジャワ、セレベスの紀行文『爪哇日記』に明らかなように、日本人のアイデンティティを意識する人であった。『最新ポケット・マレー語案内』の序に［日本万歳 *hidoep nipponn*］と冒頭に記し—

「六月帝国南進の声に応じ日本人南洋発展のため……小冊子ながら幾分でも皇軍将士并に海外発展者のお役に立てば幸いである」

と書く。実際その通り日本兵たちがいかに重宝したことか、八番屋敷の宮武正道あて軍事郵便は、お礼と近況や、宮武辞書にない兵事用語を書き知らせるハガキ、手紙が多く寄せられた。派遣兵士 安積一夫は『日馬小辞典』の増補（1942）を求めて、現地の新聞雑誌を送付し、宮武に36通も出している。（宮武家旧蔵史料『宮武正道宛軍事郵便』・黒岩康博より）

宮武は、日本語を発音通りカナモジ、長音に音引きを用いることを提唱して、軍政下の東アジア政策「現地人に教える日本語の簡素化」に積極的に関与する。但し日本語を強要する植民地的言語政策を執ってはならない、との意見であった。

戦前戦中の宮武正道は正気の人、英米紙は禁止されていたが、新聞通信の翻訳に関わっていたので、ロシア紙「プラウダ」や「イズベスチヤ」を読んでいた。日本の報道にはない戦況に通じていたのである。

『大東亜語学叢刊 マレー語』
朝日新聞社 昭和17年4月発行 奈良大学図書館 所蔵

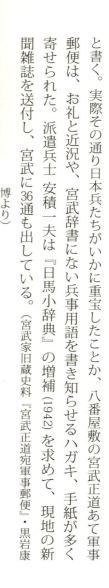

続々と発刊される著書

カナ文字童話「ヤシのミズノアジ』に付された自画像

●著書37冊

ジャバ旅行から帰ってからというもの、多忙をきわめた。ジャワのマレー語紙「ビンタン・チモール」の日本通信員として連載記事を送ったり、支援者にお礼の意味で律儀に紀行文『爪哇見聞記』を出版送付し、疲れが出たのだ。具合の悪かった肺が、助膜炎（胸膜炎）と診断され、天理外語を病気中退する。その後3年ばかり執筆が途切れた空白期間に、正道はあと何年生きておれるか自覚したに違いない。そして昭和10年春、小康を得て体力の続く限り、脇目もふらず著述に邁進。当時世界最大の『標準馬来語大辞典』を成し遂げ、燃焼し切った。

正道の語学・民俗分野における著述は30冊を超える。

語学書・辞典類20冊、

紀行・随筆9冊、

積み上げた宮武正道
著書の一部
奈良大学図書館 所蔵

南洋文学・童話など8冊、加えて新聞雑誌や研究誌上に発表した数々の寄稿文がある。全部ではないが、次に執筆活動を一覧表に列挙しておく。

●宮武正道 インドネシア語関連年譜

年	月	日	インドネシア語関連事項等
1931 昭和6年	1		『馬来語読本』（一）を天理外国語学校馬来語部 佐藤栄三郎教授とともに編纂。
	7-9		エスペラント学会機関紙"*La Revuo Orienta*"（オリエントレビュー）に『パラオ島の民話と民謡』をエス語で連載する。
1932 昭和7年	1	25	天理外語、第三回外国語劇大会に脚本「ジャバの月」を自作。（巡査の妻アンニー役として出演）写真①
	10	3	ジャワの馬来語新聞"*Bintang Timoer*"は同日付で宮武正道を在日通信員に委嘱。その第一回通信を同紙上に"*Soerat DariDjepang*"（邦題「日本からの手紙」）と題して

①『追想』宮武タツエより

			寄稿。マレー語でタイプ打ちして郵送する。
	11	3	『爪哇見聞記』を自費出版（扉写真373ページ）。肋膜炎をわずらう。
1935 昭和10年	5	25	*"Ilmu Bahasa Nippon Jang Ringkas"*『馬来語書キ日本語文法ノ輪郭』を出版。
1936 昭和11年	3	5	『マレー語現代文ト方言ノ研究』を『図南』第9号付録として大阪外国語学校馬来語部南洋研究会より出版。7月20日に続編を出版。写真②
1937 昭和12年	8	1	同月18日まで、大阪外語マレー語講習会の講師を務める。
1938 昭和13年	5	15	『メナンカバウ語文法概略』を編纂、財団法人明治聖徳記念学会刊行。
	5	29	大阪、静安学社にて「メナンカバウ語とマレー語の音韻変化」と題して講演
	6	29	『日馬小辞典』を岡崎屋書店より出版。表紙391ページ 扉写真③

② 国立国会図書館 所蔵

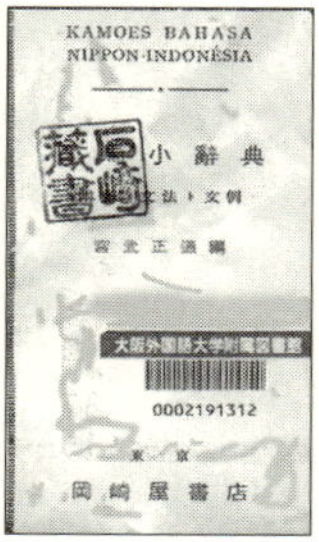

③ 大阪大学附属図書館 所蔵

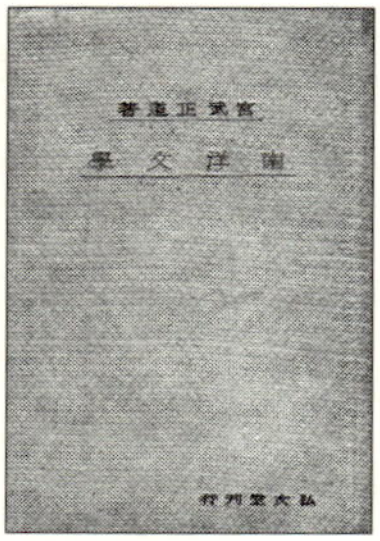

④ 安達 所蔵

年	月	日	事項
	10	10	『マレー語新語辞典』を大阪外国語学校馬来語部南洋研究会より出版。
	10	12	『ジャバ語文法概略』を編纂、出版。
	10		『世界知識』10月号に「蘭印新聞の見た張鼓峰事件」を寄稿。以後1942年にかけてインドネシアの政治・経済・文化の動向についてマレー語新聞4－5紙からニュースを紹介。
1939 昭和14年	5	12	『南洋文学』を弘文堂書房より出版。写真④
1941 昭和16年	1		『標準馬来語大辞典』の執筆に着手。
	4		日本工業新聞社（後の産業経済新聞社）の大東亜通信課嘱託として、マレー語、支那語、英語等の新聞およびニュースの翻訳に従事。
	6	2	『最新ポケット・マレー語案内』を大阪府商業報国聯盟より出版。翌1942年にかけて増補3版を重ねた。
	12	20	県立奈良図書館の第160回読書会に「南洋の文化と民俗」と題して講演。

⑤奈良大学図書館 所蔵

⑥国立国会図書館 所蔵

⑦国立国会図書館 所蔵

年	月	日	事項
1942 昭和17年	2		『コンサイス馬来語新辞典』校閲・宇治武夫、ラーデンスジョノ　愛国新聞社出版部 発行。写真 393p
	3	3	同日より12週間にわたり奈良県拓殖協会主催、奈良県後援の「マレー語講習会」の講師を務める。
	3	15	『馬来語新辞典』を愛国新聞社出版部より出版。
	4	20	日用南方語叢書(一)『大東亜語学叢刊 マレー語』を朝日新聞社より出版。写真 394p ⑤
			翻訳『バヤン・ブディマン物語』を生活社より出版。写真⑥
	5	5	『インドネシヤ人の文化』を大同書院より出版。写真⑦
	6	2	大阪朝日新聞紙上に「マレー語小話」を連載、「マライ語小話」、「南洋語小話」とタイトルを変えて翌年12月28日号に及ぶ。
	6	30	『ヤシノミズノアジ』をカナモジ ニッポンシャより出版。写真⑧表紙と扉
	8	7	JOBK(NHK 大阪)AM 8より「南洋の童話について」を放送。写真 404p

⑧国立国会図書館 所蔵

⑨国立国会図書館 所蔵

年	月	日	事項
	8	30	『南洋の文化と土俗』を天理時報社より出版。写真⑨
	10	25	『インドネシヤの声』左山貞雄と共著、大和出版社より出版。
	11	5	『標準マレー語講座I』を薗田顒家と共著、横浜商工会議所より出版。
	11	12〜14	朝日新聞学芸欄に「スカルノの武士道と奴隷根性」を翻訳・連載する。
	12	25	『標準マライ語第一歩』を青木學修堂より出版。写真⑩
1943 昭和18年	1	25	『標準マレー語講座』IIを続刊。
	1	29	大阪朝日新聞に「大東亜式羅馬字綴」を連載。
	2	5	『高等マライ語研究―方言と新聞』を岡崎屋書店より出版。メナンカバウ語とジャバ語の文法概略を含む。
			『パラオ童話集・お月さまに昇った話』を北村信昭と共著、エラケツ協力により國華堂日童社より発行。装幀・挿絵を、パラオ島で数百枚のスケッチを描いた赤松俊子（のち丸木俊の名で原爆図を描く）。写真⑪表紙と扉

⑪国立国会図書館 所蔵

⑩国立国会図書館 所蔵

1943 昭和18年

月	日	
3	30	『標準マレー語講座』Ⅲを続刊。
4	25	『南洋の言語と文學』を湯川弘文社より出版。写真⑫ 後に大空社より再版。写真⑬
6	20	マライ童話集『カド爺さんの話』を土家由岐雄と共著により増進堂より発行。写真⑭表紙と挿絵
7	20	『標準馬来語大辞典』を蘭田顕家（東京外大教授）と共に編纂主任として博文館より刊行。語数10万の英語・マレー語辞典（*by Wilkinson*）をほぼ全訳、新たに現地新聞雑誌より収集した新語・方言1万6千語を加え、2年半かけて脱稿する。写真409p
8	9	大阪新聞に「マライ語になった日本語」を執筆。
9	20	『マライ語童話集』を愛国新聞社出版部より発行。
11	25	スカルノ中央参議院議長（後初代大統領）が来日、同日奈良訪問に際し通訳にあたる。歓迎晩餐会の席で、知事の挨拶を通訳する。
12	12	大阪新聞に「日本語の普及—現地の日本語について

⑫国立国会図書館所蔵

⑬奈良大学図書館所蔵

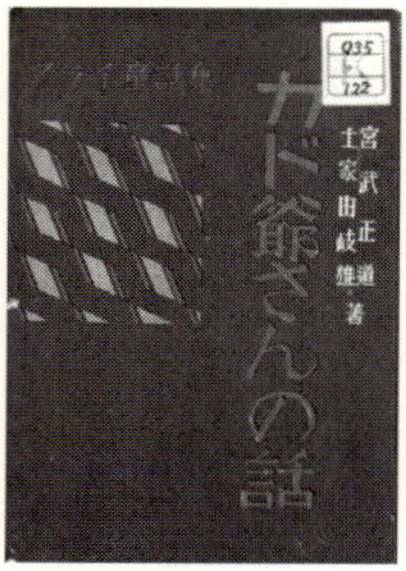

⑭国立国会図書館所蔵

年	月	日	インドネシア語関連事項等
1944 昭和19年			の要望」を執筆。
	1	15	『インドネシヤ・バルー』を左山貞雄と共著、湯川弘文社より出版。
	7	3	奈良県よりマレー語担当の通訳事務を委託される。
	8	16	自宅にて病死。数え年33歳。
	8	25	『最新マライ語新聞の研究』塩出真澄編を校閲、愛国新聞社出版部より出版。

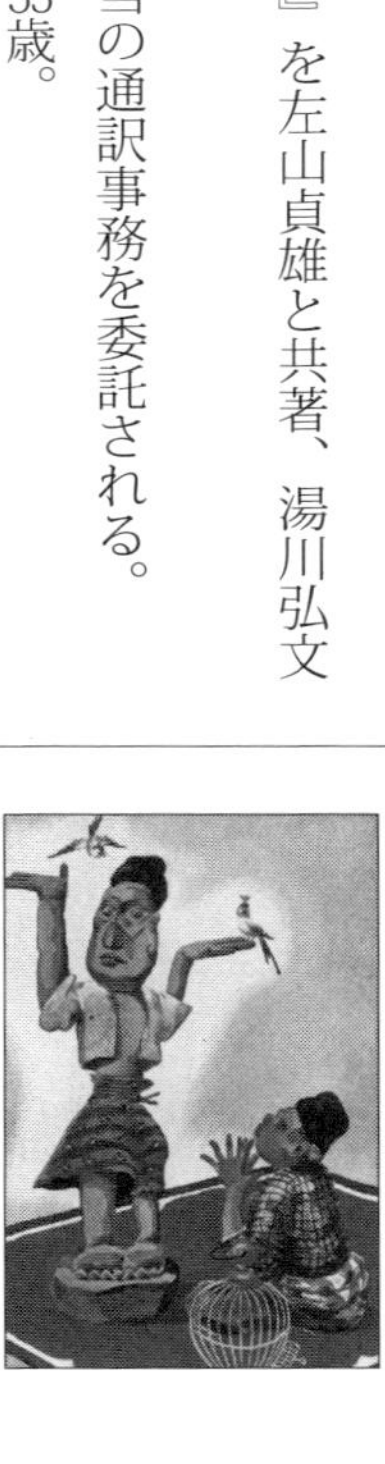
⑭ 挿絵

●「にぶき良心」と多作についての私感

この「にぶき良心」については、関西大学の故 石濱純太郎教授が宮武正道の言葉として紹介されてから、宮武正道をテーマにした文に言及され、よく知られる命題である。

「学問に良心は必要だがにぶき良心がいいのではないか、たとえ未完成のものでも良心に咎めても一歩踏みだすなら、完成は後の増補に託して、にぶき良心でぐんぐん仕事する。その方が学会のためであると思う。だから自分は南方諸言語の研究をにぶき良心でやるんだ」

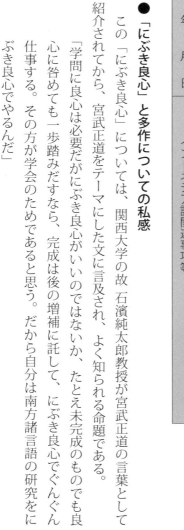

と言うような趣旨を石濱教授に話したと言う。

正道のおかれた状況、いつ病に倒れるかわからない状況では、現時での成果をすかさず出版しておくことが肝心だ。時間の猶予がない正道は、常にそういう心境であっただろう。別の角度からみれば、プロダクティブな学者、芸術家に完璧主義者がいただろうか。諸橋轍次、新村出や柳田国男のように、驚異的な量の仕事を積み上げた学者は、成し遂げた結果にも世間の評判にも拘泥しなかった。北斎も棟方も仕事が早く、気負いなく山ほど作品を残した。

一筆描いてはあれこれ呻吟する画家とは無縁である。関野貞と喜田貞吉も次々と「にぶき心で」多岐にわたる論文を書いた。だから隙をついて互いに論考を闘交わせたのである。

宮武正道が、語学書ほか、南洋民俗に関する執

JOBK(NHK 大阪)で「南洋の童話について」を放送　(昭和 17 年8月7日)
『追想』宮武タツエ　より

筆を本格的に始めたのは、くり返すが、昭和7年12月に天理外語を病気のため中退、小康を得て後のことであった。安静に養生すべき体調ではあったが、長くない余命を悟った正道は、著作に励み、最初から細かいことに深入り、究明する時間の贅沢は許されなかった。

一旦できあがったところから上梓し、命あるかぎり、より完全をもとめて改訂版を次々書きつづけ、出来たところから刊行を重ねた所以である。正道自身が語っている―

「一冊でも多く本を書き、より完全な辞書を残して置きたい。せめて自分の年齢の数だけは本を書いておく、ゆっくりしてられん」

（『追想』宮武タツエ・福本則康 より）

「より完全な辞書」は、薗田顕家・東京外国語大学教授との共著になる『標準馬来語大辞典』に結晶した。この大部の辞書を完成して、天命を完《まっと》うしたことについては後述する。

●エラケツ君、病床の宮武さんを偲ぶ

昭和8年、天理教留学生・エラケツ君の帰島にさいし、北村信昭ら有志が記念文集を作って進呈。その巻頭にエラケツ君が北村さんと春日奥山鶯《うぐいす》の滝に遊んだ時、即興で書いたパラオ語の詩がある。これを宮武正道が訳したものを、北村の随筆から転載する。

（原詩の段落を一字アキにして一行にした）

鶯の滝にゆきて

アテム・エラケツ

奈良はよい都　親切な都の人々よ
若い人々はわけて親切で　人をよくみちびく
彼等の都　北村と宮武の郷土は綺麗で　三笠の山がある
人々のよき遊び場　この上もなく美しい公園がある。
その奥にかかる　鶯の滝　水は綺麗で涼しい。
見にいった僕達は　畳の座布団に坐ったよ
涼しい滝の風は　憩ふ二人にこころよい。
しかし僕らの悲しみは　病気で寝てゐる宮武さん
それを思へば　吾々の心はさびしい。
若しも一しょならば　嬉しいことであったらう。
もはや私の帰島が近づいた　やがて私の一番懐しい友達と
別れねばなりません　それが　悲しい、悲しい！
けれど心は固く結ぶ　岩の上。
私はかへっても　心は君たちの都にのこる
その心を一しょに遊ばせて下さい。
忘れないで
忘れないで　神ともに、さようなら！

記念写真
宮武家と客人たち

昭和8年12月23日
奈良大学図書館 所蔵

父母の小鼓の稽古友達、ジャワ（インドネシア）の訪問客らと記念写真におさまる。ジャワの帽子「ペチ」を被る21歳の正道、前年、天理外語を病気中退した。来日したガトット マンクゥプラジャ氏はこの日、宮武家の座敷でサロン（民族衣装のスカート）をつけてスンダの踊りを披露する、

母家前にて『追想』宮武タツエ より

KAMOES BAHASA MEKAJOE (INDONESIA) ~ NIPPON JANG LENGKAP

マスターワーク『標準馬来語大辞典』

蘭田顕家
宮武正道　共著

●松岡洋右外相がリードする

このマレー語大辞典をつくるにあたり、宮武に編纂協力を依頼してきたのは、松岡洋右外相の意を汲んだ外務省だった。この間の事情をタツエ夫人は—

「昭和16年頃だったと思いますが、松岡外相の秘書のKという人が東京から来て、マレー語大辞典を出版したく東京外大に話したら、奈良の宮武の協力がなければ役に立つ辞典が書けぬとの事、是非協力して欲しい……。正道は永年の自分の努力が認められたので、喜んでこれから二、三年、彼が生涯で一番いきいきと張り切った人生でした」

（『追想』宮武タツエ より）

同『追想』に、薗田顕家の回想がある—

「『この大事業を完成させるには、私一人ではおぼつかない。これはぜひ宮武さんにご協力願わなければならない』と考え、今のお宅にお訪ねしたのが昭和16年（1941）2月でした。編集の方針、資料などについて打ちあわせ、私はホッとした気持ちで帰りました」

完成まで3年の予定が、依頼者から急がされて半年早く、博文館から刊行された。

なぜ外務省が包括的なマレー語辞典の発刊を促したか、前項「大東亜共栄圏と宮武辞書」（393ページ）でも概略述べたが、日本の南進政策に関し、昭和15年8月、松岡洋右外相が「大東亜共栄圏」の建設確立を発表。そして翌16年12月、大東亜戦争（アジア・太平洋戦争）が勃発するとたちまち、蘭領インドネシアと英領マレーシアを占領、昭和17年（1942）日本軍政監部はインドネシア語整備委員会を組織する。ジャワの日本軍に於いてもインド

『標準馬来語大辞典』
四六版（88×130ミリメートル）1774ページ
厚さ約5センチ　収容見出し語約10万語
佐々木重次HP「インドネシアの中庭」より

ネシア語研究会を組織し、時代に即した文法、辞典、専門用語の統一が急がれた。当時はオランダ領の呼び名を冠した「インドネシア語」の使用を禁止、馬来語《マライご》と呼び習わしていたのである。

マレー語について、宮武は早い時期に、ガリ版刷りの『マレー語現代文ト方言ノ研究』を出版している。その前書きで、かんたんな文法なのになぜ難解なのか、について―

「マレー語の文法は一見したところ実に簡単である。簡単という点から云えばエスペラント語の文法より簡単であろう。3年間学んでも新聞の3面記事一つ読めない事実が証明している。しからば文法が簡単であるにもかかわらず難解である理由は如何?純粋のマレー語法に従わず、各人マチマチの語法と勝手な単語を使うからである」

と、オランダ人、ジャバ人、メナンカバウ人、華僑、日本人からも無造作に自らの母語の語法・語彙を持ち込み、恰も「ゴモクズシ」の観を呈するに至った、と述べている。

この状況を整理しようと、宮武は続編『マレー語新語辞典』(1938.10)を著し、『日馬小辞典』(1938.6)を出版した。数紙のマレー語新聞を読みこなして得た生きた新語の知識で、新語に関して正道の右に出るマレー語学者はいない。大辞典の編纂要請を受けた時、正道には自信があった。そして、薗田教授と編纂共著することが決まったとき、種本としたのは、当時最大のウイルキンソンの『マレー語－英語辞典』*Wilkinson : A Malay–English Dictionary 1932* である。これを殆ど改訂翻訳したものに、新語約2万を宮武が追加し、合計約10万語の世界最大語彙を有する『標準馬来語大辞典』（1943.7）ができあがった。しかも着手して予定より早く2年半後に脱稿したのである。

なお、編集者のなかに天理外語の恩師であった佐藤栄三郎の名が見える。

●夫妻で東京旅行へ

宮武正道夫妻が二人で数泊する遠くへの旅行は、新婚旅行以来6年ぶりか。大辞典の原稿が完成し、薗田教授と共著の『標準マレー語講座』Ⅲの続刊も出版されたので、太平洋戦争の最中、昭和17年9月、タツエ夫人と東京へ行く。東京では一流ホテルが取れず、横浜グランドホテルに滞在して、毎日東京へ出るように計らった。薗田教授ほか、東京の知己と食事をしたり、人影まばらな銀座を散策、浅草見物などを楽しんだ。

想い出のアルバムに、紳士然とした正道と、楽しそうに微笑んでいる和服姿のタツエ夫人が、並んで横浜を歩く写真がある。この1年後に正道が他界することをおもうと、ほのぼのとした旅の風情に、僭越ながらホッと安堵する。

太平洋戦争たけなわ、まだ本格的な本土襲撃はなかったが、部分的な灯火管制があったようで、タクシーが海岸線を走るときはライトを消したり、夜行列車は窓の鎧戸を閉めさせられた、とタツエ夫人が手記に書いている。

昭和17年3月、宮武正道は奈良県拓殖協会主催、奈良県が後援する「マレー語講習会」の講師を務めた。12週間の講習会で疲れがつもり、寝込むようになった。以後は講演依頼を断っている。おそらくこの時に余命をはっきり自覚したのではないだろうか。夜遅くまで書斎にこもって、執筆に体力が続くかぎり一心不乱に机に向かっていた。

『標準馬来語大辞典』草稿に加えて、昭和17年～18年が、最も多作の2年となる。前記の「インドネシア語関連年譜」を見ていただきたい。よくこれだけの著書を病身で書き上げたものだ。全著作の半数以上が死の前年、この2年のうちに集中している。常人の及ばざるところ、異才正道が寿命を自覚して全力をふりしぼったといえる。

●エラケツ君、不慮の死

昭和19年（1944）3月、パラオのアテム・エラケツ君が海で亡くなったと、人づてに聞く。体格も良く壮健なエラケツ君がなぜ？　日本軍によるパラオ空襲が始まったと聞き、気が気ではなかったが、その後、北村信昭から彼の死の状況を聞いた。港で荷物運搬船の錨《いかり》が、スタックして巻き上げられず、錨を外そうと彼がすかさず海に飛び込んだ。なかなか上がってこず、窒息死したという。あっけない不慮の死であった。船員でもない彼が、率先して飛び込んだとは……息苦しくなれば早めに浮上すれば良かったのに……。エラケツ君は責任感が人一倍つよく、あまりにも凛々しかった。

次の目標 タガログ語研究を前に永眠

●南洋フィリピンの言語

マレー語研究が、『標準馬来語大辞典』を完成して一段落し、次の目標にタガログ語の勉強を始める。関西大学の石濱純太郎教授からタガログ語辞典を借りて、全ページをカメラで複写、焼き付けには夫人を助手にして勤しんだ。

タガログ語は、フィリピンがスペイン統治下にあった頃の公用語である。現在は英語とフィリピン語が公用語になっていて、フィリピン語とは、土着語とスペイン語が混じったほぼタガログ語のことである。

拙子が若い頃、スペインの海岸で何度か夏休みを過ごしたが、海岸でアジア女性がパラソルの下で子守しているのをよく見かけた。彼女たちは例外なくフィリピン女性で、タガログ語が話せる。それでスペイン人と基本的な会話が可能である。1－2年契約の住み込みベビーシッターで来ているとのことだった。またもう一つの公用語・英語ができるので、フィリピン男性は船員や、クルージングのボーイさん、女性は機内アテンダントに多い。

本旨に戻る。

スペインの植民地であったラテンアメリカでは、スペイン語が公用語として定着したが、大小の島々から成るフィリピンでは、純粋のスペイン語もマレー語も普及しなかった。そのためフィリピンでは、南洋の共通語であるマレー語が通じない。そこで、宮武正道は、タガログ語に挑戦したのである。だが無念、体がもたなかった。

●正道 夭逝する

昭和19年になると、戦況はおもわしくない。はっきり悪くなってきた。繰り返すが、正道は家ではソヴィエト紙を読んでいた。欧米記事からロシア語に直した転載内容もあり、敗戦の色濃い日本の戦況を正道はよく知っていた。

「自分が今日までやってきたことが水泡に帰してしまった。戦争に負けるのは日にちの問題だ。負けたら何をして生きていけば良いのか、と肩を落として溜息……」

通勤の看護婦さんが病床に付いている。暑い日が続いた8月15日の朝、看護婦さんに「妻と両親を呼んでください」と言う。看護婦はタツエ夫人の居室に「若旦那さんがお呼びです」と伝え、父佐十郎と母てる、タツエ夫人が病室に向かった。

「今朝はとても気分が良いから、話しておきたいのですが……」

看護婦さんに頭を起こしてもらって、しかしハッキリ言葉を継いだ―

「僕は生まれてから今日まで、好きな語学の勉強をさせていただいて、自分ほど幸せな者はないと思っています。ほんとうにありがとうございました。友人やお世話になった皆さまにもお礼を言いたいのですが、よろしく礼を言っておいてください。本土空襲が始まりました。戦争に負けたらテラス（7歳）にはどんな人生が待っているのだろう。テラスが心配です」

父は、

「何も心配するな、わしが付いている。安心してゆっくり休め、心配せずに休んだら体もラクになるから」

正道はすなおに
「はい、ゆっくり休ませていただきます」

と答えて目を閉じた。これが最期のことばになった。（1年後のこの日が終戦の日となる）

翌朝、看護婦の知らせで両親が朝早くから、ベッドに眠る正道を見守るうちに、目覚めることなく午前10時25分、息を引き取った。まだ生きているかのように安らかな面立ちだった。行年33歳。遺体は宮武家の菩提寺である奈良市杉ケ町《するがまち》の徳願寺に葬られる。

最愛の息子を失った父母は、3年後に正道の後を追うように他界した。昭和22年4月、母てるさんが63歳で逝去、父佐十郎氏は同年11月に71歳で後を追った。法名に「大静院釋鶴斉居士」と謡曲の号がはいる。

妻のタツエ夫人は、七回忌を施主として執り行い、また没後20年を記念して、登大路の「奈良県立図書館」（現大安寺西の県立図書情報館）で「故 宮武正道氏顕彰遺著展」（昭和39年8月）が開かれた。

このとき、正道がお世話になった先生方々の顕彰遺著展に寄せる言葉と、平成5年の「宮武正道五十回忌法要」に際し、諸先生、友人たちから寄せられた言葉をタツエ夫人が編集、発行された。これが『宮武正道 追想』と題する写真アルバムを付した随筆集（A5版74ページ）である。

タツエ夫人は長く平成に入ってからも、元気にテラス夫妻と生活しておられた。写真家の故藤井辰三氏の写真集『目で見る大和路』（昭和62年発行）近鉄奈良駅の項に、西御門のタツエ夫人が語る駅前の今昔がある。引用する。

「今では近鉄奈良駅前も大きなビルが建ち並んできれいになりましたが、私が嫁にきた昭和11年ごろ屋並みも低く古い家が多かったものです。私のところはそのころ墨屋をやっていましたが、そのほかは商家といっても理髪屋さん、印刷屋さん、新聞販売店くらいなもの、飲食店はウドン屋が一件あったきりでした。今の奈良観光案内所のあたりは人力車の帳場でした。駅から降りる人は、みんな人力車に乗って公園や名所見物されたものです。車夫もモモひきに半てん姿で威勢がよかったんです。お客の案内から土産物の世話までしてくれて……排気ガスもなく、静かで情緒があっていいもんでしたよ」

平成7年、宮武タツエ逝く。正道と過ごした9年半、その後の長い81歳の人生を、正道の想い出に生きてこられた。

宮武家の墓、奈良市杉ケ町 徳願寺
法名碑に父母と正道夫妻が刻まれている

宮武正道　32 歳の肖像　昭和 18 年　　奈良大学 図書館 所蔵

宮武正道七周忌の記念写真
昭和25年（1950）
奈良大学図書館 所蔵

前列右から
高田十郎
石濱純太郎
宮武テラス（13歳）、と遺影
宮武タツエ
喜田たみ

後列右から
吉川清太郎、
関信太郎、
川崎直一、
笹谷良造、
九十九黄人、
北村信昭の各氏。

後記

宮武正道が亡くなったとき、拙子は３歳半だった。正道の屋敷と４００メートルほど離れた小さな平屋建てに育って、前書きにも書いたが、正道と同じ幼稚園、学制は変わったが同じ小中高で学んだ。しかし、昭和40年頃まであったという西御門八番屋敷というのはまったく記憶にない。数年前、姉と宮武正道について話していると、「高校に宮武テラスと片仮名で書く同級生がいた」と言う。アルバムを見せてもらうと、80歳を超えて健在らしい。それなら、テラスさんにお父さんのことを訊ねてみよう、と思いたったのがことの始まりである。２０１７年、訪ねたその日に豪快な氏にお会いでき、「父・正道は生まれたときから身体が丈夫ではなかったので、学校では運動クラブに所属したことがない。切手・古銭蒐集、鉱石ラジオやエスペラント語など、早い頃から諸外国に関心があった」など、楽しい話を伺った。それなのに、拙子が本書の執筆にモタモタしている間に亡くなられ、悔やまれてならない。知遇を感謝し、冥福を祈ります。

当時の世界の共通語として、英語、アラビア語と、南洋諸国で使われるマレー語の三つがあるが、今後ますます南洋アジア往来が盛んになる。しかるにマレー語の教則本と辞書が不足している——との先見の明が正道にあった。

もしも彼が治療に専念して、ゆっくり暢んびり暮らしていたら、根気よくサナトリウムで養生していたら。そうすれば堀辰雄や藤沢周平のように暫くは生き永らえ、多く著述できたのでは……と本稿を書きながら、何度も頭をよぎった。

しかし、書き終えて今、そうは思わない。当時、日本の南洋貿易、開発に呼応して、マレー語の学習書、辞書が緊急に必要とされ、時期を外れると目的は半減する。明晰で先が見える正道氏が、病いをおして夜遅くまで研究執筆に没頭したのは、余命を察知していたのみならず、喫緊の国家課題に応える責務と、己の能力・可能性を知り、自ら進んで重荷を負うたのではなかったか。異才・宮武正道は愛国者である。

正道にはどうでもよい些事だろうが、敗戦と引き揚げ、国際語としてのマレー語が衰えるにつれ、氏の著作や辞書も顧みられなくなった。語学辞書が改良整備された今日、宮武辞書が忘れられるのはともかく、奈良でさえ宮武正道の名を知る人が希になった。だが大切なことは、人はどう生きたか、である。

正道の意《おも》いと天賦の仕事は達成され、早くから自覚していた〝33年の天命〟を全うした。付き添い看護婦が驚いたという美しく安らかな死に顔が、正道のすべてを語っている。

「奈良きたまち」について

「奈良まち」に対して、新しく「奈良きたまち」と呼ばれる地区は本来、東大寺の西側と、興福寺の北側にひろがる門前町が出発点である。つまり奈良市のもっとも古い地区であり、史跡多く、民衆の活力が盛んな地区であった。この地区に住んでいた歴史的人物は、奈良市のどこよりも多い。

この旧奈良市を二分する呼称は、観光政策の利便性が基《もと》になっており、公的な行政区画ではない。北町、来た町の両意から「きたまち」と仮名書きに命名された。ではどこで線引きするか、人によって意見は異なるが、大雑把に登大路をはさんで北側を「奈良きたまち」、南側を「奈良まち」と考えてよいだろう。

きたまちには、運慶・快慶が寓し、南都社寺の需要に応える工芸の名人が、何代も工房を構え、大豆山《まめやま》や南半田には僧坊や衆徒屋敷が連なっていた。江戸時代には笹鉾町に代官所があり、吉城川と佐保川の南側に京都と並ぶ広大な奉行所を造築、大和一国を治めた。幕末、赴任した川路聖謨《かわじとしあきら》は、3年間殆ど奉行所内の居館に住んでいた。その奉行所跡地に全国二番目の国立奈良高等女子師範が開校し、それより先に奈良師範が、興福寺の観禅院趾に設立された。ここは現在、奈良県庁と奈良公園バスターミナルになっている。

いわば、既に平安の頃から奈良の治政は「きたまち」で行われていた。

戦後は、一乗院の寝殿を唐招提寺に移築して跡地が裁判所に、同じ一乗院敷地の水谷川忠起春日大社宮司の邸宅を取り潰して検察庁を新築。この辺りは全て興福寺一乗院の勢力地であったから、きたまちの人々は今でも一乗院贔屓である。だから松園尚嘉《まつぞのひさよし》さん（大乗院門跡、薬師寺別当、春日神職）が……と言っても水谷川さんの「奈良きたまち」では通じ難《にく》い。

新しい動きも「きたまち」から芽吹いた。県下初の新聞は金沢昇平の「日新記聞」と大方の知るところだが、明治5年の発刊当時は、油留木町の金沢昇平と東向北町の高橋平蔵、（昭和三十年ごろまであった高橋文具店）によって始められ、近くの県庁に配達していた。それだから現近鉄の奈良乗り入れ駅は、市議会の反対にも拘らず、県舎と公園に近い、「きたまち」側に県議会が可決したのである。

日本は、戦乱で国が滅び、同胞民族が散りぐになったり、併呑されて自国の歴史が抹殺され、国名を変えたり喪失するようなことはなかった。島国の利点である。明治初めの仏典廃棄や、公機関での閲覧を禁止したGHQ焚書は、日本国一千三百年の歴史を通じて例外的な表層にすぎない。信長の仏教寺院抑圧や明治はじめの廃仏毀釈にも拘わらず、文書が日本ほど古くから大切に保管され受け継がれて、大量に残っている国は、世界のどこにもないのである。しかも、西洋のインクペンと違って、墨で書かれた我が国の古文書はいつまでも褪せることがない。なかでも、きたまちは歴史的文書の宝庫である。

謝辞

▽室町時代の**村田珠光**は、生前さほど有名ではなかった。同時代の豊富な文書記録に漏れているため、正確で詳しい伝記はあり得ない。もっぱら歴史家、文筆家、研究者の珠光論や茶道古書の現代語訳に頼って、自分なりの解釈からイメージし、評伝を書いてみた。茶の師匠の方々とは知己もなく、敢えて避けることにしたので、個人的に珠光の件でお世話になった人はいないが、稱名寺の珠光忌では、印象深かった。

本堂でボランティア・ガイドをしていた中学の同窓・落合和紀さんに、彼とはすぐに分らずズケズケと訊き質し、冷や汗ものでした。獨盧庵では、説明におられた僧侶の方に珠光の肖像掛け軸の作者を尋ねたところ、「名前は今すぐ出てこないが、軍鶏《シャモ》を得意にされた画家です」と仰る。驚いて竹内栖鳳ですかと聞くと「そうではなくて稱名寺の檀家のよしみで描かれた……」と、そこで当方もピンときた。「わかりました」と返事するも、名前が出てこない。帰りのバスの中で、山下繁雄と喉から出た。感謝です。

奈良市内をくまなく、橋や川、池や道路の今昔を詳細に調べておられる町の郷土史家が、二人おられる。その一人Kさんに、室町の頃の多聞橋の位置を教わったのだが、〝ちょうど珠光の生家があった辺りに村田姓の家がありますよ〟といわれるのでビックリした。珠光とはなんら繋がりがなかったのだが、材料集めの途上にでくわす楽しい余録である。

▽**棚田嘉十郎**については、最初に生地を見るために訪ねた須川町の「奈良市東部出張所」の所長と主事の方から、『東里村史』に棚田嘉十郎のページがあるの聞き、コピーをいただいた。そして生家が今もあり、須川町自治会長の棚田和男氏のことを教えていただきました。早速、和男夫妻を訪ね、上がり込んで色々伺い、遺品、贈られた墨書を拝見し、とっておきの話が聞けました。

　奈良文化財研究所文化遺産部の吉川聡《さとし》氏には一方ならぬお世話になりました。目録から、見たい資料を出してもらい、コピーを頂いたうえ、氏の労作『明治時代平城旧跡保存運動資料集』を拝領する。棚田・溝辺両家から寄贈もしくは公開許可された文書を翻刻し、詳細な解説が付せられている。この資料集は一般に販売されていないので、これまでは部分的なコピーしか持っていなかった、垂涎の書である。実際、平城宮跡保存運動の資料なら、これなしには動かず、これ一冊あれば足りるのです。

　棚田嘉十郎一家が住んだ東笹鉾の家（コラム231㌻）を、倉橋みどりさんが事務所（文化創造「アルカ）にされているのを知って、旧棚田宅を見せていただいた。氏は、溝辺文四郎曽孫の溝辺文昭氏から取材されているので、平城京保存の先駆者についても詳しい。

本書は「きたまち」のひとではない人物を取り上げるつもりはなかったのだが、書き出すと佐紀の**溝辺文四郎**を外すわけにはいかない。で、文昭氏を訪ねたところ、実に気安い親切な人で、保存されている文四郎の遺稿の書類を見せていただき、文四郎が注文して彫らせた「元明天皇坐像」を撮影。帰り際に父・文和氏の分厚い記念論文集『平城宮跡照映』をくださった。文和氏は、祖父と父の保存運動に関わり、宮跡や超昇寺の研究論文がある。池田源太氏がわかりやすく書き下ろした包括的な「平城宮址への接近」が巻頭に掲載されている。

中学生の頃、同級生宅で書斎の源太教授を横目に通過して、裏地で遊んだものだが、自身が定年退職してから、氏の著作にどれほど与かっているか、計り知れない。

▽木彫の**竹林高行**は明治大正昭和の戦後まで長生きしたが、孤高の匠らしく社会的には隠れた異才である。そのため世間に名が知られていない。ところが、いつ頃どんな作品を誰の依頼で制作したかについて、藤田祥光氏の手稿『人物志』に列挙されており、興味が湧いた。そして二代竹林薫氏の著述に高行の生涯が書き留められている。「これはいける！」と思いたち、実物を探して持ち主の痕跡を辿ったが、容易でなく雲をつかむように手応えがなかっ

た。写真がなければ諦めるか！　と思っていると、どなた様の導きか、幸い巡り合えた作品もあり、なんとか漕ぎつけ、ホッとしている。

楽しかったのは三代竹林節さんのお話。高行祖父のこともシカと覚えておられ、父・薫氏のこと、ご自身のこと、作品にまつわる逸話、木彫、一刀彫りについて、快刀乱麻、縦横無尽に芸論が炸裂する。語り口がおもしろく聞き惚れました。拙子より一回り近く上のお歳だが、毎日木槌を振って木彫に余念がない。今書き終わって思うに、本書の祖父人物像では、ご不満が大ありかと、恐懼しております。

雑司町の鍵田美智子氏には、高行が18歳の時に、鍵田家に神殿を模して作ったという精巧な神棚の撮影を、快く了承、撮り直しの願いにも、応じていただきました。

救世観音像の撮影許可をいただいた河内高貴寺の前田弘観禅師は、師を嗣いだ溌剌とした若いお坊さん。２度目の撮影には奥様にお世話になりました。

生駒市菜畑の円光寺は、高行夫人の里である。同寺を継ぐ住職とご母堂に、高行作の欄間や、掛け軸を拝見させて戴き、高行に嫁いだ梅菊さんについて、話を聞くことができました。

高知神峯寺《こうのみねじ》は、四国八十八ヶ所札所のうち、最も難所の一つである。山門に高行が彫った阿吽の仁王の写真は、知人のツテで、徳島在住の永本《えいほん》憲二さんにお願いしました。徳島からは遠く車で往復１日がかりの仕事である。写真が趣味というだけあって、素晴らしいできばえです。よくまあ細かい金網の隙間から撮れたものですね。ありがとうございました。

三重県松阪市の樹敬寺《じゅきょうじ》のご住職は、約束の日に伺うと、本居坐像を撮影のため明るい別室に移して準備されていて恐縮しました。掲載写真は古くからの仲間・写真家の角山 明氏が引退先の串本から、照明器具と背景ロール紙やら、機材一式をバンに積んできて、撮影していただいた。カラーでないのが残念です。

▽早逝した**宮武正道**については、生涯を伝記にした本が、不思議なことに一冊も出版されていない。黒岩康博氏が『史林』に発表された『宮武正道の「語学道楽」』(2011) は、まことに優れた小伝です。が、学術誌に発表された論文ですから、当然、一般読者を対象にした読み物ではありません。

然れば拙子がひとつ書き綴ってみよう、というわけではじめたのです。まずお世話になったのが奈良大学の宮武正道関係蔵書です。国文学科の光石亜由美氏にお願いすると、正道書籍を全て別室に集めておいてくださいました。また同大学図書館には、北村信昭文庫があり、氏から原画写真をデジで送付してもらったり、大いに助けていただきました。辞典類は大阪大学の二つの図書館にあり、体裁を一見しておくだけですが、ここでも司書の方にお世話になりました。

正道没後に残された蔵書著作のすべてを、タツエ夫人が薗田教授の東京外大に寄贈されたのですが、宮武家が保存する江戸時代からの膨大な文書・記録類は、子息のテラス氏が一括して奈良市に寄贈された。市立奈良市史料保存館が保管し整理、目録を作成したうえで一部に解読翻刻、解説されている。この大仕事を丹念に遂行された史料保存館の桑原文子氏が、拙子の拝見したい書類を数日かけて保管庫から選び出してくださった。こういうサービスを受けて無料ですから、市税を払っていない筆者は誠に恐縮、感謝であります。

宮武正道のご子息・高齢のテラス氏を、先約もなしに突然訪ねたところ、奥からステッキを手に出てこられ、その場で気軽に話ができた。ややこしいことは史料保存館にあるからと、本文にも書いたが豪放磊落な人である。

「タツエお母さんが出された追想集の写真なんですけど……」氏は聞き終わらないうちに「なんでも使《つこ》うたらええ」と感の いい人だ。ありがとうございました。父・正道とは方向の違う ボンボン育ちというか、近頃めずらしい堂々たるご老体でありました。

暫くして、お亡くなりになり、拙著を見てもらいたかったのに無念、冥福を祈ります。

▽今回も表紙画を水彩の村田幸三氏にお願いしました。奈良きたまち法蓮格子の家を、屋並みに構成、大仏殿と若草山を背景に描いた特製です。無理なお願いに、いつも気さくに応じ

てもらえる先輩がいて、ありがたいことです。扉にも氏の画帖からきたまちの絵をモノクロで載せました。サイト「奈良きたまち」http://kitamachi.info/intro/sketch.html に氏のスケッチが数枚あります。

村田家は三条通りの旧家で稱名寺が菩提寺である。珠光と同じ家系ですか？　とよく聞かれるそうですが、まったく無関係とのことでした。

▽執筆の計画中は、奈良新聞社出版課の増山和樹氏の手をわずらわせ、出稿後は、初めての拙著本で大いに困らせ、無上のお世話になった辻恵介氏に、丹念な校正、漢字と文の誤謬を指摘していただき、汗顔の至りです。さらに版権取得・出版販売にいたるまで確《しっか》り見とどけていただきました。

最後に「これが最後やで」と言いながら、あちこち取材に運転して同行してくれた妹の住野宮子さんに謝意を表します。

令和元年6月10日

著　者

年譜

村田珠光

伝 伝承　CC およその年月

中世（室町時代）

西暦	年号	事項
一四二三	応永三〇	奈良東大寺郷多聞橋詰めに盲目の謡曲師、村田杢市の長男として生まれる。幼名茂吉。
一四三三	永享五	11歳（数え、以下同じ）、大豆山《まめやま》の称名寺に下男奉公にあがる。
一四四〇	〃一二	18歳、称名寺了海上人に認められ、法林庵に住む。
一四四三	嘉吉三	20歳、闘茶に溺れ法行怠慢により破門、称名寺を放逐される。
一四四八	文安五	伝 京都三条に住み 商い「村田屋」と、店屋を仕切った茶室「南星庵」で奈良茶指南を始める。
一四五二	宝徳四	伝 29歳、大徳寺如意庵に寄寓する一休宗純を訪ね、参禅する。
一四五五	康正一	伝 一休より印可状「円悟克勤の墨跡」を授けられる。
一四六〇	長禄四	この頃、能阿弥に唐物の目利き、立花、書院茶を学ぶ。能阿弥の編纂した「君台観左右帳記《くんだいかんそうちょうき》」を書写する。
一四六一	寛正二	志野宗信に香道を学ぶ。
一四六三	〃四	40歳、六条堀川に数寄屋「珠光庵」を建て移り住み、茶の宗匠に専念。「村田屋」の店をたたむ。
一四六八	応仁二	45歳、応仁の乱を避けて奈良の実家に帰る。 伝 家を改装し、茶室「香楽庵」を建てる。
一四七〇	文明二	堺商人の弟子たちに招かれ、貿易で潤う堺を初めて見る。
一四七三	文明五	50歳、興福寺の西福院に茶匠として招かれる。興福寺で修行中の倫勧坊、後の古市澄胤が弟子になる。興福寺尊教院の茶匠に迎えられる。
一四七四	文明六	奈良に隠棲中の武士・松本周宝を内弟子に迎え、「珠報《しゅほう》」と名付ける。
一四七五	〃七	大和古市の土豪、戦国武将の古市澄胤宛に『心の文』を書き送る。

西暦	関連事項
一四二八	四代将軍足利義持死去 土一揆、興福寺衆徒徳政令を発す
一四二九	足利義教六代将軍に就任 南都参詣、正倉院蘭奢待を切取る
一四四一	嘉吉の乱、義教暗殺
一四四六	東大寺戒壇院焼ける
一四四七	興福寺宗徒、東大寺僧坊を破壊
一四四九	足利義政十三歳で八代将軍に就く
一四五一	土一揆で元興寺焼失、興福寺罹災
一四六五	義政南都参詣、正倉院蘭奢待を切取る
一四六七	応仁の乱勃発／大和の武将、衆徒らも分裂
一四六八	一条兼良、乱を避け奈良に下向
一四七一	能阿弥、大和長谷寺で死去

中世（室町時代）

西暦	年号	事項		関連事項
一四七七	〃 七	応仁の乱の後、京都「珠光庵」に戻る。	一四七七	足利義政三十八歳で引退
一四七八	〃 一〇	代理師範を務めた愛弟子珠報去る。		応仁・文明の乱終わる
一四八七	長享 一	尊教院の下男・四郎17歳を弟子にとり、禅の修行を京都妙心寺に託す。	一四七八	古市澄胤、官符棟梁となる
一四九〇	延徳 二	珠光67歳、四郎が修行を終え、珠光の後目養子・村田宗珠に迎えられる。	一四八一	一休宗純死去
		伝 奈良に隠棲を決め、多聞橋詰めの珠光屋敷に「獨盧庵」を結ぶ。	一四九〇	銀閣寺建立
一四九一	延徳 三	大徳寺真珠庵の落慶法要に参列する。		足利義政死去
一四九三	明応 二	一休宗純十三回忌に、宗珠を伴い大徳寺酬恩庵に参列、多額を寄進。	一四九九	細川政元軍、奈良に乱入
一五〇二	文亀 二	堀川「珠光庵」にて遷化。行年数え八十一、遺体は真珠庵に埋葬され、奈良称名寺に分葬される。	一五〇二	武野紹鷗、吉野に生まれる

棚田嘉十郎

近代（明治時代）

西暦	年号	事項 CC およその年月		関連事項
一八六〇	万延 元	添上郡東里村須川に父棚田長蔵、母ワイの長男として生まれる。	一八六七	大政奉還
一八八五	明治 一八	正月20日、農業を捨て、奈良に仕事を求めて出奔する。高畑に住み、木挽き職人として働く。	一八六九	東京に都を移す
			一八七七	西南戦争
一八八六	〃 一九	7月、祖父嘉平治八十一歳で死去。	一八八〇	奈良公園（約14町7反）開設
一八八七	〃 二〇	苗木を仕入れ、販売と植樹の仕事をはじめる。	一八八四	フェノロサ、岡倉天心を伴い堂塔宝物を調査
一八八九	〃 二二	東笹鉾町の一戸建ちの家に移り住む。苗木商として独立する。		
一八九一	〃 二四	高畑に住む旧知の土方宮司の口利きで帝室博物館に楓100本を受注。	一八八七	奈良県再設置、県知事に税所篤が任命される
一八九三	〃 二六	CC 山城大川原村（大河原）の矢田原イエと結婚、東笹鉾の家を買い取る。		
一八九五	〃 二八	奈良公園の植栽整備の拡大にともない受注が増える。若木や庭木、庭石なども扱う苗木商として、資材置き場のため土地売買も始める。	一八八九	大日本帝国憲法発布
				十津川大水害
一八九六	〃 二九	都跡《みあと》村佐紀の山下鹿蔵の案内で平城京大極殿跡に立つ。		奈良公園五一七町余を告示
		北浦義十郎から父定政の描いた『平城宮大内裏趾坪割之圖』を借り受け、部分を印刷して一般に配布する。	一八九二	大阪湊町奈良間の鉄道開設
			一八九四	8月、日清戦争始まる

近代（明治時代）

一八九九	明治三二	関野貞、内務省より奈良県技師として奈良市に赴任、古建築を調査。妻イエと笠置山の後醍醐天皇行宮遺趾に参詣、整備された行宮に比し、荒れ果てた平城宮趾の保存整備を決意する。
一九〇〇	〃三三	関野貞、奈良新聞元旦特集号に『古《いにしえ》の奈良、平城宮《ならのみや》大極殿《だいごくでん》遺《い》址《し》考《こう》』を発表
一九〇一	〃三四	都跡村の有力者が発起人となり、大極殿芝壇に標木を立てる。嘉十郎、赤十字総裁・小松宮殿下に菊水楼で拝謁を受け、染筆を賜る。嘉十郎、神戸三宮に溝辺文四郎を訪ね初対面する。文四郎は宮址保存・神宮建設案に賛成、同志となり嘉十郎を補助する決意を秘める。
一九〇二	〃三五	父長蔵歿す。長男嘉十郎は末妹の養子・仲治郎に家督を譲渡済み。8月初めて上京、土方直行宮司の紹介状を持って貴顕の人士を訪ね、宮跡保存に賛同の記名を得る。秋に再び上京一ヶ月滞在するが、成果半ば。
一九〇四	〃三七	日露戦争により神宮建設計画は中断。12月「平城神宮建設会」が発足、建設資金が集まらず難航する。棚田家の家計逼迫。子供達は栄養失調から病気に罹る。県が楓千本を発注して援助、文四郎も援助するが借金返済のため、窮状変わらず。
一九〇五	〃三八	岡部長職《ながもと》子爵奈良に立ち寄り、棚田、溝辺の案内で平城宮址を視察。日露戦争終結により神宮設立運動を溝辺と再開する。
一九〇六	〃三九	1月上京、議会に建議書案「平城神宮創建国庫補助請願書」を提出する。3月10日、成果なく奈良に帰る。
一九〇七	〃四〇	3月20日、帝国議会は神宮建設補助の建議書案を否決。司法大臣、岡部子爵が大極殿視察、関野貞が説明に立つ。久我通久公爵、大極殿址に参拝。棚田寄付八重桜と溝辺寄付の楠を手植。嘉十郎、屡々上京、宮址保存運動に貴顕賛同者の記名を集める。
一九〇八	〃四一	平城神宮建設を諦め「平城宮址保存及び建碑計画」に変更。鹿野園に鉱泉が見つかり、権利を買い取る。出資者と共同で「鹿野園

一八九五	帝国奈良博物館開館
	猿沢池五二段改築
	関野貞、大極殿跡を確信し平城宮跡の調査を開始
	奈良県庁舎落成
一八九六	奈良鉄道京都―奈良間開通
一八九七	「古社寺保存法」制定
一八九八	市制施行、奈良市成立
	「奈良新聞」創刊
一九〇〇	帝国奈良博物館、奈良帝室博物館に改称
一九〇一	平城宮址で建標式
一九〇二	奈良県物産陳列所開館
一九〇三	奈良県公会堂完成
一九〇四	2月、日露戦争勃発
一九〇五	9月、日露戦争終結
	10月、帝国議会再開
一九〇六	2月、東郷大将戦捷記念に平城神宮建設を言明
一九〇七	塚本慶尚（松治郎）内務省宗教局社寺係に転勤
	義務教育6年となる
	関野貞『平城京及大内裏考』発表
	喜田貞吉、関野論に反論を発表
一九〇八	奈良県立図書館竣工
	飛火野で陸軍特別大演習、

近代（大正時代）／（明治時代）				
		温泉」を10月開業。年末に東笹鉾の自宅を債権者に接収され、一家で温泉内に仮住まいする。温泉は客足途絶え、間も無く開店休業に至る。		明治天皇が行幸統監
一九〇九	〃四二	来年が平城京遷都千二百年に当たることに気付いた溝辺は、棚田と共に式典の準備を進める。	一九〇九	奈良聯隊設置 奈良県立図書館開館 奈良ホテル開業
一九一〇	〃四三	宮内省より御下賜金３００円を県に賜る。県・市・生駒郡（平城京所在）の主催で「平城奠都壱千弐百年記念祭并に建碑地鎮祭」が開催される。開催式は春日野運動場にて、建碑地鎮祭は大極殿趾で、また各地で記念行事、余興が行われる。	一九一〇	春日野運動場完成／韓国併合
一九一二	〃四五	棚田個人で道標「「平城宮大極殿趾 西乾是より 二十丁」を国鉄奈良駅三条通りに建立する。	一九一二	明治天皇崩御／中華民国成立
一九一二	大正元年	徳川頼倫《よりみち》、大極殿を視察。知事・市長・棚田・溝辺らが迎え案内する。	一九一三	「奈良県史蹟地景勝地調査会」設置 正倉院宝倉の解体修理
一九一三	〃二	「奈良大極殿趾保存会」徳川頼倫会長が発足。	一九一四	大阪電気軌道、上六—奈良間開通／第一次世界大戦始まる／ドイツに宣戦
一九一四	〃三	3月、嘉十郎、脳出血で倒れる。殆ど失明して10月入院する。		
一九一五	〃四	4月、京大病院眼科を退院、ごく僅かに視力を回復する。 12月、大極殿保存会、寄付金で平城京の田畑約3万5千㎢を買い足す。 都跡《みあと》村有志が佐紀の芝地、約4千7百㎢を保存会に寄贈。	一九一五	東大寺大仏殿修理落慶法要 大正天皇即位
			一九一六	鷺池に浮御堂完成
一九一七	〃六	1月、棚田、匿名寄付団体を徳川会長に仲介。翌月、保存会は寄付を受諾。	一九一七	ロシア革命
一九一八	〃七	7月、溝辺文四郎、67歳で病没。	一九一八	第一次世界大戦終わる
一九一九	〃八	匿名団体が買収した土地名義を、保存会or県知事名義に替えるよう抗議。	一九一九	「史蹟名勝天然記念物保存法」公布 「都市計画法」及「道路法」公布
一九二一	〃一〇	4月大阪毎日新聞に匿名宗教団体「福田海」の暴露連載記事が出る。嘉十郎は保存会会長・徳川侯に匿名団体を紹介した責任を痛感。 8月16日、妻子を墓参に出し大豆山町の自宅で古式に法って自刃。 10月、「福田海」宮址所有地を知事名義に移転登記する。	一九二〇	国際連盟成立
			一九二一	奈良県立商業学校開設
一九二二	〃一一	保存会は管理する平城宮跡の土地を内務省に寄付、平城宮跡の東半分が史蹟に指定され、国の管理に移行する。	一九二二	奈良公園、名勝に指定

竹林高行（幼名武麿、号・履中斎）

近代　（明治時代）

伝 伝承　CC およその年月

西暦	年号	事項
一八六九	明治 二	奈良市大豆山《まめやま》突抜町三番屋敷に興福寺官符衆徒・竹坊高朗《たかあき》、富枝夫妻の三男に生まれる。幼名武麿。形式的に大江家に養子転籍される。
一八七〇	〃 三	父・高朗、竹坊改め竹林と改名。祖父洵養《しゅんかい》死去。
一八七一	〃 四	興福寺が上地令により没収。父は春日神人《じにん》に転出、三人扶持となる。
一八七三	〃 六	父・高朗、禄高少なく、神人を辞職する。
一八七四	〃 七	CC 父、三番屋敷を手放し、東包永町（旧一条転害門の西）で銭湯をはじめる。 武麿、第三尋常小学校（現鼓阪小学校）に通学
一八七七	〃 一〇	武麿、13歳の頃、社寺の正確な模型を造り始める。
一八八二	〃 一五	CC 精緻な宮殿の模型を組手で造る。指物師・木谷楢蔵の目に止まる。
一八八四	〃 一七	奈良遊学中の彫刻家・竹内久一《ひさかず》が竹林宅で武麿の宮殿模型に感心し、東京の自宅アトリエに来る様に説得する。
一八八五	〃 一八	手貝町の指物師・木谷楢蔵に弟子入りするが、数ヶ月で辞める。 北御門町鍵田家に、精巧な白木の社殿模型を神棚に造る。
一八八八	〃 二一	大阪島之内の宮彫師に住み込みの弟子となる。 竹内久一再び来寧、「執金剛神像」ほかを模造して研究。
一八八九	〃 二二	宮彫り修業を一年で打ち切り、奈良に帰る。 自家に菅原天満宮社殿の雛形を造る。
一八九〇	〃 二三	竹内久一、水門町に彫刻塾「同修舎」を開く。武麿入学する。 興福寺仏像の修理を発願する。
一八九一	〃 二四	竹内の創作「技芸天」（像高2・15メートル）の制作を手伝う。 竹内の帰京に同行。師の浅草宅に止宿。彫刻を学び、師の制作を助ける。
一八九四	〃 二七	竹内が教授を務める東京美術学校に入学。 浅草橋に家を借りて独立、月給35円の高給で師の助手を務める。

西暦	関連事項
一八六九	奈良府、奈良県に改称 東京奠都/版籍奉還
一八七〇	平民苗字許可令
一八七一	初代県令に四条隆平《たかとし》就任 上地令、興福寺寺領没収 廃藩置県
一八七二	学制発布 教部省、興福寺廃寺を通達
一八七五	東大寺大仏殿で第一回奈良博覧会開催
一八七七	明治天皇の大和行幸 西南戦争
一八八〇	奈良公園開設認可
一八八一	興福寺再興へ/自由党成立
一八八四	フェノロサ・岡倉天心が法隆寺を調査
一八八七	東京美術学校創立 国民之友創刊 最初の県会議員選挙
一八八九	大日本帝国憲法発布 市町村制実施
一八九二	奈良・湊町間鉄道全通
一八九三	文學界創刊

（明治時代）近代／（大正時代）		
一八九六	〃 二九	6月、父高朗死去、急ぎ実家に帰る。三男の武麿が家督を継ぐことに決まる。竹林高行と改名、代わって長男が大江姓を継ぐ。
一八九八	〃 三一	7月、森川杜園より、継承二代目の養子に、との申し出に高行は辞退。東京浅草に戻る。失恋で生活が荒れ、体調を壊す。師のもとを離れ奈良に帰る。母と内侍原町に家を借りて住む。師・竹内東京美術学校教授から、高行を助教授に推薦したい旨知らせがきたが、高行これを断る。
一八九九	〃 三二	高行31歳、円光寺（現生駒市菜畑）の梅菊と結婚。
一九〇〇	〃 三三	水谷川忠起春日大社宮司や近衛家の恩顧を受ける。パリ万博に竜と闘う古代人物像を出品し入賞、現地即売される。
一九〇一	〃 三四	「奈良美術院」（新納忠之介主事）に入る。通いの修理彫刻家として5年ほど在職する。興福寺の阿修羅、千手観音などの修理に従事。
一九〇二	〃 三五	CC 久邇宮殿下より「興福寺大仏師」の称号を賜る。「第一回奈良物産共進会」で木彫の審査員に委嘱される。法隆寺佐伯定胤管長の厚遇を得て、塔頭・福生院に仮寓、奈良美術院から法隆寺仏像の修理と創作に一年余り没頭する。
一九〇八	〃 四一	鍋屋町角地に400坪の旧家を譲り受け移住。奈良美術院を退職する。ロンドン万博に出品、銀牌を受賞。法隆寺聖観音像修理を皮切りに、帝室博物館の聖観音像や数々の観音像補修に携わる。
一九一〇	〃 四三	伊勢神宮より「大仏師職《しき》」の称号を受ける。
一九一四	大正 三	家宅に祀るための独自の聖観音像（高さ約45セン）を創作、以後5年間に33躰を彫る。
一九一五	大正 四	破損仏補修500躰を記念して十一面観音菩薩像を彫り、厨子に納め自宅に安置する。大正天皇即位奉祝に、高行の太平楽を奈良市より献上。高貴寺（大阪府河南町平石、真言禅寺）講堂本尊に「救世観音像」を彫る。

一八九四―一八九五	日清戦争
一八九五	帝国奈良博物館開館
一八九六	京都・奈良間開通（現JR）
一八九七	古社寺保存法 制定
一八九八	奈良市成立／奈良新聞創刊
	岡倉覚三、「日本美術院」を創設／列強、日清戦争後の中国を租借（中国分割）
	国宝修理機関「奈良美術院」主事に新納《にいろ》忠之介が就任
一九〇〇	治安警察法制定
	若草山焼き午後6時に点火夜間行事となる
一九〇二	奈良県物産陳列所完成
	日英同盟
一九〇三	東京に電車開通
一九〇四	日露戦争始まる
	森川杜園十周忌
一九〇六	棚田嘉十郎ら平城宮址保存会の設立を計画
一九〇九	奈良女子高等師範学校が開校
一九一〇	韓国併合
	平城奠都壱千弐百年祭
一九一一	「奈良美術院」水門町無量院に工房を建て移転
一九一二	明治天皇崩御

時代	西暦	年号	事項
近代（大正時代）	一九一六	〃五	天皇・皇后両陛下の畝傍陵参拝に際し、奈良市より献上品の「翁」を彫る。 この頃から舞楽や能狂言を題材にした動的な「一刀彫り」を鮮やかに彩色して制作する。
	一九一七	〃六	履中斎（世の中の中庸を履《ふ》むとの意）を名のる。
	一九一九	〃八	後進の一刀彫り育成に「修技会」を高行が中心になって開く。
	一九二二	〃一一	11月、坐骨神経痛を病む。
	一九二四	〃一三	高知の四国27番札所「神峯寺《こうのみね》」の山門に、阿吽の赤仁王像（高さ2・3メートル）を完成。
	一九二五	〃一四〜	三重県松阪、妙楽寺に本居宣長坐像を彫る。現在 同浄土宗 宣長ゆかりの樹敬寺《じゅきょうじ》に安置される。
現代（昭和時代）	一九二六	昭和元年〜	七福神や布袋、大黒など世俗的な置物に刀跡を残さない陶器のような味わいの木彫を創作、人気を博す。弘法大師や親鸞聖人像を彫る。 小石に経文の一節や自作の仏語、観音の顔を筆書きする。
	一九三〇	〃五	神峯寺の姉・竜円尼死去。一年あまり殆ど鑿を手にしなくなる。
	一九三二	〃七	春日社家・富田氏還暦記念の依頼で七福神を数体彫る。
	一九三四	〃九	徳富蘇峰喜寿の祝いに、後援会の依頼で尉姥《じょううば》（高砂）を彫る。 10月19日、妻・梅菊死去。依頼の仕事を断り、閉じこもる。
	一九三八	〃一三〜	腰痛のため歩行困難に、彫刻刀を手ばなす。 墨絵日記を書き始め、仏教的短歌を書き始める。
	一九四五	〃二〇〜	観音菩薩百態を目指して墨絵・色絵に描き、知人に配布する。その他、日の出・波・伎芸天などを描く。 立ち居が困難になり、居室の布団に伏せて、半紙に絵や仏語、小石に経文・称名や仏語、観音を描く。

西暦	事項
一九一二	清朝滅びる
一九一四	大軌、大阪上六―奈良間開通
一九一七	ロシア革命
一九一八	第一次世界大戦終わる
一九一九	「史蹟名勝天然記念物保存法」成立／「道路法」公布
一九二二	奈良公園、名勝に指定 東大寺勧学院から出火、上生院類焼（現在寺籍のみ）
一九二三	関東大震災
一九二五	治安維持法・普通選挙法成立
一九二九	世界大恐慌 春日野プール竣工
一九三一	満州事変
一九三三	治安維持法による県下一斉検挙（八・三〇事件）
一九三四	南都銀行設立
一九三七	日華事変（日中戦争）
一九三九	第二次世界大戦
一九四〇	天皇、橿原神宮神武陵へ行幸 紀元二千六百年奉祝行事 日独伊三国軍事同盟成立
一九四一	12月、太平洋戦争始まる
一九四五	敗戦、米軍2千人奈良に進駐

一九四九	〃 二四	居室天井に趣味の瓢箪を多数吊り下げる。 9月25日、自宅で安らかに 逝く。享年81歳。妻 梅菊と共に、北小路町慈眼寺に葬られる。	一九四九	法隆寺金堂で火災、壁画など損傷

宮武正道

正道の著書は、本文中の関連年譜（397-403ページ）参照

西暦	年号	事項　CC およその年月		関連事項
近代（大正時代）				
一九一二	大正 元年	9月6日、奈良市西御門八番屋敷に生まれる。製墨業「春松園」の八代目当主・宮武佐十郎を父に、母てるの長男。正道《まさみち》と名付けられる。	一九一四	大阪電気軌道、上六・奈良間（宮武屋敷の前）に開通
一九一八	〃 七〜八	東向北町の奈良女子高等師範学校附属幼稚園に通う。	一九一五	東大寺大仏殿修理（明36—）完成
一九一九	〃 八	奈良師範附属小学校（登大路、現 県文化会館）に入学。輸入電動モーターや電気機関車の玩具で遊ぶ。	一九一八 一九一九	第一次世界大戦終わる 「史蹟名勝天然記念物保存法」公布される
一九二〇	〃 九	妹・孝子生まれる。		
一九二五	〃 一四	奈良師範附属小学校卒業／旧制奈良県立奈良中学校入学。	一九二〇	国際連盟成立
一九二九	昭和 四	パラオ島のアテム・エラケツが天理教本部に留学。	一九二三	関東大震災
一九三〇	〃 五〜	中学時代は切手・古銭、絵葉書や切符の蒐集のほか、語学書を集める。言語・南洋民俗学に興味をもち、九十九《つくも》黄人の「土俗研究会」に出入りする。	一九二五	治安維持法・普通選挙法成立 若草山げた履き入山禁止
		4年生、エスペラント語を独習、読み書き会話をマスターする。	一九二七	普選による初の県会議員選挙
		5年生、世界3大共通語の一つであるアラビア語独習を始める。	一九二八	第一回衆議院普通選挙
一九三〇	〃 五	3月、奈良県立奈良中学校卒業。大阪無線学校に入学するが2週間で退校。 4月、天理外国語学校馬来語《マレー》部に入学する。 10月、「奈良エスペラント会」を主宰。自宅の書斎で勉強会を開き、会誌【EL NARA】を発行。	 一九二九	鹿の角切り行事再興 春日奥山周遊自動車道完成 奈良電鉄、西大寺―京都間開通 世界大恐慌／春日野プール竣工
一九三一	〃 六	CC カナ文字タイプライターを使い始める。		神鹿保存会、鹿苑を建設

現　代　（昭　和　時　代）

一九三二	〃七	奈良に来るエスペランチストを案内、通訳は正道に委ねられる。 1月、外国語劇「ジャバの月」稽古中、楽屋にエラケツ君が宮武を訪ねてくる—初めての出会い。 天理外語第3回外国語劇大会に自作の脚本「ジャバの月」にヒロイン役で出演／北村信昭らと同人誌『淺茅』を創刊／長谷川テルら奈良女高師の学生がエスペラント会に来る。 7月、ジャバ、セレベスに単身旅行。南洋郵船「チェリボン丸」の一等船客として神戸港を出航。8月29日帰国。ジャバ馬来語新聞ビンタン・チモールの在日通信員を委嘱される。帰国して紀行文「爪哇《ジャワ》見聞記」を自費出版。 治安維持法による一斉検挙、奈良8・30事件。9月11日、長谷川テル、長戸恭が検挙される。1週間後に釈放されるが、二人は退学処分になる。これにより「奈良エスペラント会」は自然消滅。 12月、天理外国語学校馬来語部を3年2学期を最後に病気中退する。
一九三六	〃一一	2月、吉井タツエと結婚。
一九三七	〃一二	3月、長男テラス生まれる。 8月1～18日まで大阪外語マレー語講習会の講師を務める。
一九三八	〃一三	5月「(財)カナモジカイ」の総会（大阪）に出席。 関西大学の石濱教授が自宅で主宰する東洋学研究の「静安学社」に加わり、「メナンカバウ語とマレー語の音韻変化」と題して講演する。
一九三九	〃一四	(財)日本エスペラント学会より「高等エスペラント学力認定證」を受ける。 11月、カナモジカイの行事に現物を持参し参加。
一九四一	〃一六	12月、県立奈良図書館読書会に「南洋の文化と民俗」をテーマに講演。
一九四二	〃一七	3月、奈良県拓殖協会主催、奈良県後援の「マレー語講習会」に12週間講師を務める。 大阪朝日新聞に「マレー語小話」を連載、題名を変え1年半に及ぶ。

一九三〇	若草山前面を芝生保護のため立ち入り禁止措置
一九三一	奈良市観光協会発足 満州事変（日中戦争に発展）
一九三二	春日神社古楽保存会発足 万葉植物園開園 満州国樹立（執政、愛新覚羅溥儀）
一九三三	奈良市制35周年「観光と産業博覧会」開催
一九三四	(第一次) 室戸台風襲来
一九三七	志賀直哉、高畑で「暗夜行路」(1921—) 完結
一九三八	三条通りに奈良警察署完成
一九三九	第二次世界大戦勃発
一九四〇	生駒郡都跡村を奈良市に合併
一九四一	小学校を国民学校と改称 日ソ中立条約成立 興福寺薪能50年ぶりに復活 市立奈良高等女学校設立 12月8日、真珠湾攻撃、大東亜戦争・太平洋戦争（—45・8・15）始まる

（昭和時代）

西暦	和暦	事項
		NHK大阪より「南洋の童話について」を放送。 朝日新聞学芸欄に「スカルノの武士道と奴隷根性」を翻訳・連載する。
一九四三	〃一八	1月、朝日新聞に「大東亜式ローマ字綴り」を連載 8月、大阪新聞に「マライ語になった日本語」を、12月には「日本語の普及―現地の日本語についての要望」を執筆する。 11月、中央参院議長スカルノの奈良訪問に通訳として案内、同夜の晩餐会に知事の挨拶を通訳する。
一九四四	〃一九	3月、エラケツ、戦中のパラオ島で潜水事故のため死亡。 7月、奈良県よりマレー語通訳を委託される。 8月16日早朝、自宅で、父母と妻に看取られて永眠。享年33歳。

西暦	事項
一九四二	東大寺大仏殿の銅幡4個三〇〇貫が供出される
一九四三	大仏殿建立千二百年記念法要 イタリア降伏
一九四四	マリアナ沖海戦 サイパン島陥落 8月、学徒勤労令

異才たちの年表

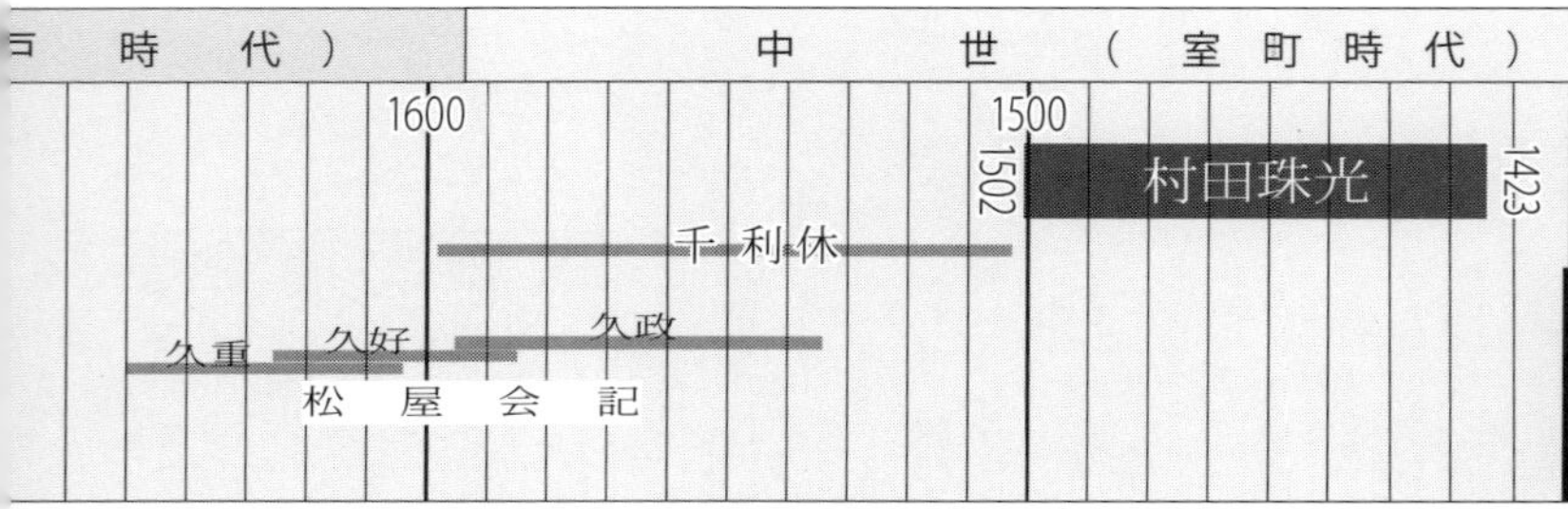

参考文献

第一章　村田珠光

『山上宗二記―付・茶話指月集』熊倉功夫校注、岩波文庫 2006
『長闇堂記、茶道四祖伝書（抄）』神津朝夫、淡交社 2011
『奈良大和路 茶の湯逍遥』神津朝夫、淡交社 2015
『茶の湯の祖、珠光』矢部良明、角川書店 2004
『利休聞き書き「南方録 覚書」全訳注』筒井紘一、講談社学術文庫 2016
『日本英雄伝』第五巻―珠光― 菊池寛監修、非凡閣 1936
『茶のふるさと奈良』永島福太郎、奈良市 1978
『茶道文化論集』下巻 永島福太郎、淡交社 1982
『図解 茶の湯人物案内』八尾嘉男、淡交社 2013
『奈良』永島福太郎、吉川弘文館 1996 新装版
『千利休の家業に関する一考察』伊住禮次朗、堺市博物館研究紀要35 2016
『侘び茶の系譜―「山上宗二記」―』渡辺誠一、人文科学論集、第34輯 1987
『茶道具ハンドブック』淡交社編集局、淡交社 2016
『珠光茶碗の虚実』小山雅人、京都府埋蔵文化財調査研究センター 第6集 2010
『「山上宗二記」における茶道理念』笠井哲 筑波大学倫理学原論研究会編「倫理学16」1999

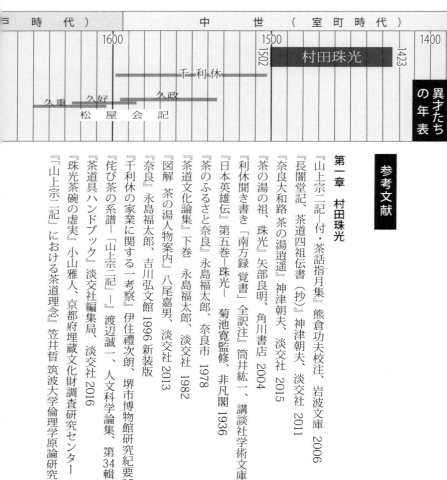

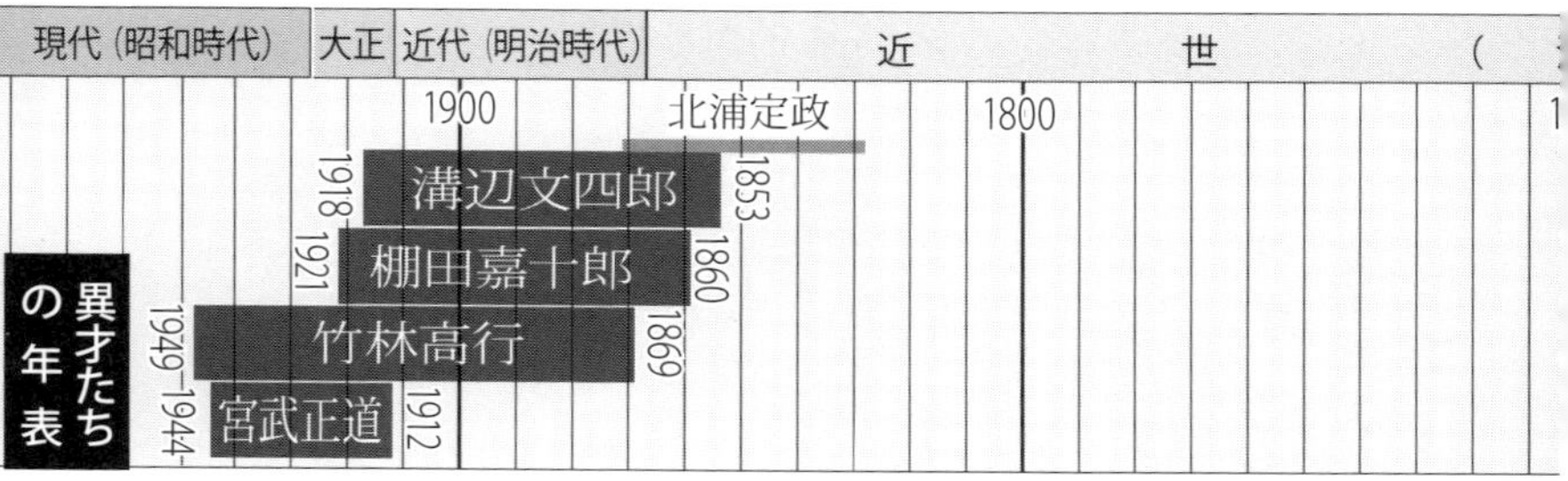

『日本名所風俗図会9奈良の巻』（復刻版）角川書店 1984
"THE BOOK OF TEA" 1906 by Okakura Kakuzo. C.H.Tuttle 18th-print 1969.
『南都茶人』藤田祥光　奈良県立図書情報館・藤田文庫 19−
『奈良叢記』駸々堂書店　昭和17（1942）より
「松屋会記を通じてみたる奈良の茶道」末宗廣／「奈良雑記」村田泥庵
『大和の歴史』中世の部　大和タイムス社（現奈良新聞社）編　昭和33
『奈良坊目拙解』村井古道著、喜多野徳俊訳・注、綜芸社 1977
『特別展　茶の湯』東京国立博物館／NHKプロモーション／毎日新聞社 2017

その他、珠光の人物に関して
「大和人物誌」1967
『茶道美談』桑田忠親、中央文庫 1921
『久留島武彦と奈良に関する史的考察』渡辺良枝、松川利広 奈良教育大学紀要 巻5 2007
茶道に関する随筆では村田泥庵、水谷川忠麿、永島福太郎、ほか多数

第二章　棚田嘉十郎
『明治時代平城宮跡保存運動史料集』
—棚田嘉十郎聞書・溝辺文四郎日記—　奈良文化財研究所編　平成23年
『平城宮跡保存の先駆者　棚田嘉十郎の足跡』棚田嘉十郎翁・溝辺文四郎翁顕彰会 1991

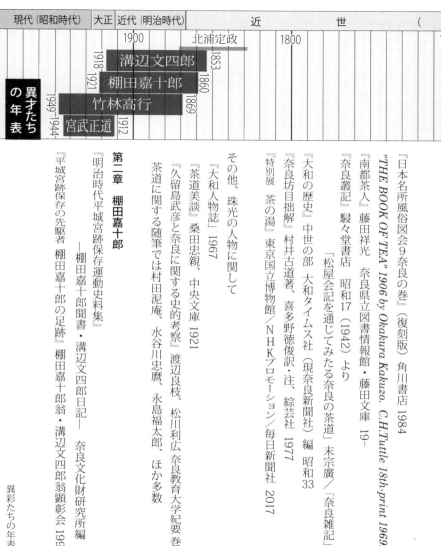

『東里村史』東里村史編集員会 1957
『奈良叢記』駸々堂書店 昭和17（1942）より「平城京」田村吉永
『大和百年の歩み・社会人物編』大和タイムス社 1972
『奈良市史・『社寺編』奈良市史編集審議会、奈良市 1985
『奈良・平安時代の文化と宗教』池田源太、永田文昌堂 1977
『平城宮址への接近』池田源太 1973、『平城宮跡照映』溝辺文和記念文集 溝辺史晃より 1973
『喜田博士と私の家』溝辺文和、『大和志』六ノ八 1736『平城宮跡照映』より
『天平の文化 上』大阪朝日新聞社（関野貞、喜田貞吉の論文を含む）1942
『世界遺産平城宮跡を考える』直木孝次郎、鈴木重治 編、ケイ・アイ・メディア 2002
『小説 棚田嘉十郎』中田善明、京都書院 1988
『平城京ロマン 過去・現在・未来』井上和人・粟野隆 共著 京阪奈情報教育出版 2010
『平城宮』亀井勝一郎 編、筑摩書房 1963
『平城宮跡と棚田嘉十郎―真珠の小箱 2（奈良の夏）』足立巻一、角川書店 1980
『奈良』永島福太郎、吉川弘文館 1996 新装版
『奈良県の歴史』和田 萃・安田次郎・幡鎌一弘・谷山正道・山上豊、山川出版社 2010

第三章 竹林高行

『奈良の一刀彫』竹林薫風 1978
『伏兎のたわごと』竹林 薫風 1972

『奈良の本』松本楢重、森川辰蔵 編より「一刀彫奈良人形」竹林 薫　大和地名研究所 1952
〃　〃　「佛像修理と奈良」　新納忠之介　大和地名研究所 1952
『奈良叢記』駸々堂書店 1942 より「奈良の美術院」新納忠之介
『明治の仏像模造と修理』朝田純一「埃まみれの書棚から」31、32話　神奈川仏教文化研究所HP
『佛像彫刻』明珍恒男　大八洲出版社　1946
『奈良人形』・『森川杜園事跡考』・『奈良人物志』・『興福寺衆徒』藤田祥光、奈良県立図書情報館 藤田文庫 19-
『芸三職 森川杜園』大津昌昭、燃焼社　2012
『奈良文化論叢』より「奈良の古美術研究と日本史学の黎明期」小沢栄一 1966
『奈良公園史』奈良県　1982
『大和人物志』奈良県 1909
『大和百年の歩み・社会人物編』1971／文化編　大和タイムス社 1972

第四章　宮武正道

『宮武正道 追想』　宮武タツエ 1993
『宮武正道の「語学道楽」』–趣味人と帝国日本–黒岩康博、京都大学史学研究会「史林」94巻1号 2011
『宮武正道宛軍事郵便』–インドネシア派遣兵士と言語研究者–黒岩康博、天理大学学報 66-1 2014
『日本におけるインドネシア語教育の先駆者』–宮武正道の辞典に関する考察–
舟田京子、工藤尚子、神田外語大学紀要29号 2017
『奈良いまは昔』北村信昭、奈良新聞社　1983

『exblogインドネシア語の中庭ノート』佐々木重次、2009
『ブミプトラ政策―多民族国家マレーシアの開発ジレンマ』小野沢 純、マレーシア研究 第1号 2012
『宮武家旧蔵文書・図書』奈良市史料保存館、奈良市
『奈良県現代人物誌』第一編、奥田信義、奈良新報社 1924
『爪哇の旅』宮武正道 自費出版 非売品 1932／『南洋文学』宮武正道 弘文堂 1939
『南洋 パラオ島傳説と民謡（エス文梗概附）』宮武正道 東洋民俗博物館 1932
『奈良茶粥』山本書店 昭和7

全章にわたる参考文献

『奈良市歴史的風致維持向上計画』―Ⅰ(3)歴史文化特性― 奈良市 2015
『奈良市史』通史三 1986、通史四 1995 奈良市

図版提供／掲載許可

順不同、敬称略

東京国立博物館
東京国立国会図書館
国立文化財機構 奈良文化財研究所
畠山記念館
浜名湖舘山寺美術博物館
奈良国立博物館
奈良大学図書館
奈良県立図書情報館
奈良市立史料保存館
奈良市都市整備部景観課
奈良市総合政策部広報戦略課
大阪大学外国学図書館
早稲田大学図書館
奈良県立文化会館
奈良県建築士会
円光寺　奈良県生駒市菜畑
西大寺　奈良市西大寺芝町
稱名寺　奈良市菖蒲池町
慈眼寺　奈良市北小路町
徳願寺　奈良市杉ヶ町
高貴寺　大阪府南河内郡河南町
樹敬寺　三重県松阪市
神峯寺　高知県安芸郡
真正極楽寺　京都市左京区
大徳寺真珠庵　京都市北区
三宝寺　山形県天童市

棚田和男
宮武テラス
溝辺文和
竹林恵美子
鍵田美智子
倉橋みどり
朝田純一
佐々木重次
小野沢 純
村田幸三
山添孤鹿
藤井辰三
角山　明
永本憲二
山田武雄
町田奈桜

安達正興

1941年2月、奈良市に生まれる。大阪美術学校卒、今竹七郎に師事。1971年ノルウェー、ベルゲンに移住、現在に至る。科学イラストレイターとしてベルゲン大学地質学部（現地球科学部）に勤務の傍ら地質学を学ぶ。同大学日本語課発足にあたり講師を兼務。PGS石油開発社に勤務の後、資源地図制作3DD㈱をはじめる。国際石油開発各社にオフショア地質構造図ポスター、北欧都市の鳥瞰図、観光課公式市街地図など制作。退職後、郷土奈良への関心から人物評伝を書きはじめる。著書に、幕末の奈良まちに生まれた奇豪『宇宙菴吉村長慶』、『奈良まち奇豪列伝』（奈良新聞社）がある。
e-mail: masaoki.a@gmail.com

奈良きたまち　異才たちの肖像

令和　元年10月20日　初版第1刷発行

著　　者　安達《あだち》　正興《まさおき》
発 行 者　田中　篤則
発 行 所　株式会社奈良新聞社
〒630-8686　奈良市法華寺町2番地4
TEL　0742 (32) 2117
FAX　0742 (32) 2773
振替　00930-0-51735
印刷・製本　奈良新聞印刷株式会社

ISBN978-4-88856-156-3